KB235264

기네스북 북한산에서
세계유산 조선왕릉까지

기네스북 북한산에서 세계유산 조선왕릉까지

심준용 저

景仁文化社

이 책을 읽으시는 분들께

한반도에는 오랜 역사를 품고 있는 지역이 많습니다. '신도시'로 알려진 고양시도 한반도의 젖줄 '한강'을 품고 있는 유서 깊은 도시입니다. 이 책은 북한산성, 행주산성, 조선왕릉을 비롯한 고양시의 80여 개소의 문화유산에 대한 안내서입니다.

이 책은 고양시에서 발간된 주요도서들의 내용을 기본으로 하여 저술되었으며, 역사자료와 인물에 대한 정보는 한국역사정보통합시스템(http://www.koreanhistory.or.kr/)을 주로 참조하였습니다. 또한 개별적인 문화재에 대한 학술발표자료, 종합정비기본계획보고서, 지표조사보고서, 발굴조사보고서, 실측조사보고서의 내용들도 최대한 활용하고자 노력하였습니다.

하지만 이 책을 저술하면서 가장 중점적으로 다루고 싶었던 포인트는 바로 '현장성'입니다. 각 문화유산을 직접 답사하고 관련된 행정업무를 처리하면서 알게 된 다양한 사실들을 글속에 녹이고자 노력했습니다.

'문화유산은 아는만큼 보인다.'는 말이 있습니다. 문화유산에 대한 본격적인 공부를 시작하면서 문화유산답사의 깨알같은 재미를 알아갔던 저로서는 너무도 공감이 갑니다. 이 책이 제가 고양시의 문화유산을 답사하면서 체험했던 즐거움을 많은 분들과 공유하는데 조금이나마 도움이 된다면 더 바랄 것이 없을 것 같습니다.

2013년 2월
저자 심 준 용

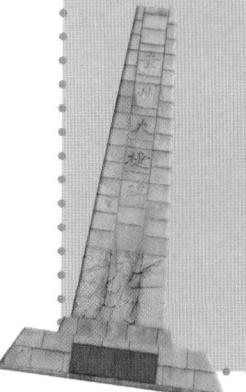

제5장 조선시대

제1장

고양시 문화유산
선사시대

선사시대 살펴보기

1. 개관

　고양시는 한반도의 허리 정도에 위치하고 있는 경기도에 속해 있습니다. 동쪽은 북한산이 감싸주고 서쪽은 넓은 평야를 가지고 있지요. 또 서쪽으로는 한반도의 젖줄 한강이 흐르고 있어서 사람들이 살기에 적당한 곳입니다. 그래서 고양시에서는 선사시대부터 사람들이 살았던 흔적이 많이 있었습니다. 지금도 많은 고고학자들이 계속해서 연구 성과를 발표하고 있지요. 선사시대 사람들은 지금처럼 한곳에 오래 머물지 않았기 때문에 선사시대를 공부하려면 주변지역의 연구 성과를 함께 살펴봐야 합니다. 그러면 고양시의 선사시대유적을 둘러보기 전에 우리가 살고 있는 한반도의 선사시대부터 생각해 볼까요?

　과학자들은 지구의 나이가 45억년 이상이 될 것이라고 추정합니다. 45억년이든 4.5억년이든 우리에게 큰 의미는 없습니다. 너무나 긴 시간입니다. 현재로서는 지구의 나이를 정확히 아는 사람은 아무도 없기 때문이죠. 확실

한 건 아주아주 오래전일 거라는 사실 뿐입니다. 앞으로 지구의 나이에 대한 연구가 계속 진행되면 언젠가는 알아낼 수 있겠죠?

그렇다면 '인류'는 언제부터 존재했을까요? 이 문제마저도 아무도 모른답니다. 연구가 진행되면 진행될수록 인류가 태어난 시기는 점점 빨라지고 있으니까요. 연구자마다 의견은 다르지만 공통적으로 4백만 년 전쯤으로 추정이 된다고 합니다.

그렇다면 우리가 살고 있는 한반도에는 언제부터 사람이 살았을까요? 북한의 검은모루 동굴유적이나 공주시의 석장리유적, 그리고 우리 고양시와 가까운 곳에 있는 연천군 전곡리유적, 파주 금파리유적 등 많은 지역에서 전기구석기시대 유적이 발견되고 있습니다. 학자들은 최소 기원전 10만 년 이전 간단한 석기를 사용한 시대를 전기구석기시대라고 하는데, 우리나라에도 몇 십 만 년 전에 사람이 살았던 흔적이 곳곳에서 확인되고 있는 거죠. 고양시는 전기구석기 유적이 확인되고 있는 연천, 파주 등과 인접한 곳이기 때문에 당시에도 사람들이 살았겠지만 아직까지는 그 흔적이 확인되지 않고 있습니다. 하지만 아직 조사되지 않았을 뿐 언젠가는 확인이 될 것입니다.

2. 구석기시대의 고양시

지금까지 고양시에서 확인된 믿을만한 유적 중 가장 오래된 유적은 중기 및 후기 구석기시대 유적입니다. 중기구석기시대는 전기구석기시대에 비해서 석기를 만드는 기술이 다양해지는데 기원전 10만 년 전부터 기원전 4만 년 전쯤으로 생각되는 시기이며 후기구석

▲ 도내동 청동기유적 인근에서 수습된 구석기시대 몸돌

기시대는 중기 이후인 기원전 4만 년 전부터 신석기시대 전시기인 기원전 1만 년 전까지를 말합니다. 가장 널리 알려진 유적은 일산신도시를 만들면서 찾아진 가와지유적과 새말유적인데요. 약 10만 년 전 석기부터 1만 년 전 석기까지 확인 되었습니다. 당시 사람들은 아직 농사짓는 법을 몰랐기 때문에 동물을 사냥하고 식물을 채집하면서 살았는데요. 요즘에도 아프리카나 오세아니아 지역의 사람들 중에는 당시의 생활방식을 유지하는 사람들이 있습니다. 아마 돌로 만든 찍개, 망치, 찌르개(송곳)같은 석기와 나무로 만든 창같은 도구를 사용했겠죠. 여기서 궁금한 점이 있을 겁니다. 왜 나무로 만든 도구는 발견되지 않는 걸까요? 혹시 돌로만 도구를 만들어서 사용했을까요? 아마 그렇지는 않았을 것입니다. 나무로도 많은 도구를 만들어서 사용했겠지만 나무는 빨리 썩어버리기 때문에 잘 찾아지지 않는 것이죠. 그래서 구석기유적에서 석기만 나온다고 해서 실망할 필요는 없는 것입니다. 아참, 당시 사람들은 돌과 나무로 만든 도구 외에 동물뼈 같은 다른 재료들도 슬기롭게 도구로 사용했답니다. 동물뼈는 적당한 환경에서 오랜 시간동안 방치되면 돌처럼 딱딱해지기 때문에 석기와 함께 많이 발견되곤 한답니다.

가와지유적과 새말유적 외에도 고양시에서는 10군데가 넘는 구석기유적이 곳곳에서 확인되었는데요. 이렇게 많은 구석기시대 유적 중에서 최근에 조사가 이루어진 주목할 만한 유적 한 곳을 소개해 드리죠. 바로 고양 탄현동 구석기유적입니다.

고양 탄현동 구석기유적은 2007년에 아파트를 지을 곳을 조사하던 중 확인된 중기구석기시대 유적입니다. 이 곳에서는 15개의 층위에서 307점의 다양한 구석기(몸돌 및 격지, 찍개, 주먹찌르개, 주먹대패, 긁개 밀개, 모룻돌)가 출토되었습니다. 이 석기들을 보면 당시 사람들이 고양지역에서 어떠한 도구를 사용하면서 살아왔는지 추정해 볼 수 있지요. 또 이 유물들은 과학적 연대측정방법으로 약 6만 년 전 사용되었던 도구들이라는 것을 확인할 수 있었답니다. 지금은 비록 아파트 숲으로 변해버린 지역이지만 조사내용을 상세히 적어놓은 '발굴조사 보고서'를 보면 조사 당시의 상황을 찾아볼 수가 있습니다.

일산과 탄현동 외에도 삼송동 등 고양시 전역에서 많은 구석기 유물이 확인되었습니다. 다시 말해 고양시의 동서남북 어디에서도 구석기인들이 살았다는 것이지요. 이제 고양시에 얼마나 오래전부터 사람들이 살았는지 아시겠지요?

◆고양시 소재 구석기시대 유적지

유적지 명	소재지
마두3리설촌유물수습지	일산동구 마두동 894
마두5리모범마을유물수습지	일산동구 마두동 930-6
백석3리유물수습지	일산동구 백석동 1620
일산9리밤가시유물수습지	일산동구 정발산동 1148-9
주엽1리윗말유물수습지	일산서구 대화동 2030
주엽리산8일대유물수습지	일산서구 대화동 2212
대화4리장성마을유물수습지	일산서구 대화동 2226
대화4리성저리유물수습지	일산서구 대화동 2324
일산11리장구뫼유물수습지	일산서구 일산동 1053
일산12리유물수습지	일산서구 주엽동 32
덕이동공동주택개발지구유적	일산서구 덕이동 673-1일대
탄현동구석기유적	일산서구 탄현동 1-129일대
삼송지구유적	덕양구 삼송동 일대

3. 신석기시대의 고양시

다음으로 고양시의 신석기시대에 대해서 알아봅시다. 신석기시대란 구석기시대가 끝나는 기원전 1만 년 전부터 청동기시대가 시작되는 기원전 3,000년 전까지의 시기를 말하는데요. 이 시기의 사람들은 사냥과 채집도 하지만 농사도 조금씩 짓기 시작했어요. 이 시기에 영국에서는 스톤헨지가 세워졌고, 이집트에서는 피라미드가 만들어졌지요. 우리나라에도 유명한 서울 암사동유적을 비롯한 많은 유적이 있습니다. 고양시에도 대화동·덕이동·주엽동·지영동·가좌동·오부자동 등에서 신석기시대 유적이 확인되었는데요. 특히 일산신도시 조성지역에서는 구석기와 함께 신석기도 많이 출토되었습니다. 특히 주목할 점은 이곳에서 5,000년 전의 볍씨(쌀)가 출토되었다는 점인데요. 이 볍씨로 인해서 5,000년 전에도 한강유역에서 쌀 농사를 지었다는 사실을 추측해 볼 수 있습니다. 한반도 전체에서도 이렇게 오래된 볍씨가 출토된 사례는 손가락으로 꼽을 정도거든요. 또한 일산에서 출토된 빗살무늬토기는 신석기시대 사람들의 생활양식과 이동경로 등 많은 정보를 우리에게 알려주기도 한답니다. 그러면 일산선사유적에 대해서 좀 더 자세히 살펴볼까요?

일산선사유적지는 현재 일산신도시로 개발되기에 앞서서 진행된 지표조사와 발굴조사에서 확인된 유적입니다. 지금은 모두 아파트촌이 되었지요. 이 지역에 대한 조사는 1991년 5월에서 8월까지 한국선사문화연구소, 충북대학교 조사단, 단국대학교박물관, 성균관

▲ 일산지구 발굴조사
출토 빗살무늬토기와 현장

대학교박물관에 의해 실시되었습니다.

이 발굴에서는 지질학·식물학·동물학 분야의 자연과학자들이 함께 참여해 유적의 생태환경을 조사함으로써 우리나라 후빙기 환경변화에 대한 중요한 자료를 얻었다고 하네요.

일산선사유적의 신석기시대 유적은 주로 토탄층에서 확인되었습니다. 토탄층은 부패와 분해가 완전히 되지 않은 식물의 유해가 진흙과 함께 늪이나 못의 물 밑에 퇴적한 지층을 의미하는데요. 이 토탄층은 다양한 화석들이 남겨질 수 있는 환경을 만들어주는 특성이 있어서 우리에게 다양한 자료를 제공하기도 합니다. 일산지역의 토탄층은 갈색층(대화리층)과 검은층(새말층)의 두 층으로 쌓여있었다고 하는데요. 한강 하류에 인접해 있는 지역이다보니 자연스럽게 토탄층이 만들어진 것이지요. 대화리층에서는 볍씨, 과실류 열매, 나무 화석들이 많이 나와 우리나라 농경문화의 기원문제를 푸는데 중요한 성과를 올렸습니다. 바닷물의 영향으로 생긴 늪지 환경에서 토탄이 쌓인 것이라는 결론을 얻었지요.

이 층의 연대는 방사성탄소연대 측정 결과 5,300~5,400 B.P.로 나타났습니다. 바로 신석기시대인데요. 이것으로 전세계적으로 나타나는 후빙기 기후 극상기에 우리나라에서도 바다가 지금보다 3m~5m쯤 높았음을 알 수 있게 되었답니다. 이 층에서는 신석기시대 사람들이 사용했던 빗살무늬토기와 석기들이 출토되었는데, 이 유물들은 국립중앙박물관과 발굴조사를 담당했던 대학교에서 관리되고 있답니다.

4. 청동기시대의 고양시

마지막으로 고양시 선사유적개관의 대미를 장식할 청동기시대입니다. 청동기시대는 약 기원전 2,000년 전부터 기원전 1,000년 전까지의 시기를

▲ 도내동 청동기유적 발굴조사 현장

말하는데요. 청동이라는 금속을 사용한 도구가 처음으로 등장한 시기부터 철이라는 금속이 사용되기 전까지의 시기를 지칭합니다. 청동으로 만들어진 도구는 거울, 청동검 등 행사용 제품이 많았고 실생활에서는 여전히 석기와 목기를 많이 사용 했었답니다.

청동기시대에는 세계 여러 지역에서 국가체제가 만들어 졌고 각 집단들 간의 전쟁도 많았던 시기랍니다. 그래서 청동기시대 사람들이 살았던 지역의 유적들은 '환호' 라는 방어용 구덩이와 울타리를 쳐서 마을을 보호하려는 흔적이 많이 남아있지요. 우리나라 최초의 국가인 '고조선'이 활발히 활동한 시기이며 우리 고양시의 도내동과 원흥동 일대에서도 청동기시대 사람들이 살았던 주거지와 석검 등이 확인되었답니다.

우리나라 청동기시대의 특징은 '고인돌'에서 찾을 수 있습니다. 전 세계적으로 확인된 고인돌이 6만기정도 되는데 우리나라에 3만기가 분포한다고 하지요. 세계에서 제일 많은 고인돌이 있는 지역으로서 많은 연구자들의 관심을 끌고 있습니다. 고양시에도 많은 고인돌이 남아있었지만 개발공사 등으로 모두 파괴되었고 지금은 몇 개의 고인돌만 남아있습니다.

남아있는 고인돌 중 보존상태가 좋고 관련 유물이 출토된 '국사봉 지석묘군'은 2009년에 고양시 향토문화재로 지정되었습니다.

◆고양시 소재 청동기시대 유적지

유적지 명	소재지
국사봉선사유적	덕양구 성사동 산60-35
원당동지석묘	덕양구 원당동 198-85
행주내동지석묘군	덕양구 행주내동 76-2, 산18-6
화정2리뒷산추정지석묘상석	덕양구 화정동 산114-2
화정동지석묘군	덕양구 화정동 산78-23
사리현동유물산포지2	일산동구 사리현동 261-5
사리현동유물산포지1	일산동구 사리현동 산11-1
가좌동지석묘	일산서구 가좌동 산82
도내동대중골프장 유적	덕양구 도내동 일대
원흥동보금자리주택지구 유적	덕양구 도내동 및 원흥동 일대

첫 번째 이야기

고양시에도 고인돌이? 국사봉 지석묘군

지정번호 향토문화재 제56호
소 재 지 경기도 고양시 덕양구 성사동, 화정동

국사봉 지석묘군은 덕양구 성사동, 화정동에 있습니다. 어울림누리 동쪽에 있는 성라공원의 꼭대기에 군부대가 있는데요. 군부대 가는 길로 쭉 올라가다가 약 200m정도 남겨놓고 왼쪽을 보면 갈림길이 있습니다. 이 주위가 국사봉 지석묘군이고요. 갈림길에서 50m정도 들어가면 가장 눈에 띄는 고인돌을 발견할 수 있습니다.

지석묘는 고인돌(dolmen)이라고도 불리는데, 비파형동검(琵琶形銅劍)과 더불어 고조선의 문화를 보여주는 중요한 문화유산입니다. 국사봉 지석묘군은 고양시에 남아있는 대표적인 청동기시대 유적으로서 그 가치가 매우 크며, 시기적으로는 약 2,500년 전의 유적으로 추정됩니다.

국사봉은 화정동의 동북쪽에 위치한 해발 109.4m의 산으로 부근에서는 가장 높은 산이어서 정상에 올라서면 전망이 아주 좋습니다. 현재 군부대가 있는 국사봉의 정상부근에는 아기장수의 전설이 있는 장사바위가 있고 이 바위 아래로 20~30m 정도 아래의 능선까지 많은 바위들이 있는데, 이 중 상당수가 청동기시대 후기에 제작된 고인돌로 추정되고 있습니다. 인접한 지역인 파주시 교하면과 월롱면에서도 유사한 지석묘군이 확인되어 지정 문화재로 관리되고 있답니다. 이 일대의 바위들은 다른데서 옮겨온 것이 아니라 지상에 노출된 바위에서 떨어져 나온 것이 대부분이며 지석묘를 썼다고 하더라도 노출된 땅을 이용해서 만들었을 것으로 생각됩니다.

국사봉에서 북쪽으로 약간 떨어져 있는 능선에도 큰 바위가 2기 있으나 하부구조나 유물은 발견되지 않은 반면, 국사봉 군부대로 올라가는 길의 주위를 보면 바위의 아랫부분에 약간의 쌓인 층이 형성되어 있는 것을 볼 수 있습니다. 국사봉의 높이가 표고 100m가 넘고 바위들이 봉우리 주변에 분포하고 있어 입지가 다른 지석묘군에 비해 높지 않은가 생각되기도 하지만 인접한 지역인 파주군 교하면에서 조사된 지석묘군은 표고 80m의 구릉에 분포되어 있고 파주시 월롱면 옥석리 지석묘군은 표고 82m의 구릉에서 100m가 넘는 곳에서 발견되는 경우로 보아 국사봉도 유적의 입지 면에서 이들 지석묘군들과 비슷한 양상이라고 생각됩니다.

국사봉의 고인돌은 형태상 개석식 고인돌(돌을 괴지 않고 묘실 위에 상석을 바로 올린 고인돌)이 많은데 이러한 형태의 고인돌은 청동기시대 후기에 많이 나타납니다.

초기의 고인돌은 한반도 북쪽지역 즉 초기 고조선의 중심지역에서 많이 나타나는데 초기의 고인돌일수록 크기가 거대하고 칼로 자른 듯이 정형화되어 있다는 특징이 있습니다. 이러한 특징은 시기가 늦어질수록 쇠퇴하여 크기도 작아지고 정형성도 떨어지며 개체수도 늘어나게 되는데 그 이유는 시간이 흐르면서 고인돌이 보편화, 대중화되면서 소형화, 대량화가 발생된 것으로 추측됩니다.

후기의 고인돌은 한반도의 중부지방에서 남부지방에 이르는 지역에서 많이 보이며 이 지역은 후기 고조선의 중심지역이기도 합니다. 이러한 특징을 잘 보여주는 고인돌이 고양시의 국사봉 지석묘군입니다. 이러한 논리는 국사봉지석묘군 인근의 발굴조사에서 청동기시대 후기 유적이 확인되면서 더욱 신빙성을 얻게 되는데, 대표적인 유적이 도내동대중골프장 유적입니다. 이곳에서 청동기시대 후기 주거지가 대량으로 확인됨에 따라 고인돌 인근에서 고조선시대 사람들이 많이 살았음이 재확인 되었습니다.

도내동대중골프장에서는 곡식을 추수할 때 쓰이는 반달돌칼과 다양한 청동기시대 무문토기도 확인되어 청동기시대에 이 지역에 살았던 사람들의 생활상을 보여주고 있습니다. 어쩌면 이 유적에 살던 사람들이 장사지내던 곳이 국사봉 유적일 수도 있겠지요?

국사봉 유적에서 출토된 유물로는 유경식 마제석검(有莖式 磨製石劍, 홈이 있는 형태의 갈어서 만든 돌칼이라는 뜻)이 있습니다. 이 유물의 형식은 홈이 있는 검인데 현재는 검신의 윗부분이 잘려있습니다. 남아있는 검신의 길이는 5.8cm이고 손잡이 부분은 4.1cm로 약 10cm 가량이고 총길이는 14~15cm로 추정됩니다. 검신의 두께는 0.7~0.8cm이고 손잡이 부분의 두께는 검신 쪽에서 검신과 같은 0.7cm의 두께로 시작하여 끝부분으로 가면서 점점 얇아져 0.3cm가 됩니다.

검신의 형태는 아래쪽으로 내려오면서 곡선을 그리면서 넓어지고 검신의 중앙부에는 피홈(혈구)이 나란히 패여 있습니다. 경부는 끝 부분에서 1cm떨어진 곳에 좌우로 홈이 패어져 있고요. 석재는 점판암 계통입니다. 이러한 유경식 석검을 석창으로 보는 견해도 있기는 하나 혈구가 남아있는 점이나, 그 크기로 보아 석창이라기보다는 석검으로 판단하는 것이 타당할 듯합니다. 혈구는 어떠한 기능을 위해서 만들어진 것이라기보다 형식적인 것으로 생각되는데 그림에 나온 반대쪽은 희미한 흔적만이 남아 있을 뿐입니다.

유경식 석검은 주로 평남, 황해도 지방에서 많이 발견된다고 하는데 황해도 황주군 침촌리 청진동 지석묘에서 출토된 석검은 국사봉 출토품과 비교할 때 유경식이라는 점과 경부에 좌우로 홈이 패여 손잡이와의 결합을 돕는 점에서 비슷함 점이 있습니다. 그러나 검신의 외형선이 곡선이 아니고 직선인 점과 검신부에 혈구가 없는 점, 검신과 경부의 비율이 다른 점 등에서 약간의 차이가 있습니다.

석검이 출토된 정확한 위치는 국사봉

▲ 지렁산 고인돌

의 정상부에서 북동쪽으로 내려가는 경사면이며, 군부대 참호를 파던 중에 확인하게 되었습니다. 부대장의 증언에 의하면 석검과 함께 붉은 색을 띤 일정한 두께를 띤 파편이 두 점 발견되었다고 하는데 이것은 청동기시대에 많이 사용되었던 무문토기 조각일 가능성이 클 것으로 생각됩니다. 확인된 유물은 비록 한 점 뿐이나 국사봉 일대에서 석기, 토기 등이 더 발견될 가능성은 충분합니다. 국사봉 유경식 석검은 현재 서울대학교 박물관에 보관되어 있답니다.

국사봉유적의 고인돌을 재미있게 보는 방법을 알려드리겠습니다.

먼저 고인돌 주위를 둘러보세요. 고인돌이 만들어진 지형이 눈에 들어올 겁니다. 그다음 고인돌을 자세히 보세요. 그러면 고인돌의 상면에서 성혈(선사인들이 파놓은 구멍)이 보일 겁니다. 선사시대사람들이 왜 구멍을 파놓았는지는 아직 잘 모르지만 주술적인 의미가 많았겠죠? 고인돌이 어떤 모양으로 생겼는지도 꼼꼼히 살펴보고 과연 청동기시대 후기의 고인돌 같은지 확인도 해보시구요. 아, 국사봉 지석묘군의 고인돌 중에는 최근의 사람들이 파놓은 성혈 비슷한 구멍들도 있으니 주의하세요.

그리고 주변에 있는 바위들을 잘 살펴보세요. 어쩌면 아무도 발견하지 못한 고인돌을 당신이 발견할 수도 있으니까요.

제2장

고양시 문화유산
삼국시대

삼국시대 살펴보기

1. 삼국의 각축장이 된 군사 요충지

선사시대를 지나 고양지역이 역사무대에 등장한 시기는 기원전 1세기 이후 백제가 한강유역을 중심으로 고대국가로 성장·발전하는 무렵인 삼국시대부터입니다. 백제는 부여계(夫餘系) 북방 유이민 집단에 의해 건국되었습니다. 이들은 한강 이북 어디쯤 있었을 것으로 추정되는 하북위례성에 처음 도읍을 정하고, 한강유역 일대를 점령하면서 세력을 확대하였습니다. 이어 하남위례성으로 도읍을 옮기고, 이미 한강 하구와 인천지방 해안에 세력을 떨치고 있던 미추홀(彌鄒忽)의 비류(沸流) 집단을 복속시켰습니다. 나아가 국력 팽창의 방향은 북쪽으로 예성강 상류, 동쪽으로 춘천지방, 남쪽으로 안성지방으로 확대되어 갔습니다.

한편 백제를 건국한 주요 지배세력들은 북방 고구려로부터 황해도 지방을 거쳐 한강유역의 위례성에 정착하였던 것으로 보입니다. 그렇다면 이들의 정착은 지리적으로 보아 고양지역을 경유하였을 가능성이 큰 것으로, 위례성 정착에 앞서 정착지로 삼았다고 보여지는 것입니다. 뿐만 아니라 백제의 통치영역 팽창과정에서 하남위례성과 미추홀 사이에 있던 고양지역은 백제에 편입되었으며, 파주·개성 지방을 넘어 황해도의 대방지역으로 세력을 확대하는데 길목 구실을 하였다고 보여집니다.

아울러 백제가 인근 유이민집단을 통합하여 연맹국가를 형성하고, 위례성 도성을 중심으로 동·서·남·북의 4부(四部)로 행정구역을 분할할 때 고양지역은 그 방향으로 보아 북부에 해당하였다고 볼 수 있습니다. 북부에는 부여계인 해씨(解氏) 집단과 진씨(眞氏) 집단이 일정한 세력을 가지고 존재하였으며, 이들은 백제 왕족 다음가는 귀족집단으로써 왕비족으로 등장되었습니다.

아울러 4세기 무렵 근초고왕과 근구수왕의 해외 경략과 고구려 침공 등 국력을 떨쳤을 당시 고양지역은 그 세력확대의 길목으로서 중요한 전략적 위치를 차지하고 있었음은 필연적인 사실이라고 할 수 있습니다. 그러나 고양지역 주위의 백제의 지방통치 범위와 지명으로 청목령(靑木嶺-개성), 수곡성(水谷城-황해 평산), 치양(雉壤-황해 배천), 관미성(關彌城-파주 오두산성 또는 강화도로 추정), 미추홀(彌鄒忽-인천 제물포), 아단성(阿旦城-서울 아차산성) 등의 이름이 보이나, 직접적으로 고양 일대에 대한 문헌 기록은 없습니다. 하지만 2,000년 이후 이 시기의 백제유물이 출토되면서 새롭게 주목받고 있는 유적이 고양시에서 조사되었습니다. 그 곳이 바로 경기도기념물 제195호로 지정된 멱절산유적인 것입니다. 멱절산유적에 대해서는 잠시 후 다시 언급하도록 하겠습니다.

한편 백제 건국 후 400여 년이 지난 후 고구려의 광개토대왕과 장수왕의 남진정책에 의해 백제는 고구려와 전쟁을 치러야 했습니다. 여기서 백제 아신왕은 광개토대왕에게 항복하고 고구려의 노객(奴客)이 되겠다고 맹세하고, 개로왕은 아차산성에서 전사하였습니다. 이후 문주왕이 왕위를 이어 웅진으로 천도하기에 이르니, 한강유역 일대는 고구려의 관할에 들어가게 되었습니다.

당시 남북으로 세력을 확대하던 고구려는 군현제를 실시하여 현재 고양시 관내의 고봉에는 달을성현(達乙省縣), 행주에는 개백현(皆伯縣)을 설치하였습니다. 그리고 서울지방에는 북한산군(北漢山郡)을 설치하고 남평양(南平壤)이라 호칭하면서, 한강유역의 군현을 중심으로 백제 · 신라를 경략하는 거점으로 삼았던 것입니다.

그 후 고구려는 한강유역 일대를 77년간 경략하였으나, 백제 · 신라의 연합작전에 의해 이 지역의 통치권은 신라로 넘어가게 되었습니다. 즉 신라 제24대 진흥왕(540~575)은 북한산에 친히 순행하여 강역을 확정하고 그것을 증명하는 순수비(巡狩碑)를 북한산 비봉에 세웠습니다. 이로써 고양시 일대와 서울지역은 신라의 방어진지 또는 전초기지로 중요한 위치를 차지하게 되었습니다.

2. 삼국의 시대상을 엿볼 수 있는 다양한 유물과 유적

삼국 간에 벌어진 각축전의 터전이 된 한강 일대의 전적지로는 행주산성 일대를 비롯하여 고양시 일산동구 성석동 고봉산의 고봉산성과 인근 한강 하구의 공릉천과 합류지점의 북쪽에 있는 파주 오두산성을 남기고 있으며, 서울지역에는 위례성으로 추정되는 풍납토성, 몽촌토성, 한강 맞은편의 아차산 보루성 유적을 남겼습니다.

고봉산성은 일명 '태미산성'이라고도 하며, 평면형태가 원형인 테뫼식 석축산성입니다. 성벽은 일부 구간이 노출되어 있어 바른층 쌓기 한 것이 확인됩니다. 성돌은 30~40㎝ 크기로 잘 다듬어진 돌을 사용하였습니다. 또

성벽 서쪽 사면에서 고배편과 인화문토기 등 신라계 토기가 집중적으로 산포되어 있었습니다. 그리고 1998년 한국토지공사 토지박물관에서 지표조사를 실시할 때 '高' 자명 수키와가 수습되어 고봉산성이 고봉현의 치소였을 가능성이 확인되었습니다. 또한 고봉산성은 고구려 안장왕(제22대)의 모험담이자 러브스토리인 '한씨미녀설화'의 배경이 된 곳이기도 합니다.

앞에서 언급했듯이 고구려는 한강유역을 점령하고 이 일대를 통치하는 북한산주를 설치하고 남평양이라 칭하였으며, 나아가 군현제를 실시하였습니다. 따라서 고봉에는 달을성현, 행주에는 개백현을 설치하니, 오늘날의 고양지역은 고구려의 지방행정구역이 되었습니다.

아울러 고구려는 각 군(郡)에 처려근지(處閭近支) 또는 도사(道土)라고 하는 지방관을 두었고, 각 현에는 가라달(可邏達)이라는 지방관이 파견되었습니다. 그런데 흔히 이들 군현의 지방관들은 성주(城主)라고 불리었습니다. 이것은 당시 지방통치의 형태가 일반적으로 군사적인 성격으로 운영되었던 것을 반영한 것으로, 이들의 지배를 받는 지방민들은 평상시는 생산담당자로서 농경에 종사하였고 유사시는 군사적 목적으로 동원되었음을 뜻합니다.

또한 고구려에서는 군·현 위의 지방행정 단위로 동·서·남·북·중의 5부가 있어 군현을 통괄하였습니다. 따라서 달을성현과 개백현의 가라달은 5부의 장관인 욕살(褥薩)의 지휘를 받았던 것으로 보이며, 고구려의 통치영역으로 볼 때 고양지역의 달을성현과 개백현은 남부에 속하였던 것으로 볼 수 있습니다.

그런데 고구려 말기 전쟁이 장기화되는 상황 속에서 점차 광역의 지역별 방어체제를 구축해야 할 필요성이 증대되었습니다. 그런 가운데 북한산주와 같이 주(州)를 설치하게 되었는데, 이곳에도 지방장관으로 욕살이 두어졌습니다. 즉 큰 성을 중심으로 다수의 성들을 통괄하는 보다 광역의 행

▲ 고봉산 고봉산성

정·군사구역이 편성되어 갔습니다. 이렇게 욕살이 통치하는 구역 내에 처려근지와 가라달이 관할하는 성이 포괄되었습니다. 그러나 고구려가 멸망함에 따라 더 이상의 진전을 이루지는 못하였고, 그런 추세는 통일을 위한 삼국 간의 쟁패기에 신라가 주군현제(州郡縣制)로 발전시켜 계승하였습니다.

첫 번째 이야기

한성백제의 수수께끼를 간직하다!

고양 멱절산 유적

지정번호 경기도 기념물 제195호
소 재 지 경기도 고양시 일산서구 법곳동 740-22

고양 멱절산 유적

1. 멱절산의 위치와 유래

　고양멱절산유적은 일산서구 법곳동에 위치합니다. 자유로변에서 킨텍스IC로 빠져나와 일산제방길로 우회전하여 진입하면 찾아갈 수 있는 곳이죠. 그다지 높지 않은 곳이지만 주변이 드넓은 평야지역이라 한강변을 바라보는 경관이 그만이고 봉우리에 올라 좌우를 바라보면 서울 남산과 강화 마니산을 희미하게나마 볼 수 있습니다.

　이곳이 멱절산으로 불리는 유래로는 이곳에 있었던 사찰의 스님이 메기를 잡아먹은 후 절이 망했다고 해서 메기절이라고 불리다가 멱절로 변했다는 이야기도 있고, 예전에는 곽산이라고 불리다가 '곽'이라는 글자가 미역을 의미해서 미역절, 멱절로 불렸다는 말도 있습니다. 멱절산은 조선후기에 제작된 「여지도서」에서 二山으로 표기되기도 했습니다.

2. 멱절산은 원래 지금의 모습이었을까?

　멱절산은 50m 남짓의 나지막한 산으로, 예전에는 인천과 강화를 통하여 왕래하는 나룻배가 반드시 여기를 거쳤다고 전합니다. 마을주민들의 증언에 의하면 멱절산의 바위는 밀물에는 없어지고 썰물 때는 나타난다고 하는데 실제로 제방이 축조되기 전에는 이곳 법곳동은 섬이었습니다. 제방이 생겨 더 이상 한강물이 더 이상 들어오지 않으니 육지가 된 셈이지요. 또한 이곳에 있던 이산포는 행주나루와 더불어서 고양시의 중요한 포구 중 하나였습니다.

　멱절산의 과거 모습은 지금과 많이 틀리다고 하는데요. 크게 두 가지로 요약이 됩니다.

　첫 번째로 옛지도를 보면 물길이 동쪽으로 지나가는데 지금은 서쪽으로 지나갑니다. 제방 때문이었을까요?

두 번째로 먹절산 가운데에 커다란 건물이 들어서 있고 사방으로 많이 작아진 모습이 보입니다. 2005년 발간된 시굴조사 보고서를 보면 하수종말처리장이 건설되면서 많이 훼손되었다고 하더군요.

지금 먹절산에 올라가면 약간 경사진 평지가 나옵니다. 발굴조사가 있기 전부터 이런 모습이었다고 해요. 평평한 부분 지하에서 한성백제 시기 유물이 출토되었다고 보면 틀림이 없습니다. 지금도 많이 숨겨져 있지요.

한편 먹절산에는 명당자리에 얽힌 다음과 같은 전설이 전해옵니다.

▲ 고양먹절산유적 출토토기

▲ 2012년 발굴조사지

"산 위에 한 봉우리가 우뚝 솟았는데, 높이가 10여 척이고 정상이 평퍼짐하여 능히 5~60명이 앉을만한 곳이 있다. 들판이 멀리 둘러싸고 절벽이 험준하여 물건을 운반하는 배가 사고를 당하는 경우가 많아 뱃사람들이 이곳을 지날 때면 삼가고 조심하던 곳이다. 백수십 년 전에 최만창(崔萬昌)이라는 한 걸인이 걸식하다가 이 봉우리 아래에서 굶어 죽어 매장하였다. 얼마 후 그 아들이 찾아와서 정상 수보 아래에 이장하였는데, 얼마 후 무과(武科)에 급제하여 관직에 오르고 무덤을 고쳐 쌓았다. 이 후 아들의 관직이 변장(邊將)에 이르고 가세가 점점 부유하여졌다 한다. 이러한 전설 때문인지 인근 주민들은 이산을 명당이라고 하였다."

3. 멱절산은 왜 문화재로 지정되었을까?

　멱절산유적은 고양시에서 최초로 발굴조사된 한성백제시대 유적으로 현재까지 조사된 유구는 수혈주거지 8기, 수혈구덩이 2기, 구상유구 1기, 적석유구 5기, 근래에 조성된 수혈구덩이 9기, 민묘 5기입니다. 모두 백제인들이 만든 집들과 건물들의 흔적이겠지요. 조사가 더 필요한 상황이었지만 출토유물이 생각보다 많았고 조사 일정이 부족해서 유구의 존재만 확인되었답니다. 하지만 출토된 유물은 수십 BOX에 이른다니 놀라울 따름입니다. 그럼 어떤 유물들이 출토되었는지 한번 살펴볼까요?

　멱절산유적에서 출토된 흑색마연토기의 기종은 매우 다양한데, 완, 개배, 고배, 삼족기, 뚜껑, 반 등으로 구성되어 있습니다. 다른 지역에서 출토된 흑색마연토기는 고배, 직구광견호, 직구단경호, 외반구형호, 뚜껑, 대부합, 직구단경소호, 소형발 등이 알려져 있습니다. 흑색마연토기에는 어깨 부분에 음각 문양, 2조의 음각선을 평행하게 그은 현문(弦文), 원점을 배열한 연주문(連珠文), 사격자문(斜格子文), 거치문(鋸齒文), 파상선문(波狀線文)이 특징입니다. 이러한 문양은 중국의 삼국말~서진대 월요에서 생산된 고월자의 각 기종에서 새겨진 문양과 유사합니다.

　백제와 서진과의 교류가 3세기 후엽이므로 고월자 문양 요소를 간직한 흑색마연 토기들은 3세기 후반에서 3세기 말에 나타난 것으로 보고 있습니다. 이 시기는 국가체제를 갖춘 백제의 성립 시기이며 대형고분의 시발이 되는 가락동 2호분에서 흑색마연토기, 직구광견호가 출토되고 몽촌토성의 축조 상한으로 보이는 서진전문도기편, 흑색마연토기 직구광견호 등이 출토되기 때문에 거의 동일한 시기로 보고 있습니다.

　또한 멱절산유적에서 출토된 철기는 철촉, 철도자, 철부 등 25점이 출토되었습니다. 철기의 출토 현황을 보면 철촉이 33%로 가장 많은 비율을 차지하고 있고 그 다음은 철부가 29%입니다. 출토된 철기 종류는 농기구인 철부, 'U'자형 가래, 철도자, 철겸이 출토되었고 철촉과 철제 무기가 보이고 있습니다. 멱절산유적에서 출토된 철제 'U'자형 삽날은 북한의 중강군 토성리 유적에서 오수전과 함께 공반되었고 운성리 토성과 운성리 가말뫼 2호 귀틀무덤에서 출토되었습니다. 남한에서는 몽촌토성과 파주 주월리, 하남 미사리유적에서 출토되었습니다.

멱절산유적에서는 토기를 깨는 제의 행위와 관련된 것으로 보이는 타격기와 숫돌, 그리고 방추차가 소량 출토되었습니다. 출토된 백제토기에서는 다른 유적에서 볼 수 없는 다양한 형태의 기호가 관찰되어 주목됩니다. 기호는 모두 8종류이며, 29개체분의 토기에서 확인됩니다. 기호는 시문 방법에 따라 크게 새김무늬(沈線文)와 찍은무늬(押捺)로 구분되며, 문양 모티브에 따라 새김무늬는 다시 'I', '×' 등으로 세분됩니다. 또한 찍은무늬는 각각의 문양 모티브에 다양한 변형이 있습니다. 기호가 시문된 기종은 호(壺)기종이 26점으로 가장 많으며, 이밖에 고배 2점, 완 1점이 있습니다. 시문 부위는 22점이 호 경부(頸部)에 위치하며, 견부(肩部) 3점, 동체부와 저부에 각각 1점, 기타 시문 부위를 알 수 없는 것이 1점입니다.

멱절산유적 백제토기에서 관찰되는 이러한 기호들은 서울 풍납토성, 몽촌토성에서 일부 보이고 있으나, 대부분 새김무늬이고 찍은 무늬는 옹 기종을 제외하고는 확인되지 않았습니다. 한편, 멱절산유적의 조족문은 타날판에 의해 시문한 것이 아니라 타날문이 지워진 경부에 새기거나, 찍어 시문하였는데, 의정부 민락

▲ 고양멱절산유적 전경

▲ 멱절산유적 토성

동유적과 포천 고모리산성의 백제토기에서도 찍은 조족문이 관찰된 바 있으며, 특히 몽촌토성에서 관찰되는 찍은 조족문은 형태상 유사하여 상호 관련성 여부가 주목됩니다.

　말이 좀 어려웠지요? 결론적으로 쉽게 생각해볼까요? 멱절산유적에서 출토된 유물은 중국(서진)의 토기와 몽촌토성과 풍납토성 등 한성백제의 수도에서 출토되는 토기 등으로 구성되어 있는데, 이런 특징으로 미루어 짐작해보면 멱절산 유적이 한성백제가 중국 본토와 직접적인 교류를 했다는 증거를 제공한다는 뜻입니다.

　2012년 가을에 있었던 발굴조사에서는 토성과 지하저장고가 확인되었는데요. 이 유구들은 멱절산유적이 군사적인 용도로 사용되었을 가능성에 힘을 실어주고 있지요. 한성백제시기 전문가이신 권오영, 성정용, 송만영 선생님은 멱절산유적의 명칭을 '멱절산성'혹은 '멱절토성'으로 바꾸어 관방시설로서의 멱절산유적을 드러내야 한다고 말씀하셨습니다. 멱절산유적이 대외무역의 전초기지였는지, 보루 기능이 강했던 군사기지였는지는 발굴조사가 완료된 이후에 판단이 가능할 것입니다.

4. 멱절산유적은 어떻게 변해갈까?

이렇게 멱절산유적은 여태껏 백제의 신비를 고이 간직하고 있습니다. 그래서 아직은 낮은 언덕으로만 보이지요. 하지만 앞으로의 멱절산유적은 달라질 것입니다. 2000년의 조사 이후 2004년에 문화재로 지정되었고 2010년에는 멱절산유적을 역사유적으로 활용하기 위한 종합정비계획을 세웠고, 2012년에는 1차 발굴조사를 완료하였습니다. 아직은 몇 년이 걸릴지 모르는 발굴조사와 많은 비용이 들어가는 복원공사 등의 숙제가 남아있지만 이제 멱절산유적은 더 이상 숨어있지 않고 한성백제 3대유적지로서 기품 있는 모습을 갖추기 위한 힘찬 발자국을 내디뎠습니다. 앞으로 멱절산유적의 변화된 모습에 관심을 가져봐도 좋겠지요?

제3장

고양시 문화유산
남북국시대

남북국시대 살펴보기

남북국시대는 신라가 백제와 고구려를 멸망시킨 668년부터 935년까지의 기간을 말합니다. 북쪽에는 발해라는 큰 나라가 있었고, 남쪽에는 신라가 자리 잡고 있던 시기였지요. 고양지역은 신라에 속해 있었답니다.

신라는 삼국통일 이후 새로 통치하게 된 옛 백제 땅에 웅주·전주·무주를, 대동강 이남의 옛 고구려 땅에는 한주·삭주·명주를, 신라지역과 옛 가야 땅에는 상주·양주·강주를 설치하여 전국을 9주로 재편성하였습니다. 그리고 수도인 경주 이외에 전국의 주요지역에 금관경·중원경·북원경·남원경·서원경의 5소경을 설치하여 한반도 동남쪽에 편중되어 있는 수도 기능을 보완하고자 하였습니다.

이러한 신라의 9주 5소경의 지방행정구역 편제에 있어서, 지금의 고양시 일대는 646년에 설치된 한산주(漢山州)에 편입되었습니다. 이때 한산주의 관할 구역은 대체로 지금의 서울·고양시를 포함한 경기도·충청북도·황해도의 대부분이었습니다.

그런데 실제에 있어서는 임진강 이북 대동강 이남의 땅은 당·발해와의 완충지대였으며, 735년에 당나라로부터 정식으로 영유권을 인정받았으며, 782년 패강진이 설치되면서 군정 형태로 관할되었습니다. 따라서 고양시 일대는 신라의 변방지대로 있다가, 8세기 후반에 들어 민정 형태의 지방통치가 이루어졌다고 볼 수 있습니다.

▲ 행주산성

그 후 신라 경덕왕 16년(757)에 예전부터 불리던 원 지명을 한자식(漢字式)으로 고치는 지방제도 개편이 있었습니다. 이때 한산주는 한주(치소는 현 경기도 광주)로 개칭되었고, 고양시·양주시·서울시 일대를 포함한 지역에 한양군(漢陽郡)을 두어 한주에 예속시켰습니다. 한양이란 지명이 여기서 비롯되었습니다. 그리고 한양군 관할 구역인 영현(領縣)으로 풍양현(현 양주 풍양)과 우왕현(일명 왕봉현-고구려의 개백현으로 현 고양 행주)을 두었습니다. 아울러 한양군에 태수(太守)와 소수(少守)라는 지방관이 두어졌습니다. 태수는 지금의 군수에 해당하며, 소수는 아마 한양군 소속의 2 영현에 두어졌던 것으로 보입니다. 또 한

▲ 행주산성 토성길

▲ 행주산성 인근 출토토기

▲ 권율 도원수

주 한양군 서쪽에 교하군을 설치
하였는데, 그 영현으로 고구려의
달을성현을 고봉현으로 개칭하여
예속시켰습니다. 이와 같이 하여
오늘날 고양시에 해당하는 지역
으로 경덕왕 16년에 개칭된 한양
군의 우왕현(일명 왕봉현)과 교하
군의 고봉현은 신라 하대까지 한
주 소속의 군현으로 지속되었습
니다.

고양시에 남아있는 이 시기의
대표적인 유적은 행주산성과 원
흥동신라말고려초기청자요가 있습니다.

행주산성(幸州山城)은 고양의 남쪽에 위치하여 한강 맞은편의 양천고성
과 더불어 위례성 일대의 한강유역을 다투는 관문의 위치에 있어, 삼국시대
이후 조선시대에 이르기까지 군사적으로 중요시되었던 곳입니다. 지금은
조선시대 권율장군이 싸웠던 전적지로서 아주 유명한 곳이지만, 군사적 용
도로 사용되기 시작한 시기는 삼국시대 이전이거든요. 행주산성은 삼국이
서울지방을 중심으로 한강유역 일대를 확보하기 위하여 끊임없이 전개되
었던 여러 전투에서 군사 전략상의 요지로 이용되어 왔답니다.

이곳은 초기 백제의 영역에 속하여 서해안으로의 수운과 관계된 중요한
거점으로 추측되며, 특히 나당전쟁 때까지 남북교통의 요충에 해당하여 고
구려와 신라와의 공방전도 있었을 것으로 짐작됩니다.

행주산성은 공방을 중심으로 전개되었던 옛날의 전쟁에 있어서 뒤쪽은

한강과 절벽으로 배수진을 치고 앞쪽은 골짜기를 가운데 두고 적과 대치할 수 있게 되어 공수 양면으로 유리한 자연 지세를 이용할 수 있었습니다. 이러한 전략상의 유리한 자연 조건과 지정학적으로 서울과 근접하고 서울로 통하는 교통로가 가까운 위치에 있어 예로부터 군사상의 요지로 이용되어 왔던 것입니다.

한편 1990년 12월 행주산성의 동북방에 남아 있는 토성지(土城址)에 대한 복원사업을 추진하면서, 서울대학교 박물관에 의뢰하여 시굴조사를 실시한 적이 있습니다. 이 조사에서 행주산성이 처음 축성된 것은 통일신라시대였음이 확인되었는데, 정확한 시기는 문헌자료가 없어 알 수 없으나, 출토유물로 보아 7~8세기경으로 추정하였습니다.

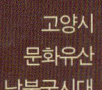

첫 번째 이야기

어쩌면 한반도 최초의 청자도요지?

원흥동 신라말 고려초기 청자요

지정번호 경기도 문화재자료 제64호
소 재 지 경기도 고양시 덕양구 원흥동 418-6

우리나라 사람치고 고려청자를 모르는 사람이 있을까요? 그 영롱한 비취빛은 원산지인 중국에서조차 흉내 내지 못했다고 하죠. 중국사람들이 청자를 만들기 시작한 건 푸르스름한 빛깔을 보이는 '옥'이라는 광물을 흙으로 만들고 싶어서였다고 합니다. 하지만 쉽게 만들어지지 않았습니다. 단지 푸른빛을 내는 그릇을 만들었을 뿐이지요. 그 오묘한 빛깔은 우리 민족이 만들어 낸 '고려청자'에서 느껴집니다. 한동안은 전 세계에서 중국과 우리나라만이 만들 수 있었다는 청자, 그중에서도 품질이 월등했다는 '고려청자'는 우리의 전통기술이 얼마나 높은 수준이었나를 보여주는 좋은 예가 되어주고 있지요. 그런데 이런 고려청자는 언제 어디서 만들어진 것일까요? 이 문제의 해답을 품고 있는 유적지가 우리시 덕양구 원흥동에 위치한 '원흥동신라말고려초기청자요'입니다.

우리나라에서 청자가 처음 만들어진 시기는 10세기 전후로 추정되는데 신라가 멸망(935년)할 즈음이지요. 처음에는 중국에서 수입되던 청자가 너무 비싸다보니 흉내 내서 만들기 시작했다고 합니다. 이 시기의 도요지는 용인 서리, 시흥 방산동, 여주 중암리 등 몇몇 지점이 존재하지만 발굴조사를 해보면 남아있는 유적이 많지 않다고 합니다. 그래서 원흥동의 도요지가 주목을 받고 있지요.

원흥동의 도요지는 1937년 일본학자 노모리 켄이 확인했다고 합니다. 이후 1979년에 정신문화연구원에서 전국에 있는 250여 개소의 도요지 중에서 가치가 높은 도요지 20여 개소에 대한 보고서를 발간하지요. 바로 이 보고서에 원흥리 도요지에 대한 내용이 나옵니다. 보고서에 따르면 경기도에는 용인 이동서리요지와 고양 원흥요지 두 곳이 매우 중요하다고 합니다. 이 보고서에 힘입어 1985년에는 경기도 문화재로 지정되기도 합니다. 하지만 이후로는 조사가 전혀 없었지요. 용인의 서리요지는 한국 도자사에 가장 중요한 유적으로 인정받아 교과서에도 수록이 되었다고 합니다만 고양의 원흥요지는 지금도 알려진 바가 전혀 없습니다.

그러면 원흥동 고려청자요지의 특징들을 살펴볼까요.

- 원흥동 도요지는 5개의 요지로 구성되어 있을 것으로 추정이 되는데 지금도 갑발과 축요재로 사용된 장방형 벽돌과 청자편이 노출되고는 합니다.
- 한국 초기청자가마터 중 평면적 기준으로 최대 규모의 가마터이며 엄청난 양의 갑발편으로 미루어 갑번 요업의 가능성도 보입니다.
- 청자의 색은 암녹색과 황갈색이며 중국 오대 월주요 청자와 밀접한 관련이 있을 것으로 전문가들은 파악하고 있습니다.

원흥동 고려청자요지의 또 다른 특징은 이곳에서만 발견되는 청자와당(청자기와)인데요. 조사된 청자와당은 짙은 황갈색 유약을 입혔으며 12세기 이전의 청자기와는 원흥동에서만 발견된다고 합니다.

지금 원흥동 신라말 고려초기 청자요에 가보면 주위로 안내판과 함께 펜스가 둘러쳐져 있습니다. 그 안쪽이 청자요가 확인된 지역이구요. 주위를 보면 아직도 많은 자기편과 갑발편이 있는 것을 확인할 수 있습니다.

▲ 원흥동 초기청자 전시모습

이렇게 원흥동 신라말 고려초기 청자요는 중요한 유적이지만 유적을 지금 당장 개발하는 것이 꼭 바람직하지만은 않기 때문에 지금도 원형 그대로 보존되고 있습니다. 또 다른 측면에서 '개발'은 '파괴'를 의미할 수도 있으니까요. 언젠가 원흥리유적을 빛나게 해줄 좋은 기술이 개발되면 이 유적도 새로운 고양시의 명소로 여러분들에게 선보이게 될 것입니다.

제4장

고양시 문화유산
고려시대

고려시대 살펴보기

　고려왕조가 후삼국을 통일한 뒤 태조 23년(940)에 전국의 행정구역을 재편성하고, 군현의 이름을 개칭함에 따라 한주는 광주, 한양군은 양주로 개칭하고, 교하군은 그대로 유지되었습니다. 우왕현은 행주로 개칭되었습니다.

　그 후 성종 2년(983) 지방제도 개편이 있었는데, 처음으로 전국을 나누어 12목을 설치하였습니다. 이때 서울지방을 포함한 고양 일대는 양주목에 속하였습니다. 그리고 행주는 별칭으로 덕양이라 불리게 되었습니다. 이어 현종 9년(1018) 고봉현과 행주는 양주에 속하게 되었습니다. 그리고 본래 과주(果州, 과천)의 용산처(龍山處)였던 부원현도 이에 속하게 되었습니다.

　그런데 문종 21년(1067)에 지양주사(知楊州事)가 남경유수관(南京留守官)으로 승격되어 개경·서경인 개성·평양과 더불어 고려 지방행정구역상 최상 조직인 삼경제(三京制)의 하나가 되었습니다. 따라서 행주와 고봉현은 인근 군현과 더불어 남경의 속현이 되었으며, 아직 지방장관이 파견되지 않은 상태에 있었고 지방 향리 집단에 의해 행정이 이루어지고 있었습니다. 당시 남경의 관할 구역은 지금의 경기도 서반부 일대로 그 지위가 상당한 것이었습니다.

남경은 고려 후기에 이르러 한양부(漢陽府)로 격하 개편되기에 이르렀습니다. 즉 충렬왕 34년(1308)에 충선왕이 즉위하여 중앙과 지방제도를 개편함에 따라 삼경의 하나인 남경유수관은 한양부로 개편되었고, 동시에 부윤·판관·사록의 관제 개편까지 단행되었습니다. 아울러 한양부는 남경이 3속군·6속현과 더불어 안남도호부(安南都護府–부평)와 인주(인천)·수주(수원)·강화현 등을 영현으로 거느리고 있었던 것에 비하여, 지금의 고양·양주·남양주·포천 등 지금의 한강 이북 서울과 그 주변을 다스리는 정도로 그 관할 구역이 축소되었습니다. 따라서 1309년에 승격된 부평부·수원부와 동등한 지위로 격하되기에 이르렀습니다. 이후 고양지역의 행정 구역은 별다른 변동이 없었습니다. 결국 고양지역은 고려시대 전 시기를 걸쳐 지방관이 파견되지 않은 곳이었으며, 양주·남경·한양부의 속현으로 존속되면서 향리 집단에 의해 지방행정이 이루어졌다고 할 수 있습니다.

또한 고양지역은 고려말 왕조가 몰락하는 위급했던 정치상황을 말해주는 현장이기도 합니다. 즉 고려의 마지막 왕인 공양왕의 능과 최원직(崔元直), 최영장군의 부자 묘역이 위치한 정황은 이를 잘 보여주고 있는 것입니다.

첫 번째 이야기

북한산성의 중심사찰! 중흥사지

지정번호 경기도 기념물 제136호
소 재 지 경기도 고양시 덕양구 북한동 259

중흥사는 고려 태조 왕건이 918년에 창건한 사찰로 추측되는 곳입니다. 왕건이 송도에 도읍을 정하고 주위를 둘러보다가 정면에 보이는 삼각산이 골립(骨立)처럼 보인다하여, 중흥사를 창건하여 석가불상을 모시고 국태민안을 빌었다는 것이지요.

현재 호암미술관에 중흥사반자(重興寺鈑子)가 소장되어 있는데 여기에 고려 숙종 8년(1103)에 삼각산 중흥사에서 만들어졌다는 명문이 있어 중흥사의 역사가 최소한 1103년 이전까지 거슬러 올라간다는 사실을 확인할 수 있습니다. 또 고려 말에는 국사인 태고 보우가 주지 겸 전국사찰총령으로 있으며, 중수하였다는 기록이 있어 중흥사가 당시에 유수했던 사찰이었음을 증명해 줍니다.

중흥사에는 임진왜란과 병자호란 시에는 주지를 겸임하는 승군대장의 전국 승군을 총지휘하는 지휘소가 설치되기도 하였다고 합니다. 그리고 북

▲ 중흥사 옛모습

▲ 중흥사 최근모습

한산성 축성 시에는 30여 칸의 퇴락한 사찰로 존속했으며, 축성 과정에서 행궁터로 지목되기도 하였고 숙종 39년(1713)에는 절 앞에 중창을 만들었다고 "북한지"와 "숙종실록"에 기록되어 있습니다. 또한 1715년에는 136칸의 큰 절로 만들고, 팔도도총섭 겸 승대장 휘하의 승영을 설치하였다고 합니다. 즉, 북한산성을 축조하고 유지하는데 가장 중요한 역할을 한 사찰이죠. 전국의 많은 조선시대 산성과 마찬가지로 북한산성을 축조하는데도 많은 승병이 동원되었다고 전해지고 있기 때문에 중흥사의 위상은 매우 컸다고 판단할 수 있습니다.

이후 순조 28년(1828)에는 대웅전과 만세루를 중건하였으나, 1904년 화재로 소실되었다고 전해집니다. "황성신문"에 의하면 1904년 9월 12일에 화재를 입었다고 기록되었습니다. 일제시대인 1916년에 관야정의 북한산 유적조사시에는 모두 불타 없어지고 한 채만이 남아 있어 헌병출장소로 사용되다가 그나마 대정 4년의 대홍수로 유실되고 말았다고 합니다.

이후 뽕나무 재배지로 이용되고, 1968년 태고사를 지으면서 중흥사의 장대석 등 석재를 이용하여 남아있던 유구도 많이 사라졌습니다.

한편 1997년도에는 명지대학교부설 한국건축문화연구소에서 중흥사지를 발굴조사하였는데, 그 보고서를 보면 중흥사지의 옛 사진과 발굴자료를 연구하여 추정복원도를 그려 놓았습니다. 복원도를 보면 역사 속에 등장하는 대웅전과 만세루를 포함한 큼직큼직한 건물들이 어떻게 구성되어 있는지 알 수 있지요. 화재가 발생하기 전에는 이 깊은 산중에서 꽤 큰 사찰이었음이 분명합니다.

　중흥사반자와 함께 이 유적과 관련된 중요한 유물로는 중흥사향로 즉, 지정4년명고려청동누은향로(至正四年銘高麗靑銅縷銀香爐)가 있는데요. 이 향로의 구연부 테두리 밑에는 100여 자의 명문(銘文)이 있는데, 그 일부 내용을 보면, '至正四年伍月日敬造靑銅縷銀香爐一座奉獻于三角山重興寺大殿佛前(지정4년5월일경조청동누은향로1좌봉헌우삼각산중흥사대전불전)'이라 하여 고려 충선왕 4년(1312)에 제작되었고, 본래 삼각산 중흥사에 봉헌되었던 것임을 알 수 있습니다. 서울특별시 강남구 삼성동 봉은사(奉恩寺) 소유이나 현재 불교중앙박물관에서 보관하고 있는데요. 미술사적으로 크게 주목받는 유물이라고 하네요.

▲ 중흥사 발굴조사

　또한 중흥사는 생육신 중 한명인 김시습(1435~1493)이 공부하던 사찰로도 유명한데요. 그는 중흥사에서 단종이 폐위되었다는 소식을 듣고 읽던 책을 불사른 뒤 방랑길에 나섰다고 합니다.

두번째 이야기
북한산성 언론의 중심에 그곳이 있다.

북한산 산영루

지정번호 지정 중
소 재 지 경기도 고양시 덕양구 북한동 산1-1

북한산성

백운대

북한산
3.1운동 암각문

북한산
탐방지원센터

북한산 상운사
목조아미타삼존불

북한산
서암사지

북한산성

중흥사지

북한산 산영루

북한산 태고사
원증국사탑과 탑비

봉성암
전성능대사부도

북한산성
행궁지

북한산성
금위영이건기비

1745년에 쓰여진『북한지』를 보면, 북
한산성 안에 3개의 누각이 있었다고 전해
지는데, 산영루(山映樓)는 지금도 그 흔적
을 볼 수 있는 유일한 정자입니다. 북한산
성 중성문을 지나 중흥사에 이르기 전, 수
십기의 비석과 함께 산영루의 흔적을 볼
수가 있습니다.

▲ 1911년의 산영루

먼저 산영루의 주위를 둘러보겠습니다. 산영루는 널다란 바위들이 절경
을 이루고 있는 북한산 계곡에 위치하고 있는데, 주변에는 북한산 선정비군
와 용학사가 보이고, 북한승도절목명문이 있습니다. 북한산 선정비군은 북
한산성 축조 이후, 북한산 일대를 다스렸던 관리들의 행적을 기념하는 비석
들이며, 북한승도절목명문은 승대장 총첩의 교체과정에서 폐단을 사전에
차단하기 위한 규칙을 정해놓은 것입니다.

즉 산영루 주위는 북한산성 행정의 중심지이며, 산영루는 그 '행정중심
지'에 위치해 있던 정자이지요. 또한 주위의 풍경마저 너무나 아름다워 북
한산성을 찾았던 사람들은 꼭 들리던 곳입니다. 지금도 북한산의 세봉우리
인 백운대, 만경대, 인수봉은 그 아름다운 모습 때문에 명승인 '삼각산'으로
지정되어 있죠.

그래서 일까요? 산영루에는 다산 정약용, 추사 김정희, 성호 이익, 김병연
(김삿갓) 등 당대의 유명한 문인들의 기록이 풍부하게 남아있습니다. 이중
정약용과 김정희가 남긴 글들을 살펴볼까요?

산영루에서 - 다산 정약용(1794)
험한 돌길 끊어지자 높은 난간 나타나니

▲ 멀리서 본 산영루지

▲ 산영루 앞 계곡

겨드랑에 날개 돋쳐 날아갈 것 같구나

십여 곳 절간 종소리 가을빛 저물어가고

온 산의 누런 잎에 물소리 차가워라

숲 속에 말 매어두고 애기 꽃을 피우는데

구름 속에 만난 스님 예절도 너그럽다

해 지자 흐릿한 구름 산빛을 가뒀는데

행주에선 술상을 올린다고 알려오네

산영루에서-추사 김정희(1816)

한 곳에 또 한 곳이라 붉은 숲속엔

감도는 시내에다 갈라진 산이

머언 종은 비에 잠겨 고요해지고

범패(梵唄)는 구름 속에 싸늘하구나

돌 늙으니 전생을 추억하여라

산 깊으니 종일토록 구경 바쁘네

연기 안개 언제나 장애 없으니

오솔길이 사람 향해 너그럽구려

산영루에 대한 기록은 1603년 이정구의 『유삼각산기』에서 처음 보이며, 1717년 중수했다는 기록이 나옵니다. 또한 1911년의 사진기록도 남아있는데, 형태를 보면 서울 세검정(서울시 기념물 제4호)과 유사한 형태를 띠고 있습니다. '丁'자 형태의 멋진 4칸짜리 정자였지요. 지붕은 날개가 달린듯한 팔작지붕을 하고 있고, 격식을 갖춘 이익공의 공포가 지붕을 받쳐주고 있습니다. 각 기둥에는 주련이 걸려 있고요. 한양도성과 북한산성을 이어주던 탕춘대성에는 세검정이 있었고 북한산성에는 산영루가 있었던 셈입니다.

지금의 산영루터에는 10개의 초석만이 남아있는데, 1911년 이후 초석 윗부분의 정자는 모두 사라졌습니다. 사라진 이유로는 1925년 을축년 대홍수 때 떠내려갔다는 설, 일제의 행정부가 뜯어갔다는 설, 관리의 부재를 틈타 마을 주민들이 뜯어갔다는 설 등이 있으나, 아직은 그 정확한 이유를 알수가 없습니다. 남아있는 초석들은 커다란 바위 위에 세워져 있는데, 초석마다 바닥을 따서 끼워넣을 수 있도록 제작되어 있습니다. 그리고 멀리서 보면 사각형으로 보이는 초석들을 유심히 보면 모서리 부분을 부드럽게 조정한 모습을 볼 수 있는데요. 조선시대 건축기술의 세심함을 산영루 초석에서도 잘 볼 수 있죠.

고양시에서는 '북한산성 종합정비'의 일환으로 산영루를 복원하고자 계획하고 있습니다. 조만간 복원된 산영루를 다시 볼 수 있는 날이 멀지 않은 것 같습니다. 복원된 이후에는 산영루에 올라 정약용처럼 시 한수 읊어보는 것도 좋을 듯 하네요.

신돈 VS 보우.

북한산 태고사 원증국사탑과 탑비(1385)

지정번호 보물 제611호 및 749호
소 재 지 경기도 고양시 덕양구 북한동 산15

중흥사지 다음으로 둘러볼 곳은 바로 옆에 붙어있는 태고사입니다. 태고사는 국가에서 지정한 보물을 두 개나 보유하고 있는 사찰이구요. 조계종의 중시조인 보우스님이 창건한 유서 깊은 사찰이랍니다. 참고로 태고사라는 사찰은 충북 금산에도 있고 가까이 서울 성북동에도 있습니다. 헷갈리지 마세요.

태고사(太古寺)는 고려시대(高麗時代)에 태고(太古) 보우(普愚)가 세운 절로서, 6.25전쟁 때 소실(燒失)되었다가 다시 건축되었습니다. 원증국사탑과 탑비만이 원래의 모습을 간직하고 있지요.

그럼 먼저 원증국사탑과 탑비의 주인인 보우국사에 대해 알아보도록 하겠습니다.

1. 보우에 대하여

보우(普愚)(1301-1382)는 보허(普虛)라고도 불리는 큰 스님입니다. 호는 태고(太古)이고요. 조계종의 중시조이시기도 하지요. 시호가 원증국사(圓證國師)이구요. 탑호(塔號)는 보월승공(寶月昇空)입니다.

▲ 탑으로 올라가는 길

13세에 회암사(檜巖寺)로 출가하여 공부를 많이 하셨습니다. 국내에서의 수행이 부족하셨는지 고령이신 46세 때에는 원나라로 유학을 갔다가 오시기도 했어요.

워낙 유명하신 스님이라 많은 일화가 전해져 오고 있는데요. 원증국사탑비에 적혀있는 일화 하나를 들어볼까요?

지정(至正) 병술년(1346) 국사의 나이 46세 때에는 연도(원나라의 수도)를 유람하였는데, 천축국(天竺國-인도(印度))의 원성 선사(源盛禪師)가 남소(南巢)에 있다는 말을 듣고 찾아가 보니 이미 돌아가신 뒤였다.

호주(湖州)의 하무산(霞霧山)에 이르러 석옥공선사(石屋珙禪師)를 만나보고 이제까지 체험해 얻은 덕을 모두 나열하고, 또 태고암가(太古菴歌)를 바치니, 석옥이 매우 깊이 인정하고 날마다 하는 일을 물었다.

국사(國師)가 대답한 뒤에 천천히 묻기를, 『이 밖에도 따로 또 할 일이 있습니까?』하니 석옥이 말하기를, 『노승(老僧)도 그랬고, 삼세(三世) 불조(佛祖)들도 또한 그러했다.』하고, 드디어 신표(信表)로 가사(袈裟)를 주면서 말하기를, 『좌승은 오늘에야 비로소 발을 뻗고 자겠다.』하였다.

석옥은 임제(臨濟)의 18대 손이다(僧侶의 繼承代數). 반달 동안 국사를 머물게 한 후 헤어질 때에는 주장(柱杖)을 주면서, 『부디 잘 가라.』는 말을 되풀이하였다. 국사가 머리를 조아려 배수(拜受)하고, 연도(燕都)로 돌아오니 도중에 국사의 명성이 자자하였다.

천자(天子)가 이를 듣고 영령사(永寧寺)에 당(堂)을 열 것을 청하면서 금란가사(金?袈裟-금실로 만든 가사)와 침향불자(沈香拂子)를 하사하였고, 황후와 황태자는 향폐(香幣)를 내렸으며 왕공 사녀(王公士女)들은 분주히 예배하였다.

아무튼 원나라에서 이렇게 명성을 더한 후 그는 다시 고려로 돌아왔고, 공민왕의 간절한 요청으로 나랏일을 자문하는 국사(國師)가 되었습니다. 이후 공민왕이 신돈에게 나라를 맡기자, 그와 대립하여 어려움을 겪다가 신돈이 제거된 후 다시 국사의 자리를 되찾았지요. 그는 정말 대사(大師)이신지라 82세가 되던 해에 새벽에 목욕을 하고 단정하게 앉아 입적하셨다고 합니다.

그에게는 명성에 걸맞게 제자도 많았습니다. 수많은 승려는 말할 것도 없고, 고려말의 라이벌인 최영장군과 조선의 태조 이성계도 모두 그의 제자였지요. 고려말 질풍노도의 시기에 큰 어른으로 살았던 그가 사망하고 12년이 지난 뒤 고려는 멸망하게 되는 것입니다.

현재 태고사(太古寺)에는 보물(寶物) 제749호인 태고사 원증국사탑(圓證國師塔)과 보물(寶物) 제611호인 태고사 원증국사탑비(圓證國師塔碑)가 남아 있습니다.

2. 원증국사탑

원증국사탑은 보우스님의 사리를 봉안했던 승탑인데요. 북한산 태고사

▲ 태고사 원증국사탑

뒤편 언덕에 있습니다. 1385년 이전에 제작되었고요. 원래는 도굴로 인해 쓰러져 있었는데 1980년 10월에 지금의 모습으로 복원되었지요. 부도는 전체적으로 원형이고 상부로 갈수록 좁아지는 형태입니다. 하대석은 사각형인데, 각면을 3개의 면으로 구분해 놓았습니다. 그 위에 연화문으로 받침대를 만들고 8각의 옥개석을 얹어 놓았는데 옥개석의 모서리에는 귀꽃이 장식이 되어있습니다. 전문가들은 여기에 장식되어 있는 모습을 보고 고려시대에 만들어진 부도라는 것을 알 수 있다고 해요.

현재 옥개석의 일부가 훼손되었을 뿐 각 부재는 온전히 보존되었는데요. 고려시대 후기의 솜씨를 보여주는 중요한 문화재라 국가에서 보물로 지정했답니다.

3. 원증국사탑비

원증국사탑비는 1385년에 제작되었고요. 고려 말의 명 문장가인 목은 이색이 글을 썼습니다. 국사에 대한 예우였겠지요. 이 석비는 보우대사의 출생부터 입적에 이르기까지의 내력을 적은 것입니다. 모습을 살펴볼까요?

▲ 태고사 원증국사탑비

널찍한 정방형의 지대석 위에 커다란 거북이 모양의 귀부가 올라가 있고요. 그 위에 글이 써져 있는 비신이 세워져 있습니다. 비신 위에는 건물지붕 모양의 이수를 놓은 일반적인 탑비형식을 갖추고 있지요.

탑비에는 다음과 같은 내용이 적혀있습니다. 한번 볼까요?

국사의 마음은 바다와 같이 넓고 하늘이 강림하는 것 같았도다.

국사의 자취는 부배(浮杯)와 비석(飛錫)처럼 신통하였도다.

돌아와 지우를 받았으니 왕자의 스승이었고

소설산에서 몸소 밭을 가니 은현(隱現)이 때에 맞았도다.

때로는 취성(鷲城 : 鷲嶺, 釋迦의 修道地, 轉하여 僧侶의 世界)에서도

형명(刑名:形名學과 같은 뜻)을 농락하였으나

구름이 하늘을 가림과 같은 것, 국사의 명성에는 무슨 손상을 줄 수 있었던가?

달은 곤륜(崑崙)에서 졌어도 남은 빛이 있고

사리는 영롱(玲瓏)아니 왕문(王門)에 빛나도다.

오직 삼각산만이 푸르게 구름가에 비꼈고

탑을 그 아래 세우니 나라와 더불어 길이 평안하도다.

국사의 풍도는 동방에 널리 퍼졌도다.

신은 배수하고 명(銘)을 지으니 무궁토록 전해질 것이다.

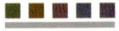

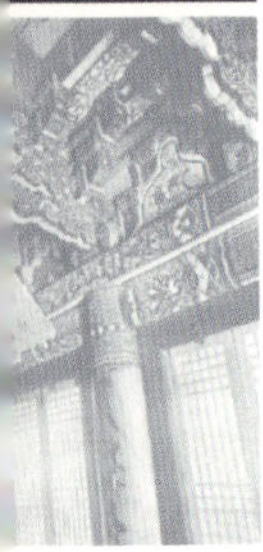

네 번째 이야기

고려왕조를 지켜라! 최영장군 묘

지정번호 경기도 기념물 제23호
소 재 지 경기도 고양시 덕양구 대자동 산70-2

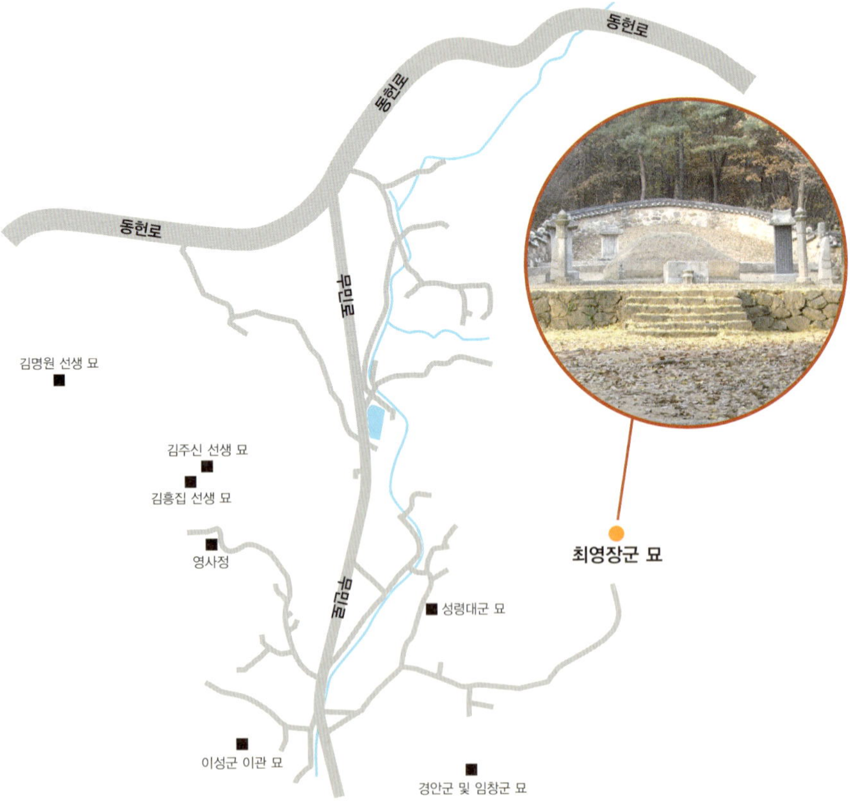
동헌로
동헌로
동헌로
무민로
무민로
김명원 선생 묘
김주신 선생 묘
김흥집 선생 묘
영사정
성령대군 묘
이성군 이관 묘
경안군 및 임창군 묘
최영장군 묘

1. 최영의 생애

우리나라 사람치고 최영장군을 모르는 사람은 많지 않습니다. '황금보기를 돌같이 하라'는 말을 떠올리는 사람도 있겠고, 고려에 대한 충성을 다하다 장렬히 전사한 '충신' 최영을 떠올리는 이도 많으시겠죠?

최영은 우리가 알던 바와 같이 사람들에게 황금보기를 돌같이 하라고 말해줬을까요? 왜 최영은 고려에 대해 충성을 다했을까요?

최영은 충숙왕(1294~1339)이 집권하던 1316년에 당대의 명문가에서 태어난 인물입니다. 그는 집현전 태학사(集賢殿太學士)를 지낸 최유청의 5대 손이며 사헌부간관(司憲府諫官)을 지냈던 최원직의 아들이었지요. 최원직은 아들에게 '너는 마땅히 황금보기를 돌같이 하라'는 유훈을 남긴 장본인으로서 이 간결한 유훈은 최영이 청렴결백했다는 주장을 널리 알리는 계기가 되었답니다.

최영은 또한 이성계에게 살해된 우왕(1365~1389)의 장인이기도 합니다. 우왕은 공민왕과 그 유명한 '신돈'의 시녀 반야의 사이에서 태어난 인물로써 후에 아들인 창왕(1380~1389)과 함께 새로운 왕조를 꿈꾸던 이성계 일파에게 살해됩니다. 창왕이 살해된 후 이성계에 의하여 추대된 '허수아비' 왕이 고려의 마지막 왕인 공양왕(1345~1394)이 됩니다.

결국 최영은 고려왕조와 혈연으로 맺어진 이해관계 속에서 '귀족세력'을 대표하는 인물이었다고 볼 수 있습니다. 그러한 배경을 가진 인물이 고려왕조를 유지시키기 위해서 노력했다는 점은 정황상 전혀 이상하지 않지요?

최영의 지휘력은 대단했다고 해요. 남으로는 왜구를 토벌하여 그들로 하여금 백수최만호(白首崔萬戶)라 불리며 공포의 대상이 되었습니다. 북으로는 원나라가 점령했던 쌍성총관부의 잃었던 땅을 되찾기도 했고요. 또한 원나라의 세력을 등에 업은 최유의 군사를 물리치고 고려 내부의 모반 세력을 제거하는 등 싸우는 전투마다 승리로 이끌었습니다. 그야말로 '백전노장'이 지요.

하지만 정세는 그의 뜻과는 달랐습니다. 성리학으로 무장하고 새로운 세상을 기대하는 신진사대부세력이 이성계라는 걸출한 무장을 대표해서 보수 세력과 대립구도를 형성해갔던 것입니다. 이성계는 비록 가문은 최영에 비해 미천하나 아버지인 이자춘과 함께 쌍성총관부 회복에 지대한 공헌을 하면서 '진보세력'을 형성하였습니다. 고려 말의 정국은 우왕의 장인이자 팔도도통사(八道都統使)인 '보수진영' 최영과 이성계의 '진보진영'이 경쟁구도를 만들고 있었던 것입니다.

경쟁구도는 요동정벌론이 논의되면서부터 술렁거리기 시작하였습니다. 최영은 이성계로 하여금 요동출병을 명령하였으나, 널리 알려진 바와 같이 이성계의 위화도 회군으로 뜻을 이루지 못하고 이를 맞아 싸우다가 붙잡혔지요. 이후 현재의 고양시 서부지역인 고봉에 유배되었다가 개경으로 소환된 후 1388년 처형되었습니다.

최영은 '나에게 탐욕이 있었다면 무덤에 풀이 자랄 것이고, 결백하다면 자라지 않을 것이다'라고 유언하고 최후를 맞이하였다고 하며, 풀이 자라지 않아 그의 무덤을 '적분(赤墳)'이라 부르기 시작하였다고 해요.

최영이 죽은 후, 드디어 이성계의 세상이 되었습니다. 거칠 것이 없어진 이성계는 우왕, 창왕, 공양왕을 차례로 폐위시키고 강릉과 삼척에서 암살했지요. 또한 전세개혁을 추진하여 민중의 지지와 국가재정확보, 기득권층의 붕괴를 얻고 고려왕조의 부정적인 면을 부각시켜 새로운 왕조의 정당성을 확보하여 최영이 죽은 후 4년 만에 '조선'을 세우게 됩니다.

2. 최영장군 묘

　최영장군의 묘는 고양시 덕양구 대자동의 대자산에 있습니다. 남향하고 있으며 전면은 트여있고, 삼면은 산세가 지켜주고 있는 아늑한 명당이지요. 풍수지리를 하시는 분들은 최영의 묫자리를 '재물보다는 명예를 높여주는 명당'이라고 평가한다고 해요.

　뒤편에는 아버지인 최원직의 묘가 함께 있는데 최영이 아버지를 위해 직접 쓴 묘비가 최원직의 묘 왼편에 세워져 있습니다. 최영장군은 아내인 문화 류씨와 함께 묻혀있고요.

　최영장군묘역 주변으로는 최근까지 키높은 소나무가 빽빽하게 식재되어 있었는데 이로 인하여 그늘이 져서 근래까지 잔디가 자라지 않았던 것으로 추정됩니다. 잔디가 없었던 까닭에 '적분'으로 불리던 최영장군의 묘는 1976년 사초를 통해서 깨끗하게 잔디가 입혀져 있습니다. 적분이었을 때 우천 등으로 토사가 흘러내려 묘역이 손상되었기 때문에 잔디를 식재한 것이지요.

▲ 최영장군 묘

　흥미로운 점은 또 있습니다. 장군의 강직함과 고려에 대한 충성심이 하늘에 닿았기 때문일까요. 최영장군 묘는 무속인들 사이에서 신령이 깃든 곳으로 유명합니다. 지금도 이곳에서는 매년 최영장군 위령굿이 열리고 있지요. 기가 센 묘역이다 보니 일반인들도 그 기를 느

▲ 최영장군이 쓴
아버지 최원직의 묘비

낄 수 있다고 하는데 장군의 묘에 손을 맞추고 눈을 지그시 감고 있으면 손 바닥이 따뜻해진다고 합니다. 이처럼 장군의 강렬한 기 때문에 잔디가 잘 자라지 않았을 수도 있지 않았을까요.

3. 찾아가는 길

최영장군묘는 덕양구 관산동 필리핀 참전탑에서 대자골 방향 2km지점 에 위치합니다. 고양시청 앞 농협중앙회 건너편에서 타서 벽제에서 내려서 26번 마을버스를 타고 대자동마을회관에서 내려서 도보로 이동이 가능하 지요. 하지만 처음 찾는 이들은 대중교통으로 찾아가기 어렵습니다.

고양시의 대자동은 수많은 왕족과 고관대작들의 묘역 및 관련 유적이 조 성되어 있는 명당입니다. 고양시 일대는 고려의 수도인 개성과 조선의 수도 인 한성의 인근이면서 북한산에서 이어지는 산세가 완만하여 예로부터 수 많은 묘역이 조성되었는데 묘역 인근 500m 내외만 보더라도 성령대군, 경 안군 및 임창군, 정종과 경혜공주, 성억, 최빈, 이성군, 임성군 이황, 굴씨, 밀 풍군 이탄, 김일진, 김홍집, 김주신의 묘와 영사정, 대자사터 등이 분포되어 있습니다. 그래서일까요? 지금도 고양시에는 수많은 공동묘지와 납골당이 조성되고 있기도 하지요.

진입로 입구에는 소현세자의 셋째아들인 경안군과 그의 아들 임창군의 묘가 깔끔하게 정비되어 있는데 최영장군의 묘를 처음 찾는 이들은 이 묘들 이 최영장군의 묘인 것으로 착각하는 경우가 많습니다. 또한 경안군 및 임 창군 묘 전방으로는 세종대왕의 형제인 성령대군을 위한 사찰인 대자사가 위치했던 것으로 추정되고 있습니다. 대자사터의 좌측이자 최영장군묘의 서편에 성령대군의 묘와 사당이 조성되어 있기도 합니다.

다섯 번째 이야기

난 왕이 싫어! 고려 공양왕릉

지정번호 사적 제191호
소 재 지 경기도 고양시 덕양구 원당동 산65-1

벽제초등학교

363 성현로

1

363

고양외국어
고등학교

테마동물원
쮸쮸

관산동
주민센터

● 고려 공양왕릉

■ 삼릉역

호국로 39

1. 고려 말의 상황

공민왕 17년인 1368년, 고려에 큰 영향을 미치던 원나라가 명나라에 쫓기어 북쪽으로 밀려납니다. 공민왕은 1356년 쌍성총관부(雙城摠管府)를 탈환하는 등 원나라 세력을 제거했지요. 더불어 부정부패가 만연했던 귀족세력을 제압하고 왕권을 확립하기 위한 개혁에 착수합니다. 하지만 개혁을 뒷받침할 세력을 갖추지 못하고 승려 '신돈'이라는 한 개인을 중심으로 추진했기 때문에 개혁은 실패로 끝나게 됩니다. 하지만 공민왕의 개혁은 새로운 지도 이념인 성리학이 클 수 있는 환경을 조성함과 동시에 차후 등장할 신진사대부세력이 정권을 잡을 수 있는 계기를 만들어 주었다는 의의가 있습니다.

공민왕이 시해당한 후 왕위에 오른 우왕은 공민왕과 신돈의 비첩인 반야(般若) 사이에 태어났다고 전해지고 있습니다. 하지만 이성계 일파는 우왕이 공민왕의 아들이 아니고 신돈의 아들이므로 진짜 왕씨가 아니라고 하여 1388년 폐위시키고 조민수와 이색의 추천을 받아 창왕을 옹립하였습니다. 얼마 후, 이성계는 창왕도 폐가입진(廢假立眞)을 내세워 폐위시키고 위화도 회군으로 '시대의 라이벌' 인 최영을 처형하면서 실권을 장악하게 되었습니다.

모든 권력이 이성계를 중심으로 한 신진사대부에게 넘어간 그 즈음, 신종의 7세손인 '요(瑤)' 가 공양왕으로 옹립되었습니다. 그의 나이는 당시로서는 이미 노년을 바라보던 45세였지요. 공양왕을 '허수아비 왕' 으로 세워둔 이성계는 새로운 이상 국가를 건설하기 위한 개혁을 거리낌 없이 추진하였고, 순차적으로 계획을 추진하여 1392년 공양왕의 폐위와 함께 '조선'이라는 새로운 국가의 왕으로 추대되게 됩니다.

2. 고려의 마지막 왕 공양왕

공양왕의 이름은 요(瑤). 20대 신종(神宗)의 7대손이자 정원부원군 균(定原府院君鈞)의 아들이며, 어머니는 국대비 왕씨(國大妃王氏)입니다. 비는 창성군 진(昌成君 稹)의 딸 순비 노씨(順妃盧氏)이구요.

그는 어질고 자비로웠지만 시대적인 상황에 따라 유약한 임금일 수밖에 없었습니다. 즉위 후 자신의 의지와는 상관없이 이성계 일파의 압력과 간섭으로 인해 우왕을 강릉에서, 창왕을 강화에서 각각 죽였지요. 1392년 조선이 건국되자 원주로 쫓겨났다가 간성군(杆城郡)으로 추방되면서 공양군(恭讓君)으로 강등되었습니다. 1394년 다시 삼척부(三陟府)로 옮겨졌다가 예정된 죽음을 당하고 맙니다.

재위 3년 동안 정치, 경제, 교육, 문화 등 사회전반에 걸친 몇 차례의 제도개혁이 이루어집니다. 하지만 그것은 이성계 등 신진사대부들에 의해 이루어진 사회개혁이었지요. 1392년 이성계 일파를 반대한 정몽주(鄭夢周)가 살해된 후 조준, 정도전(鄭道傳), 남은(南誾) 등은 공양왕을 폐위하고 이성계를 왕으로 추대하였습니다. 그것이 고려왕조의 마지막입니다.

3. 공양왕과 삽살개 이야기

고양시에는 공양왕에 대한 다음과 같은 전설이 전해지고 있습니다.

1392년 공양왕이 이성계에게 왕위를 빼앗기고 도성인 개성에서 도망쳐 견달산(공양왕릉 인근) 아래에 도착했을 때는 이미 날이 저물어 사방이 어두워졌습니다. 두려움과 배고픔으로 지쳐있는 왕의 일행에게 건너편 골짜기에서 한 가닥 불빛이 보여 찾아가 보니 마침 작은 절이 있어 하룻밤을 묵고자 부탁하였지요. 그러나 때가 때이니 만큼 절에서 머물기는 어렵게 되었고 인근의 대궐고개 다락골 누각에 피신하게 됩니다. 이후 남몰래 스님들이 밥을 날라 왕에게 드렸는데 이러한 이유로 고양시에는 식사동이라는 지명이 생기게 되었습니다.

그러던 어느 날 공양왕과 왕비가 보이지 않아 스님들과 왕씨 일행이 온 산을 뒤지며 왕을 찾았으나 허사였습니다. 다만 공양왕과 왕비가 귀여워하던 삽살개만이 골짜기의 작은 연못 속을 향해 계속 짖고 있었답니다. 이에 사람들이 이상히 여겨 연못을 자세히 보니 사람의 형상이 보였고 연못의 물을 모두 퍼내자 그 안에 왕과 왕비가 편안한 자세로 죽어 있었지요. 이를 본 사람들이 두 분의 시신을 정성들여 모셔 연못 뒤 양지바른 곳에 장례를 치루고 능을 지키기 위해 능 앞에 삽살개 모양의 석물을 세워 지키게 하였다고 합니다.

이러한 전설로 인해 인근에 식사동 뿐만 아니라 왕이 잠들었다는 의미의 어침이 마을, 왕이 머문 곳은 한낱 고개라도 대궐이라는 뜻으로 이름 붙여진 대궐고개, 왕이 묻혀 있어 이름 붙여진 왕릉골 등 여러 지명이 생겨나게 되었습니다. 실제로는 공양왕이 강원도 삼척에서 사망한 것으로 알려졌지만 고양사람들의 공양왕에 대한 애절함이 이와 같은 전설을 만든 것으로 보입니다.

▲ 삽살개설화를 떠올리게하는 고려공양왕릉의 작은 연못

4. 진짜 공양왕릉은 어디에?

공양왕릉은 경기도 고양과 강원도 삼척, 고성에 있습니다. 왜 공양왕릉은 3기가 각각 조성된 것일까요?

공양왕은 원주, 간성 등으로 쫓겨 다니다가 1394년에 삼척에서 죽음을 맞이하였습니다. 이에 삼척에 공양왕의 첫 번째 능이 조성되었습니다. 이후 어느 정도 정권이 안정된 1416년 군으로 강등되었던 공양왕을 왕으로 다시 추봉하였고 이즈음에 고려의 수도인 개성과 조선의 수도인 한양과 인접한 고양시로 능을 이전하여 조성한 것으로 보입니다. 이에 문화재청에서는 공양왕이 최종적으로 잠들어있는 곳은 고양시인 것으로 판단하여 고양시의 공양왕릉은 국가지정문화재 사적 191호로 지정되었고 삼척의 공양왕릉은 강원도기념물 제71호로 지정되었던 것입니다.

또 다른 이야기로 홍문관 박사 함부열이 극진히 모시던 공양왕의 시신을 아무도 모르게 석관에 모셔 고성에 있는 자신의 선산에 매장하여 보존하였다는 설이 있습니다. 함부열은 이 사실을 후손들에게만 전했다고 합니다.

이렇게 공양왕의 조성에 관련된 이야기는 다양하게 전해지고 있습니다. 이는 고려 말의 정세가 얼마나 혼란스러웠는지를 보여주는 반증이기도 하지요. 공양왕이 묻혀있는 장소를 알려줄 수 있는 객관적인 자료는 문헌에서 찾을 수 있습니다. 태종 조와 세종 조의 왕조실록을 살펴보면 고양시 원당의 고려 공양왕릉이 진릉임을 분명히 하고 있습니다. 태종 조에는 이곳에 있는 능을 보수하고 정비한 뒤 능을 지키는 수호소를 만들게 하였으며, 세종 조에는 공양왕의 어진을 안성 청룡사로부터 고양현 능곁에 있는 암자로 옮기라는 명령을 볼 수 있지요. 이외에도 선조 조에 전국에 있는 왕릉을 파악할 때 공양왕릉은 이곳 고양의 능을 진릉으로 기록하고 있습니다.

하지만 문헌자료만으로 공양왕릉의 위치를 단정 짓기엔 무리가 있습니다. 당시의 시대적 상황이 워낙 혼란스러웠기 때문입니다. 공양왕의 선왕인 우왕과 창왕은 묘조차 조성되지 못했지요. 공양왕릉의 진위 여부는 발굴 조사가 없었던 현재로서는 역사의 수수께끼로 남을 수밖에 없다고 하겠습니다.

5. 고양 공양왕릉의 현재

고양시청으로부터 북동쪽인 벽제로 이어진 원당로 2km 지점의 마을이 왕릉골 마을입니다. 이 왕릉골 마을 입구에서 다시 마을 안쪽으로 1.2km가량 들어오면 고려 마지막 왕인 공양왕릉이 위치해 있습니다. 정면에서 볼 때 왼쪽에 공양왕의 능이, 오른쪽엔 순비노씨의 능이 조성되어 있습니다. 능 앞의 석물로는 비석 일좌가 왕의 봉분 앞과 왕비의 봉분 앞에 세워져 있는데, 각각 '고려공양왕릉(高麗恭讓王陵)', '공양왕비순비노씨(恭讓王妃順妃盧氏)'라고 새겨져 있었지만, 지금은 글자가 잘 보이지 않아요. 그 앞으로 상석이 놓여 있습니다. 양측에는 문·무인석으로 보이는 두 쌍의 석물이 서로 마주보고 세워져있습니다.

정면으로는 개의 형상을 한 석수가 1기가 있는데 이 석물이 고양시에서 전해져오는 '공양왕과 삽살개'의 전설을 뒷받침해주고 있습니다. 그런데 이 석수와 비슷한 형태가 대자동에 있는 성령대군 묘에서도 보입니다. 성령대군 묘에 있는 석수는 묘소의 양 쪽에 한 마리씩 위치하는데요. 현재의 고려공양왕릉의 석수는 한 마리뿐이지만 석수 옆에 보면 석수의 파편이 남아 있는 것을 확인 할 수 있습니다. 사실 묘소 앞에 석수 한 마리가 덩그러니 있는 묘소는 거의 없어요. 어쩌면 석수의 원래 위치는 공양왕릉의 양 옆이었는지도 모르지요.

석인은 모두 높이가 120cm 내외로 두 종류가 있는데 문관석으로 보이는

▲ 고려 공양왕릉의 문인석

▲ 고려 공양왕릉을 지키는 석수

능 앞쪽의 것이 더 작습니다. 석물의 양식과 수법은 고려의 여러 왕릉에서 보이는 전통적인 왜소하고 소박한 것들입니다. 양 릉 중간에 '고려공양왕고릉(高麗恭讓王高陵)'이라는 화강암 비가 세워져 있는데 혹자는 조선말 고종 때의 비라고 하나 마멸된 상태로 보아 훨씬 이전 것으로 판단됩니다. 한편, 묘역의 입구에는 '고려 공양왕과 삽살개의 전설'과 관련된 연못을 고양시에서 조성해 놓았답니다.

여섯 번째 이야기

아직은 몰라요. 독산봉수대지

지정번호 경기도 기념물 제193호
소 재 지 경기도 고양시 일산동구 사리현동 642-32

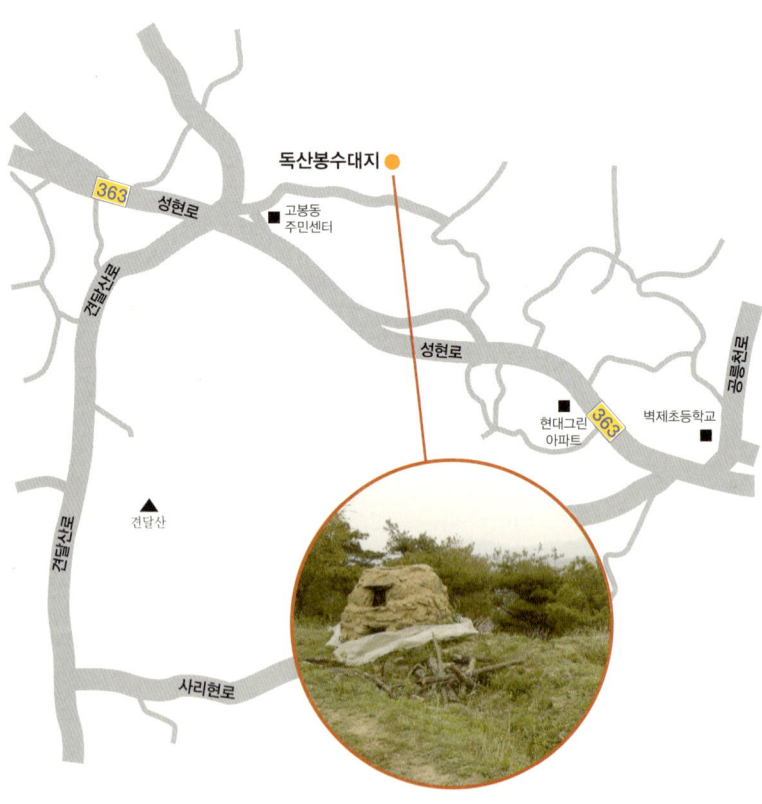

독산봉수대지 ●

363
성현로
견달산로
고봉동
주민센터

성현로

공릉천로

현대그린
아파트
363
벽제초등학교

견달산

사리현로

독산봉수는 고양시 일산동구 문봉동과 사리현동, 지영동의 경계지점인 해발 133.4m의 나지막한 구릉 정상에 위치합니다. 독산봉수의 설치 시기는 『세종실록 지리지』에 봉화명으로 기록되어 있는 것으로 보아 고려 초기 봉수제의 성립과 더불어 설치되었거나 혹은 그 이전으로 여겨집니다. 독산봉수는 북쪽으로는 파주 성산 → 파주 대산, 동쪽으로는 모악 → 해포 → 안현 등으로 북쪽노선은 일정한 정형성을 유지한 반면, 동쪽노선은 때에 따라 변화가 심했습니다. 사방으로 주위가 잘 조망되며 서쪽으로는 고봉봉수를 바로 마주보고 있는 곳에 설치되었지요. 원형의 석축 봉수대로 지형 여건을 고려하여 축조하였다고 합니다.

독산봉수는 조선 초기에는 북쪽의 파주시 파주읍 봉서리의 성산봉수로부터 중기에는 파주읍 봉암리의 대산봉수에서 보내는 신호를 받아 동남쪽으로 서울의 모악동봉 및 해포봉수에 보내는 역할을 하였던 경기지역 소재 제3거 내지봉수 직봉의 마지막 노선이기도 합니다.

북쪽으로부터 전보를 받는데 있어 노선 상에 시야를 가리는 높은 지대가 없어 전망이 용이하였을 것이며, 서북쪽으로 4km 거리에 있는 제4거 직봉의 고봉봉수와는 지척에 있듯이 잘 조망됩니다. 대응봉수 노선의 거리를 볼 때 이 봉수는 조선 초기 북쪽의 성산봉수와는 14.75km, 중기의 대산봉수와는 13.5km, 동쪽의 모악봉수와는 17.25km, 해포봉수와는 11km의 거리에 있습니다.

기록으로 보면 독산봉수의 설치 시기는 『세종실록 지리지』에 봉화명으로 기록되어 있는 것으로 보아 고려 초기 봉수제의 성립과 더불어 설치되었거나 그 이전에 설치되어진 것으로 여겨집니다. 독산봉수는 조선 전 시기를 통하여 소달산봉화 → 문수산봉수 → 독산봉수 등 세 번의 명칭 변경이 있었습니다. 독산봉수는 각각 북쪽과 동쪽으로 응하는 봉수노선의 변화가 있었습니다.

　고대시대부터 국가의 중요한 통신수단은 봉수제(烽燧制)가 있었습니다. 국경지방의 긴급한 사정을 중앙과 이웃 지방에 전달하는 동시에 해당지방의 주민에게 알려 신속한 대응을 취하게 하는 데 그 목적이 있다 하겠습니다. 봉수로는 국가의 신경조직에 해당되는 바, 역로와 함께 군사 행정상의 의미를 지니면서 통치체제를 효과적으로 구축케 하는 역할을 합니다. 역제가 주로 중앙의 공문을 지방 관아로 전달하는 하향식임에 비하여, 봉수제는 변경에서 중앙으로 급보를 전하는 상향식이라는 차이가 있습니다. 역제가 행정 기능이 중심인데 비하여 봉수제는 군사 기능에 역점을 두고 있습니다.

　봉수제는 고려의 봉수제를 토대로 정비한 것인데, 원래 봉수란 용어는 밤에 불로서 알리는 봉인 연봉(燃烽)과 낮에 연기로서 알리는 번수(燔燧)가 합친 말입니다. 흔히 일컬어지는 봉화란 말은 야간의 연봉만을 가리킨 것이나 후에 주간의 번수까지 합친 뜻으로 쓰여졌으며 고려 말 이래 봉화로 통칭되었습니다. 봉수는 대략 수십 리의 일정한 거리마다 후망의 요지가 되는 산꼭대기에 봉수대를 두고 밤이면 횃불로, 낮이면 연기로 알렸으며 비가 오거나 안개, 구름이 덮여 연기나 불로 연락이 불가능할 때는 봉수군이 직접 차례로 달려가 보고하도록 되어 있었다고 합니다.

　봉수의 신호법을 거화법(擧火法)이라고 하는데 이는 시대에 따라 약간씩 변화가 있었습니다. 세종 때 시행된 오거법(五炬法)에 의하면, 평상시 아무 일이 없으면 1거(炬), 적이 나타나면 거수(炬數)를 늘렸다고 합니다. 육지와 바다가 달랐는데, 육지에서는 적병이 국경쪽으로 움직이면 2거, 국경에 접근하면 3거, 국경을 침범하면 4거, 아군과 접전하면 5거로 하였으며, 바다에서는 적선이 바다 위에 나타나면 2거, 해안 가까이 오면 3거, 우리 병선과 접전하면 4거, 적군이 육지로 상륙하면 5거를 올리도록 하였습니다.

봉수제는 그 기능상 신속성을 유지해야 했습니다. 원래 봉수는 그 봉수대가 동서남북 어느 변경에 소재하든지 대략 12시간이면 중앙에 전달되어야 했습니다. 봉수는 전국을 망라하는 조직이었으며, 기능상 중요성에 비례하여 간선과 지선으로 나뉘었습니다. 그 사이 보조선으로서의 지선이 있었는데 이를 간봉(間烽)이라 합니다. 전국 봉수는 직봉과 간봉을 합하여 670여 개 소였는데, 주요 간선은 크게 5개의 직봉으로 이루어져 있었습니다.

즉 제1거는 함경도 서수라 우암 봉수대로 경흥(慶興)-서울 간, 제2거는 경상도 동래 다대포 응봉 봉수대, 제3거는 평안도 강계 만포진의 여둔 봉수대로 강계-내륙-서울 간, 제4거는 평안도 의주의 고정주 봉수대로 해주를 거쳐 해안을 따라 서울까지 왔습니다. 제5거는 전라도 순천 방답진의 돌산 봉수대였는데 이들을 기점으로 하여 정해진 노선에 따라 서울의 목멱산봉수대에 집결하도록 되어 있었습니다.

봉수대는 잠시라도 그 기능이 중단될 수 없었기 때문에 고려의 봉수망이 그대로 조선에도 답습되었습니다. 대신 조선 초기 야인(野人)들의 약탈이 그치지 않으므로 북방의 봉수망이 확장되었습니다. 각 봉수대에는 3~10명의 봉졸이 5~10일 간의 교대로 간망하면서 통신에 차질이 없도록 하였습니

▲ 독산봉수대지에서의 전경

▲ 독산봉수대지

다. 그러나 실제는 5~6일이 걸렸으며, 수개월 혹은 전연 불통되는 경우도 흔했습니다. 이유는 봉졸 근무자체가 고역이고, 근무 태만시 처벌이 가혹했기 때문입니다.

고양은 지리상 제3거~제4거의 연결선상에 있었으므로 평안·황해 방면의 봉수를 서울의 무악(毋嶽)에 연결하고, 무악에서는 목멱산으로 전하였습니다. 고양의 봉대로는 독산(禿山)·해포(醢浦)·고봉(高峯)이 있었는데 제3거, 즉 강계에서 내륙지방을 거쳐 온 소식을 파주의 대산에서 전달받아 독산과 염포의 봉대를 거쳐 서울의 무악 동봉(毋嶽東峰)에 연결하였습니다. 제4거 즉, 의주에서 해안을 따라 온 봉수는 교하의 형제봉 봉대에서 전달받아 고봉에서 한양의 무악 서봉으로 연결하였습니다.

제5장

고양시 문화유산
조선시대

조선시대 살펴보기

1. 건국부터 1503년까지의 고양 – 고양의 이름을 얻다

고려시대 양주의 속현으로 있던 고봉현이 지방관이 파견되는 주현으로 행정구역에 편제된 것은 조선 태조 3년(1394)에 감무(監務)를 설치하면서부터 입니다. 감무는 고려중기 속현을 주현으로 삼아 지방관제를 확대하면서 설치한 것으로 정7품관의 지방관을 가리킵니다. 이 감무는 조선 태종 13년 지방제도 개편에 따라 속군·현(屬郡縣)과 향(鄕)·소(所)·부곡(部曲) 등 특수 지방행정 단위를 일반 현으로 편제하면서 현감(縣監)으로 통일되었습니다.

태조3년에 고양지역에 고봉감무를 설치하면서 속군·현으로 있던 행주·고봉·부원과 황조향을 이에 예속시켰습니다. 부원은 오늘날 서울특별시 용산구에 해당되는 지역이었지요. 황조향은 다른 이름으로 주엽리(注葉里)라 하였는데, 오늘날 일산서구 주엽동 일대로 충선왕 2년(1310)에 승격된 부평부 소속의 향이었습니다. 그리고 이때 군치(郡治) 서쪽 20리쯤 되는 곳의 율악부곡(栗岳部曲-밤가시)과 동쪽 10리 건자산(巾子山) 아래에 있는 장사향(長史鄕)도 고봉에 예속되었습니다. 이외에 행주에 파을곶소(巴乙串所)와 건자산소(巾子山所)도 있었습니다.

이와 같이 조선이 건국함에 이르러 태조3년에 도읍을 개성에서 한양부(漢陽府)로 옮겨 도성 일대를 한성(漢城)이라 칭하고 성저십리(城底十里) 지역을 관할하는 등 한양부 부근 군현제를 정비하였습니다. 이 해 8월 28일에 심악(深岳-尋鶴)·교하(交河)·석천(石泉)의 각 현을 병합하여 교하감무(交河監務)를 설치하고, 동시에 앞에서 살핀 것과 같이 고봉감무(高峰監務)를 설치함으로써, 오늘날 고양시와 대략 비슷한 지역을 관할 구역으로 하여, 서울과 밀접한 관계를 갖게 하는 하나의 지방행정구역으로 등장한 것입니다.

나아가 태종 13년(1413) 3월 23일 고봉과 덕양(행주)의 두 고을 이름에서 앞·뒤 한 자씩을 취하여, '고양(高陽)'이라 칭하고 현감을 설치하였고, 원당리에 고양의 치소(治所)를 두었습니다. 이때부터 고양현·고양군·고양시로 변하면서 고양이라는 지명과 행정구역이 출발되었습니다. 당시 고양현의 경계는 동쪽으로 양주까지 6리, 서쪽으로 교하까지 30리, 남쪽으로 한강까지 15리, 북쪽으로 원평(파주)까지 15리였습니다. 이어 1414년에 교하군의 심악고현(深岳古縣)에 소속되었다가, 1418년에 다시 환속되었습니다.

세조 3년(1457) 의경세자(덕종으로 추증)의 묘소를 고양현 치소(현 서삼릉지역) 동쪽에 안장하고 제사지냈습니다. 그 후 고양현은 성종 1년(1470) 10월 13일에 이르러 지금의 덕양구 용두동에 덕종과 소혜왕후의 능인 경릉(敬陵)과 예종과 안순왕후의 능인 창릉(昌陵)의 두 능이 있으므로 지방행정단위를 현(縣, 縣令은 5품관 縣監은 6품관)에서 군(郡, 郡守는 4품관)으로 격을 높여 고양군(高陽郡)으로 삼았지요. 당시 고양군의 위치는 동쪽으로 양주, 서쪽은 교하현, 남쪽은 한강을 건너 양천현, 북쪽은 파주군과 경계를 이루었으며, 서울에서의 거리는 32리였다고 합니다.

2. 1504년~1506년-고양을 없애다

한편 16세기 초 연산군 때에 와서 고양군 일대는 황폐화되었습니다. 즉 연산군 10년(1504) 가을에 왕의 놀이와 사냥을 위하여 도성 밖의 민가를 철거하고, 또한 한성으로 통하는 도로는 노량진 방면을 제외하고는 모두 막아 일반백성의 교통을 차단한 것입니다. 또한 놀이와 사냥의 지역을 확장하여 서울 인근 고을인 고양 · 양주 · 파주 등지에 미쳤으며, 나아가 한강 건너 광주 · 양천에 이르렀습니다. 따라서 백성들은 삶의 터전에서 추방되었고, 내수사(內需司)의 노비를 대신 살게 하였습니다.

이렇게 되자 백성들의 원망은 점점 커지고, 고양군을 비롯한 각 고을은 황폐화되었으며, 고양군은 혁파되어 양주에 속하게 되었습니다. 그러다가 1506년 중종반정으로 연산군이 강화로 유배되어 죽임을 당하고, 중종이 즉위하자, 연산군의 폐정을 개혁하는 한편 고양군 등 각 군이 다시 복원되었습니다. 이때 약 2년 간에 걸쳐 서울 인근의 군현은 폐허에서 벗어나기 위해 안간힘을 썼으나, 복구되는데 많은 세월이 걸렸다고 합니다.

3. 16세기 초부터 조선말까지-교통의 중심에서 왕족을 만나다

중종 32년(1537)에 희릉(禧陵)을 원당리로 옮기게 되자 관아을 장령산(長嶺山) 동쪽으로 옮기는 일이 논의되다가, 중종 39년(1544) 5월 10일에 이르러서야 실행되었습니다. 관아의 이전이 늦어진 이유는 1537년 6월 19일 권신 김안로(金安老)가 사후 자신의 묘지로 쓰기 위해 '400여 호가 철거되어야 한다' '관속이 의지할 곳이 없다' '떠도는 백성이 발생한다' '고을을 옮겨야 한다'는 등의 주장을 했기 때문이었습니다. 그리하여 왕이 고양의 산세를 그려 아뢰게 하는 등 새로운 관아의 터를 잡기 위한 논의가 있게 되자 불가 피하게 관아의 이전은 지체될 수밖에 없었습니다. 그 후 10월 28일에는 고 양의 관사를 지으면서 군인을 대신하여 아직까지 승군(僧軍)을 부리고 있다 는 비난이 있었습니다. 그러나 그것은 중국사신의 왕래에 따른 군민들의 동 원으로 그들의 피로가 극심하여 군민을 또 새 관아공역에 동원할 수 없었기 때문이었다고 합니다. 따라서 승군으로 하여금 비난을 무릅쓰고 공역을 마 칠 때까지 계속해서 일을 시킬 수밖에 없었지요. 이후 군의 관할 구역은 조 선말까지 큰 변화가 없었답니다.

4. 조선시대 고양지역의 역사 문화적인 특징

한편 조선시대 고양지역의 역사 문화적인 특징을 살펴보면 이어질 내용 처럼 정리할 수 있습니다.

즉, 서북 교통로와 중국과의 사행길, 역대 임금의 사냥터와 강무장(講武 場), 그리고 왕릉을 비롯한 왕실과 권문세가들의 묘역으로의 역사지리적인 특징을 보이지요. 또한 임진왜란 때는 의병이 활동하였고, 벽제관전투에 이 은 행주대첩의 현장이었으며, 이에 따른 사당과 교육기관이 마련되었습니 다. 그리고 조선 숙종 때는 한양도성의 이성체제로 북한산성이 축조되었습 니다. 그럼 좀 더 자세히 살펴볼까요?

첫째, 조선시대 고양지역은 조선왕조의 수도인 한성과 고려왕조의 수도 였던 개성을 연결하는 교통의 길목이었으며, 개성 인근에 있는 태조 이성계 의 왕비인 신의왕후(神懿王后) 한씨(韓氏)의 제릉(齊陵)과 제2대 정종과 정안왕후의 후릉에 참배갈 때 머무는 객관이 있던 곳이기도 합니다. 더욱이 조선시대 중국과의 사행(使行) 길이던 서북로의 첫 관문으로 중요한 위치에 있었습니다. 대개 사행의 노정은 서울을 떠나 고양-개성-평산-황주-평양-의주-압록강-산해관-북경의 육로 3,100리에 50일의 일정이었다고 합니다.

한편 사신이 출발하기 전에 서울 서북쪽의 벽제(碧蹄)에서 의주까지 사행이 간다는 선문(先文)을 보내 그 일정에 따라 통과 지점에서 미리 준비하게 하였습니다. 그리고 정사·부사·서장관의 세 사신이 대궐에 들어가 하직 인사를 한 뒤 서울 서대문구에 있던 홍제원(弘濟院)에서 관인들의 전송을 받으며 연경(燕京-北京)을 향해 떠났으며, 첫 정착지가 고양의 벽제관이었던 것입니다. 현재의 벽제관 터는 인조 3년(1625)에 새로 세운 객관이있던 곳이며, 건물은 일제강점기와 한국전쟁 때 모두 무너졌습니다.

중국의 사신이 올 때는 서울에 들어오기 전 반드시 벽제관에서 하루를 묵게 되는데, 이때 임금이 사신을 맞이하는 관인을 보내 원행의 노고를 위로하였습니다. 이튿날 새벽 사신 일행은 서울로 들어오면, 임금은 무악재 아래에 있는 모화관(慕華館)에 나와 조사(詔使)를 맞이하여 숭례문을 통하여 경복궁 또는 창덕궁으로 들어와 외교문서를 전달하는 의식을 거행하였

▲ 벽제관의 옛모습

습니다.

그런데 사신 일행의 여비는 국내에서는 경유지 인근 고을의 부담이었고, 국경을 넘으면 정부 즉 호조에서 담당하였다고 해요. 따라서 고양 등 사행로에 있는 고을은 정조사·성절사·천추사 등 각 사신 일행이 지날 때마다 그 규모에 따라 많은 부담을 안고 있었던 것입니다.

둘째, 고양지역은 세종 때 군사훈련장이 되었고, 연산군 때는 수렵장이 되었습니다. 세종 30년(1448) 혜음산(惠陰山)·대자암산(大慈庵山)·말질산(末叱山)을 강무장으로 삼아, 이 일대를 사냥 금지구역으로 지정하였습니다. 일단 강무장으로 지정하면 사냥금지는 물론 벌목까지 금하는 것이 원칙이었으나, 그렇게 하면 인근 주민들의 생업에 막대한 지장을 준다는 세종의 배려가 있었습니다.

그러나 군사훈련 때 어가를 따르는 수많은 관료와 병정들이 동원되므로, 벼와 곡식을 밟는 등 폐단이 적지 않았습니다. 연산군이 즉위하면서 군사훈련을 핑계로 날마다 사냥으로 세월을 보내자, 서울 인근의 고을들의 피해는 이루 말할 수가 없었습니다. 그 첫 대상이 고양지역이지요. 즉, 연산군 말년의 잘못된 정치로 백성들까지 정치에 대해 비판하고 임금을 욕하였는데, 마침 광주(廣州)와 고양 사람이 무도한 말을 했다고 하여 능지처사(陵遲處死)하고 가산을 적몰하였습니다. 이 사건은 연산군에게 이 지역을 사냥터로 만들고자 하는 의도에 좋은 구실을 주었지요.

연산군 10년(1504) 4월 의정부·육조·한성부·사간원·사헌부·홍문관 관원을 불러 광주와 고양의 혁파를 논의하게 하였습니다. 그러나 대신들은 선왕의 능침이 있는 광주와 고양은 혁파할 수 없다고 주장하면서, 임금을 욕하던 죄인이 살던 지역만 떼어 다른 고을로 붙이고 두 고을은 그대로 두자는 타협안도 나왔으나, 결국 혁파되고 말았습니다. 같은 해 8월에는 고양을 사냥터로 만들면서 금표(禁標)를 세워 그 구역을 정하였으며, 관아의 곡식을 파주로 옮겼습니다. 그리고 연산군 11년 7월에는 금표 지역을 더욱 확대하였습니다. 즉 동북으로 광주·양주·포천·양평에서, 서남으로는 파주·고양·양천·과천·통진·김포에 이르는 지역에 금표를 세우고, 지역 주민 500여 호를 쫓아내고 내수사의 노비를 옮겨 살게 하였습니다. 따라서 지역 주민들은 생업을 잃고, 금표 밖의 사람들도 땔감을 하기 위해 금표를 범하게 되면 죽임을 당하니, 가만히 있으면 굶어 죽고 움직이면 베어 죽는 형편이 되었다고 합니다.

셋째, 고양지역은 한양 도성의 서북쪽 외곽에 위치하여 왕릉을 비롯한 권문세가의 묘역으로 더할 수 없는 좋은 위치였습니다. 고양은 도성에서 100리 내에 왕릉을 마련하게 되는 예에 따라 양주·광주·김포 등과 더불어 그 대상이 되었으며, 입신양명의 기회와 과거 등 각종 정보를 쉽게 획득하기 위한 여건이 좋은 곳이었기 때문에 권문세가들은 묘역과 사당을 마련하고 정착하기도 하였습니다. 고양의 능묘는 구리의 동구릉 다음으로 큰 왕릉군(王陵群)을 형성하고 있는 서오릉과 서삼릉이 있으며, 소현세자의 소경원(昭慶園)과 성녕대군(誠寧大君) 묘 등을 비롯하여 왕자·빈·후궁·왕녀들의 묘가 수십 기 흩어져 있어 왕실 가족묘지 같은 느낌을 받기도 합니다. 그리고 권희(權僖), 이무(李茂), 신광한(申光漢), 황치신(黃致身), 김주신(金柱臣), 김명원(金命元), 민순(閔純) 등 조선시대 명신들의 묘역 수백 기가 자리하고 있지요. 한편 이들을 모신 사당은 교육기관으로 기능을 하기도 하였습니다. 따라서 고양향교와 더불어 행주서원·문봉서원 등이 마련되어 그들을 중심으로 유교적 사회질서를 운용하였던 것입니다.

넷째, 고양은 임진왜란 때 왜군을 크게 무찔러, 한강 이남으로 물러나게 하는 계기를 만든 행주대첩의 현장이었습니다.

1593년 2월 전라도관찰사 권율(權慄)을 지휘관으로 하여 행주산성(幸州山城)에서 왜군을 크게 무찔렀습니다. 권율은 조·명 연합군이 평양을 수복한 뒤, 남쪽으로 내려온 명나라의 원군과 호응해 서울을 되찾기 위해 관군을 이끌고 북상하였습니다. 북상하던 중 수원 독산성(禿山城)에서 일본군을 격파한 후, 군대를 서울 근교 서쪽 행주산성으로 옮기고, 조방장 조경 등과 함께 목책(木柵)을 세워 은밀히 군사를 옮기고 진지를 구축하였습니다. 이 때 승장(僧將) 처영(處英)이 의승군(義僧軍)을 이끌고 권율을 따라 강을 건너니 병력은 약 2,300여 명이 되었습니다.

당시 왜군은 7개 부대로 나눠 행주산성을 공격하였습니다. 이 때 왜군 병력은 3만여 명이었다고 하지요. 관군은 왜군의 공격으로 한 때 동요했으나 권율의 독려로 힘을 얻어 전세를 유리하게 이끌었습니다. 또 서북쪽 자성(子城)을 지키던 승군 한 귀퉁이가 뚫려 위급한 상황에 이르기도 하였으나 백병전과 투석전으로 사력을 다하였으며, 부녀자들까지 동원되어 관민이 일치단결해 싸웠습니다. 특히 부녀자들은 긴치마를 잘라 짧게 만들어 입고 돌을 날라 열세한 무기를 보완하고 적에게 큰 피해를 주었습니다. 여기에서 '행주치마'라는 이름이 생겨났다고도 하지요.

성안에 무기와 군인이 부족한 상황을 눈치 챈 적군이 기세를 올리려 하였습니다. 그러나 마침 경기수사(京畿水使) 이빈(李賓)과 충청수사 정걸(丁傑)이 화살 수만 개를 실은 배 두 척을 몰고 한강을 거슬러 올라와 발포하면서 적의 후방을 칠 기세를 보였습니다. 이에 당황한 적은 물러

▲ 충장사앞에 있던 행주대첩비 중건비

나고 말았지요.

　이것이 유명한 임진왜란 3대첩의 하나인 행주대첩입니다. 명(明) 제독 이여송은 평양으로 회군하던 중 행주대첩의 소식을 듣고 벽제관에서 패하고 급히 회군한 것을 후회했다고 합니다. 한편 벽제관 북쪽으로 혜음령(惠陰嶺)과 동북쪽에 퇴패치(退敗峙)가 있으며, 서남쪽의 도로와 이어져 있는 공간은 명나라 이여송 군사가 왜군과 치열한 전투를 벌인 바로 '벽제관전투'의 중심지가 됩니다.

　다섯째, 고양지역은 조선시대 한양 도성을 지키는 외곽지역으로서 북한산성이 축조되었고, 행궁을 비롯한 각종 시설이 마련되었습니다.

　북한산성은 고양시 남동쪽과 서울 북쪽에 병풍처럼 둘러쳐 있는 북한산에 위치해 있고, 사적 제162호로 지정되었습니다. 행정구역상으로는 경기도 고양시와 서울특별시 은평구·종로구·성북구·강북구 경계를 이루고 있지요. 한양 도성의 북쪽에 위치한 북한산은 오래전부터 백제의 도읍지를 선정하는 성스러운 곳이었고, 또한 신라 진흥왕순수비가 있어서 삼국시대에 서로 힘을 겨루던 곳임을 알 수 있습니다. 북한산은 서울의 진산(鎭山)으로, 조선 태조 2년에는 호국백(護國伯)에 봉해져 나라의 제사를 받는 명산으로 지정되었습니다.

▲ 북한산성의 여장

　북한산에는 북한산성이 축조되었고, 조선의 도읍지 한양에는 한양도성을 쌓았습니다. 그리고 탕춘대성(蕩春臺城)이 북한산성과 서울성곽을 연결하고 있으며, 미완의 탕춘대성은 북한산성이 지나는 보현봉에서 형제봉으로 이어져 북악과 연결시켜 도성에 잇고자 하였던 것입니다. 이렇듯 북한산에서 뻗어나간 자연 산세를 이어 3개의 성이 축조되어 한성 도읍지가 천하에서 으뜸가는 관방 요새가 되도록 설계되었던 것입니다.

북한산은 최고봉인 백운대를 비롯하여 모두 32개 산봉우리로 이루어졌습니다. 인수봉·만경대 등 빼어난 암봉들이 험준한 산세를 이루고 있어 태조 이성계가 북한산을 진산으로, 백악을 주산으로 삼아 한양에 도읍을 정하였던 것입니다. 그 이전에도 북한산 아래 우이·도봉동 일대는 북한산 연봉을 뒤에 지고, 동쪽의 불암산을 마주 대한 사이에 넓은 들판이 펼쳐져 있어 지리적 조건이 고대국가의 도읍지가 될 만 하였습니다. 뿐만 아니라 고려 숙종 6년(1101)에 남경 건설을 계획하며 대신과 풍수지리가들을 지금의 서울 부근으로 보내서 남경을 건설할 만한 곳을 찾아보게 하였는데, 이때 북한산 아래가 도읍지로 주목받았던 것입니다. 그리고 고려시대 거란의 침입으로 태조 왕건의 재궁(관)이 북한산 향림사(향로봉 남서쪽 기슭으로 추정)로 피난하기도 하였고, 몽고군과의 격전지가 되기도 하였습니다. 우왕 때에는 왜구의 침략에 대비하여 중흥동에 석성을 쌓고 왕실을 피신시키기도 하였다고 합니다.

지금 남아 있는 북한산성은 조선 숙종 37년(1711)에 축조된 것입니다. 임진왜란 때 도성을 적에게 내어준 것과 병자호란 때 남한산성에서 저항하다가 치욕적인 항복을 당한 역사에서 효종이 북벌계획을 구상하였으나, 그가 재위 10년 만에 세상을 떠나 그 계획이 좌절되고 말았습니다. 그 후 숙종 즉위년(1674)에 북한산성을 축성하자는 의견이 제안되었습니다. 그러나 축성 반대론도 적지 않아 미루어지다가 청과의 관계가 안정되어 가자 논의가 진행되지 않았지요. 숙종 17년(1691)에 강화(江華)에 축성공사가 시작되면서 같은 해 11월에 비변사에서 북한산에 축성할 것을 청하고, 12월에는 축성의 이해관계를 의논하였으나 강화의 축성이 끝난 후 논의하기로 다시 미루어졌습니다. 이후 여러 차례 축성론이 다시 일어났으나 반대론에 밀려 연기되곤 하였습니다.

축성을 반대하는 이유는 기근과 재난 등으로 경제적 여건이 좋지 않다는 것, 풍수지리상 도성의 지맥을 손상시킨다는 것, 병자호란 때 청나라와 맺은 약조에서 축성이 금지되었다는 것 등이었습니다. 그러나 보다 중요한 점은 도성 가까이 산성을 축조하면 도성과 산성을 동시에 방어하여야만 실효가 있는데, 두개의 성을 지키기 위해서는 군사력이 부족할 것이고, 도성을 버리고 산성으로 피난하여 저항한다면 도성 내의 백성이 갈 곳이 없다는 것이었습니다.

이와 같이 장기간 논의가 거듭되던 중 숙종 29년(1703) 3월에는 우의정 신완(申琓)이 북한산성을 축성할 것을 강력히 청함에 따라 북한산성을 수축하기로 결정하였습니다. 그러나 반대하는 상소와 건의가 많아 주춤거리게 되었고, 숙종 30년(1704) 2월에는 북한산성에 앞서 도성을 수축키로 결정하였고, 숙종 36년(1710) 10월 11일에 도성의 역사가 준공되기에 이르렀습니다.

도성 수축이 끝나자 북한산성 축성 논의가 재개되었습니다. 훈련대장 이기하(李基夏)가 왕명으로 북한산에 다녀와 보고하면서 축성할 것을 청하였으나 도성 역사가 끝난 직후이므로 보류되었습니다. 그런데 숙종 36년 9월에 청나라에서 해적의 피해를 입고, 가까운 연해 지방의 방어에 유의하라는 외교문서가 조선에 전해졌습니다. 이로써 병자호란 후 맺어진 약조에 의해 성곽 수축을 금지한 내용이 소멸되었고, 청나라에서 외교문서를 전달할 정도이니 방비대책을 강화해야 한다는 의견이 힘을 얻게 되었습니다. 이에 따라 같은 해 11월과 12월에는 북한산성 축성 논의가 활발해지고, 숙종 37년

(1711) 2월에는 축성하기로 결정하고, 4월 3일에 착공하기에 이르렀으며, 6개월의 공사로 10월 19일에 7,620보(步-21리 60보)의 거대한 모습을 드러냈습니다.

이 공사는 훈련도감 · 금위영 · 어영청의 3군문이 담당하였고, 그 아래 각 군문에는 책임 감독관으로 낭청(郞廳)을 두었습니다. 축성에 필요한 노동력은 3군문 군사는 물론 서울 주민이 동원되었고, 그밖에 모역군(募役軍)과 각종 공장(工匠)이 동원되었습니다. 서울 주민은 경상가(卿相家) 이하 각 호(戶)를 대 · 중 · 소로 구분하여 대호는 3명, 중호는 2명, 소호는 1명씩 식량을 지니고 공사에 나섰으며, 모역군은 한 달에 쌀 9두와 면포 2필씩이 지급되었습니다. 그리고 화엄사의 승려 성능(聖能)이 이끄는 승군도 동원되었습니다. 이때 이룩된 것이 우리가 볼 수 있는 북한산성인 것입니다.

고양시
문화유산
조선시대

첫 번째 이야기

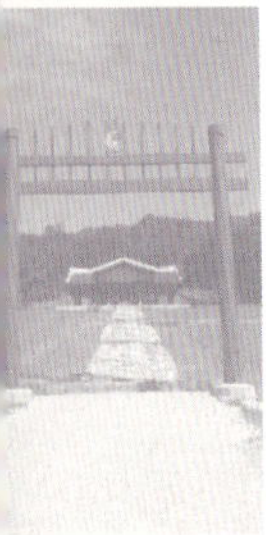

전형적인 고려말의 석물 양식,
류구 선생 묘(1398)

지정번호 향토문화재 제30호
소 재 지 경기도 고양시 덕양구 행신동 산106-8

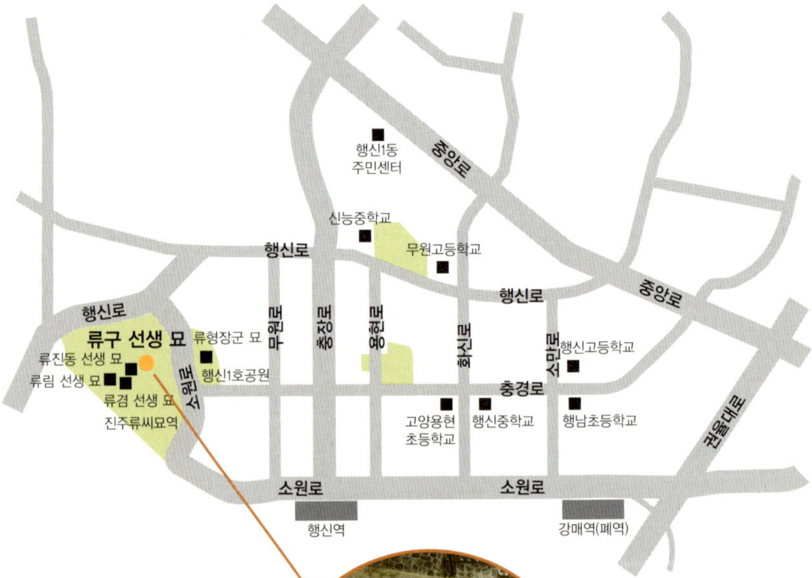

행신1동
주민센터
중앙로
신능중학교
행신로
무원고등학교
행신로
중앙로
행신로
류구 선생 묘
류형장군 묘
류진동 선생 묘
류림 선생 묘
류겸 선생 묘
진주류씨묘역
소원로
행신1호공원
무원로
충장로
용현로
화신로
소만로
행신고등학교
충경로
고양용현
초등학교
행신중학교
행남초등학교
권율대로
소원로
소원로
행신역
강매역(폐역)

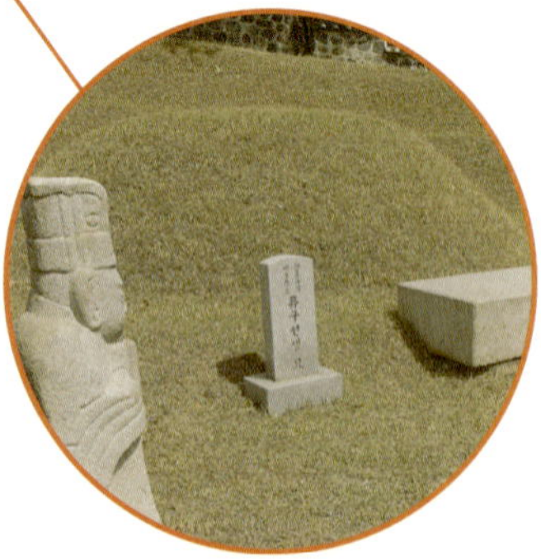

류구 선생 묘(柳珣 先生 墓)는 행신동 무원마을 진주 류씨 묘역 내에 있으며, 부인 덕수 이씨(德水 李氏)의 묘와 합장되어 있습니다.

특히 고졸한 글씨체로 '대학사(大學士)'이라고 쓰인 표석과 소박한 조각법의 합장한 석인은 다른 분묘에서는 보기 어려운 특이한 것으로 원래부터 설치되어 있었던 것으로 보이는데요. 비슷한 시기에 조성된 고려 공양왕릉의 석인과 비슷한 모습을 보이고 있습니다.

두 손을 앞으로 모은 모습은 참 특색있지요. 조선시대의 무덤이지만 초기인지라 고려시대의 석물 조형 양식을 많이 보이는 것이겠지요?

한편 비와 다른 석물 중의 일부는 조선 중기 이후의 양식을 보여주고 있기 때문에 나중에 조성된 것으로 보입니다.

▲ 류구 선생 묘 문인석

▲ 참고자료
고려 공양왕릉 문인석

류구는 고려 충숙왕 3년(1335)에 태어나 조선 태조 7년(1398)에 사망하였습니다. 조선조 개국원종공신(開國原從功臣)으로서 진산군(晋山君)에 책봉되었으며 세종대에 청백리로 추록된 인물이지요. 현재 이곳의 진주류씨 묘소 가운데 가장 전대(前代)에 해당하는 인물로 시호는 정평공(靖平公)입니다.

고양시
문화유산
조선시대

두번째 이야기

권희 선생 묘

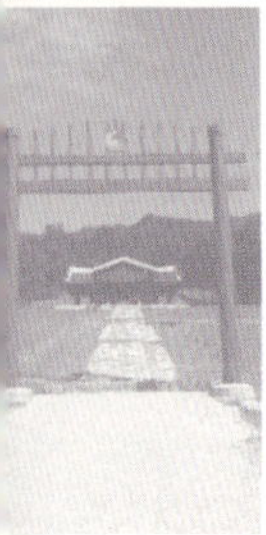

지정번호 향토문화재 제38호
소 재 지 경기도 고양시 덕양구 성사동 산60-6

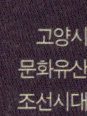

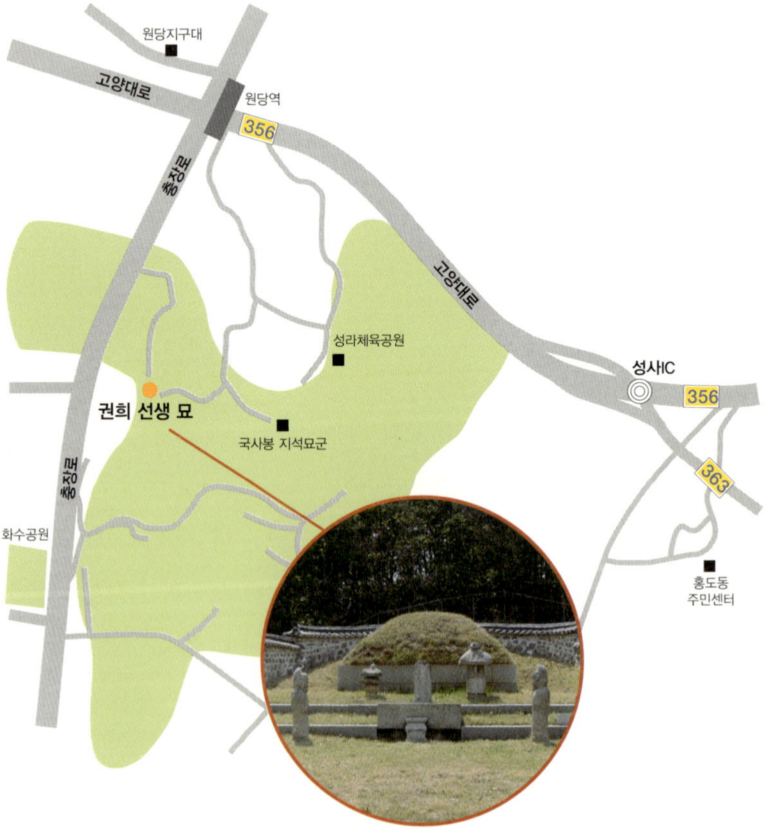

원당지구대
고양대로
원당역
356
충장로
고양대로
성라체육공원
성사IC
356
363
권희 선생 묘
국사봉 지석묘군
충장로
화수공원
홍도동
주민센터

권희 선생 묘(權僖 先生 墓)는 원당 전철역 남쪽의 성사동 불당골 마을 안에 진한국대부인 한씨(辰韓國大夫人韓氏)와 합장되어 위치하고 있습니다. 묘소에는 묘비, 장명등, 상석, 고석, 향로석, 문인석 2쌍이 있으며, 최근에 오석의 비석과 망주석 1쌍, 문인석 2쌍을 그 앞쪽에 갖추어 놓았습니다.

봉분은 본래 고려조 · 조선조 초기의 보편적인 사각묘였으나 현재는 새로이 단장하여 옛 모습이 변형되었습니다. 봉분 앞에 세워진 화강암 재질의 묘비는 높이 83cm, 폭 33cm, 두께 14cm의 규모인데 묘비의 윗부분은 다듬어 마름모꼴로 만들어 세웠어요. 이런 형태의 묘비는 조선 초기에 많이 만들어졌다고 하는데 쉽게 보기 어렵습니다. 묘비의 앞면에는 '조선정승정간공 권희지묘 진한국 대부인 한씨 장(朝鮮政丞靖簡公權僖之墓 辰韓國大夫人 韓氏葬)'이라 표기되어 있으며 뒷면에는 '정통기사'라 기록해 세종 31년(1449)에 세워졌음을 알 수 있습니다. 묘비의 우측으로는 높이 127cm의 장명등이 위치해 있는데 화창은 두 개로 옥개석의 조각 수법이 뛰어난 작품입니다. 구조는 사각의 화사석 위에 사각형 옥개석을 얹은 형태입니다. 장명등의 반대편에는 또 다른 석물이 보이는데 장명등의 부재로 판단됩니다. 정확하지는 않지만 현재 서 있는 장명등이 세워지기 전에 있었던 원래의 장명등일 가능성이 있겠지요. 비슷한 부재가 고려공양왕릉에서도 보입니다.

▲ 권희 선생 묘비의 정면과 후면

▲ 권희 선생 묘의 석물들

상석, 고석, 향로석 좌우에 세워진 문인석은 15세기 중엽에 세워진 것으로 보입니다. 총높이 110cm에 관모를 쓰고 홀을 두 손으로 받쳐든 조선 전기의 일반적인 형식을 갖추고 있습니다. 전체적으로 몸에 비해 머리 부분이 크며 홀과 턱이 일정하게 떨어져 있고 땅속에 묻힌 부분과 아래 쪽이 왜소해지는 점 등이 조선 전기의 문인석에서 볼 수 있는 특징이지요. 문인석의 얼굴에서는 눈이 크고 광대뼈가 불룩 튀어나와 험상궂은 모습으로 보이며 팔굽에서 수평선 윗쪽으로 굽혀진 손의 처리가 깊은 인상을 주고 있습니다. 묘소 주위에는 이밖에 최근에 세워진 문인석과 신도비 등이 배치되어 있습니다.

결론적으로 권희 선생 묘는 이 시기에 만들어진 무덤들에서 많이 보이는 풍자적이고 다양한 표정을 볼 수 있는 재미있는 유적이라고 할 수 있겠지요?

권희는 고려말 조선 전기의 문신으로 충숙왕 6년(1319)에 출생하여 조선조 태종 5년(1405)에 사망한 인물입니다. 본관은 안동으로 검교시중 권고의 아들이며 조선 전기의 대학자이며 정치가인 양촌 권근의 아버지가 됩니다. 음보로 관직에 기용되어 홍주도병마사 등 여러 버슬을 거쳐 문하찬성사에 이르러 영가군에 봉해졌고 조선조에 들어와 태조 2년(1393) 검교문하시중으로 개국원종공신이 되었답니다.

세 번째 이야기

혼일강리역대국도지도 들어보셨죠?

이무 선생 묘(1408)

지정번호 향토문화재 제9호
소 재 지 경기도 고양시 덕양구 주교동 산75

저현고등학교 ■

원중초등학교 ■

■
식사동
주민센터

356

● 이무 선생 묘

고양대로 356

원당중학교

서울외곽순환도로

100

356

고양TG

▲ 이무 선생 묘 사당

　이무 선생 묘(李茂 先生 墓)는 주교동 영글이산 기슭에 위치하여 배(配) 정경부인(貞敬夫人) 해평 윤씨(海平尹氏)와 계배(繼配) 정경부인(貞敬夫人) 능성 구씨(綾城具氏)가 합장(合葬)되어 있는 사각묘(四角墓)로 석대(石帶)가 돌려져 있습니다.

　묘 앞의 석물로는 상석 외에 석양(石羊) 문인석, 장명등, 망주석이 배치되어 있습니다. 정조(正祖) 9년(1785)에 건립된 백대리석(白大理石) 묘갈(墓碣)의 비문은 윤득관(尹得觀)이 지었고 글씨는 이의현(李義玄)이 썼습니다. 높이는 138cm, 높이 174cm의 오석(烏石)으로 만들어져 있지요. 또한 신도비 옆에는 1976년에 후손들이 건립한 영모비(永慕碑)가 있는데 귀부와 이수를 갖추고 있습니다.

　이무는 조선 초기의 문신으로 자(字)는 돈부(敦夫)이며 호(號)는 중정(中亭)입니다. 본관은 단양(丹陽)으로, 판서 거경(居敬)의 아들이죠. 고려 공민왕(恭愍王)때 문과급제(文科及第)를 하여 관직에 올랐으나, 우왕(禑王) 때 지밀직사사(知密直司事)로 있으면서 유배가 있던 조영길(趙英吉)이 도망한 것을 알면서도 아뢰지 않아 파직되었으며, 공양왕(恭讓王) 때에는 권신(權臣) 이인임(李仁任)의 일파라하여 곡주(谷州)에 유배되기까지 하였습니다. 그러나 1390년 전라도 도절제사로 왜구를 격멸할 때 무려 70여 급이나 참하여 논공행상 때에 왕으로부터 의주(衣酒)를 하사받았으며 그 공적을 영구히 기리기 위해 그의 주둔지였던 주계(朱溪)를 그의 이름 중 '무(茂)' 자를 따서 개칭하였는데 오늘날 무주군(茂州郡)이 바로 그곳입니다. 조선 개국 후 태조(太祖) 2년(1393) 개성윤(開城尹)을 거쳐 중추원사(中樞院事)가 되어 서강(西江), 및 강화도(江華島)의 병선(兵船)을 점검하는 등 국방 문제에 주력하였습니다. 태조 5년(1396)에 도체찰사(都體察使)가 되어 일기도(一岐島)와 대마도(對馬島)의 왜구를 토벌하였다고 합니다. 2년 뒤 제1차 왕자(王子)의 난(亂)때는 참찬문하부사(參贊門河府事)로 있으면서 방원(芳遠)을 도와 정사공신(定社功臣) 1등으로 단산부원군(丹山府院君)에 피봉(被封)되었습니다. 그 후 판삼군부사(判三軍府事)를 거쳐 좌명공신(佐命功臣) 등으로 우정승(右政丞)에 승진, 이어 영승추부사(領丞樞府事), 우정승 겸 판병조판사(右政丞兼判兵曹判事)를 역임하였습니다. 태종 8년(1408) 병(病)으로 사직하였으나 민무구(閔無咎) 형제의 옥사에 연루되어 창원(昌原)에 유배되었다가 죽주(竹

▲ 이무 선생 묘 묘비   ▲ 이무 선생 묘 석물들

州)로 이배(移配) 도중 괴한들에 의하여 피살(被殺) 당하였습니다.

이분의 업적은 또 있습니다. 김사형(金士衡), 이회(李薈)와 함께 지리적 지식을 수집하여 [혼일강리 역대국도지도(混一疆理歷代國都之圖)](일본 용곡대학에 소장, 길이 171cm, 폭 164m의 채색필사도)를 제작한 것이지요. 이 지도에 대해서 좀 더 자세히 살펴볼까요?

혼일강리역대국도지도

혼일강리역대국도지도는 태종 2년(1402)에 제작된 지도로써 권근의 문집 「양촌집」에 의하면 중국의 「성교광피도」와 「혼일강리도」를 중국에서 들여와 우리나라와 일본을 추가한 지도라고 합니다.

이 지도를 살펴보면 모양이 약간 찌그러진 듯 하지만 매우 자세하게 그려진 지도라는 것을 알 수 있습니다. 한강과 두만강, 대동강 제주도 등이 빠짐없이 그려져 있지요. 지금으로부터 600년전에 제작된 지도 중에서 이렇게 자세한 지도는 많지 않답니다. 다만 중국과 조선이 비정상적으로 크게 그려져 있다는 점이 문제라면 문제겠지요. 하지만 당시에는 몰랐던 아메리카와 오세아니아를 빼면 거의 모든 세계가 그려져 있습니다. 인도, 아라비아반도, 아프리카, 유럽등이 그려져 있지요.

아쉬운 점이라면 우리나라에 이 지도가 없다는 점일 텐데요. 임진왜란과 일제강점기를 거치면서 일본으로 넘어간 것이 아닐까 추정된답니다. 참 안타깝지요? 이렇게 이무 선생은 여러 방면에서 다양한 이력을 남기고 고양시에 잠들어 계시답니다. 어떤가요. 이 한적하고 조용한 무덤이 새롭게 보이시지는 않나요?

오늘날 이 지도에 대해 지리학계에서 많은 논문이 나오고 있는데, 콜롬

버스가 아메리카대륙을 발견하기 90년 전에 제작됐다는 사실이 중요합니다. 이 지도에 권근(權近)의 발문이 실려 있는데『양촌집(陽村集)』22권에 실려 있는 발문의 일부를 우리말로 옮겨보면 다음과 같습니다.

천하는 대단히 넓다. 안으로는 중국에서부터 밖으로는 사해에 이르기까지 몇 천만 리인지 모른다. 지도는 두어 폭의 종이에 약하여 그리는 관계로 상세하게 함이 극히 어렵다. 그러므로 지도는 모두 소략되어 있다. 오로지 오문(嗚門) 이택민(李澤民)의 성교광피도(聲教廣被圖)는 지도가 매우 상세하고 역대 제왕의 국도연혁은 천대승(天臺僧) 청준(淸濬)의 혼일강리도(混一疆理圖)에 잘 갖추어져 있다.

태종 2년(1402) 여름 좌정승 상락(上洛) 김사형(金士衡), 우정승 단양(丹陽) 이무(李茂)는 나라 다스리는 여가에 이 지도를 참고하고 연구했다. 그리고 이회에게 상세히 검사할 것을 명하고 다시 상교(詳校)를 가해서 지도 하나로 합치게 했다. 요동 이동과 본국 강역은 이택민의 지도에도 역시 많이 빠져 있었다. 지금 특히 본국 지도를 증광하고 일본도를 첨부하여 힘겹게 새 지도를 만드니 정연함이 볼만하다. 진실로 문 밖에 나가지 않고도 천하를 알 수 있게 되었다. 지도를 보고 지역의 멀고 가까움을 아는 것은 또한 다스리는데 도움을 주기 위함이다. 두 공(좌정승 김사형, 우정승 이무)이 지도에 대하여 마음 깊이 생각함에 그 규모와 국량(局量)이 큰 것을 알 수 있다.

고양시
문화유산
조선시대

네 번째 이야기

류겸 선생 묘(1411)

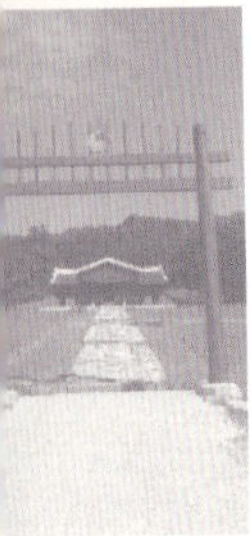

지정번호 향토문화재 제31호
소 재 지 경기도 고양시 덕양구 행신동 산106-8

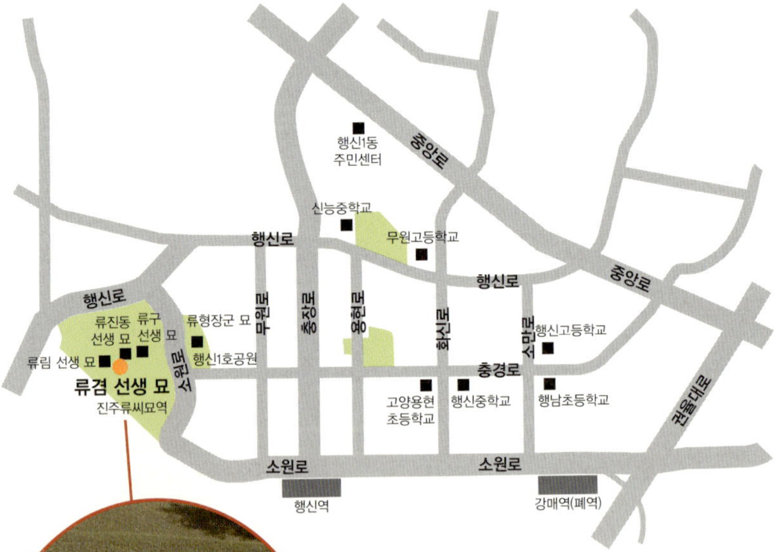

행신1동
주민센터
중앙로
신능중학교
무원고등학교
행신로
행신로
중앙로
행신로
류진동
선생 묘
류구
선생 묘
류형장군 묘
무원로
충장로
호국로
화신로
소만로
행신고등학교
류림 선생 묘
행신1호공원
소원로
충경로
류겸 선생 묘
진주류씨묘역
고양용현
초등학교
행신중학교
행남초등학교
권율대로
소원로
소원로
행신역
강매역(폐역)

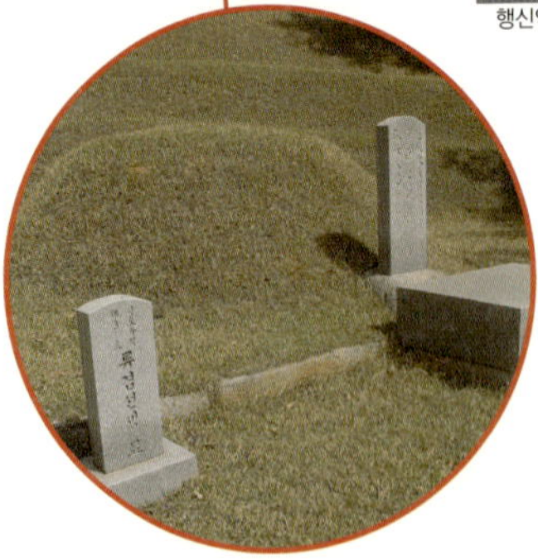

류겸 선생 묘(柳謙 先生 墓)는 행신동 무원마을에 위치하며 앞에서 본 류구묘 바로 밑에 부인 충추 최씨의 묘와 합장되어 있습니다. 묘소 앞에 있는 석물로는 '통정대부 보문각 직제학 청백리 유겸묘 숙부인 충주최씨 부좌'라 쓰인 묘비와 상석, 향로석 등이 갖추어져 있지요. 특히 묘비를 갖추고 있는 귀부와 망주석, 문인석은 조선 중, 후기의 양식을 보이고 있습니다. 봉분 바로 앞의 묘비는 높이 103cm, 폭 36cm, 두께 12cm의 규모입니다. 또 문인석은 섬세한 기법과 사실적인 표현이 돋보이며 인체의 비례감각이 상당히 뛰어나네요.

류겸은 고려 공민왕 5년(1357)에 태어나 조선 태종 11년(1411)에 돌아간 문신이다. 고려 우왕 6년(1380) 문과에 급제하고 조선 태종 10년(1410)에 형조참의와 보문각 직제학을 지냈으며 세종조에 청백리로 녹선된 인물입니다.

원래 이 묘소는 화전에 있었으나 1937년 지금의 자리로 이장한 것이라고 합니다.

▲ 진주 류씨 묘역

고양시
문화유산
조선시대

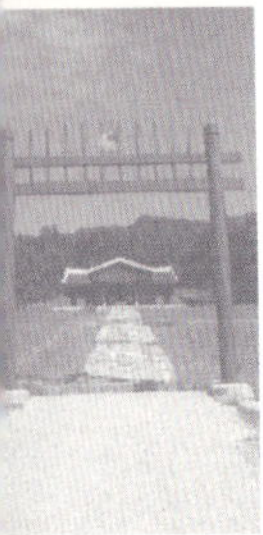

다섯 번째 이야기

개국공신 이천우 선생 묘(1417)

지정번호 향토문화재 제7호
소 재 지 경기도 고양시 일산동구 성석동 산203

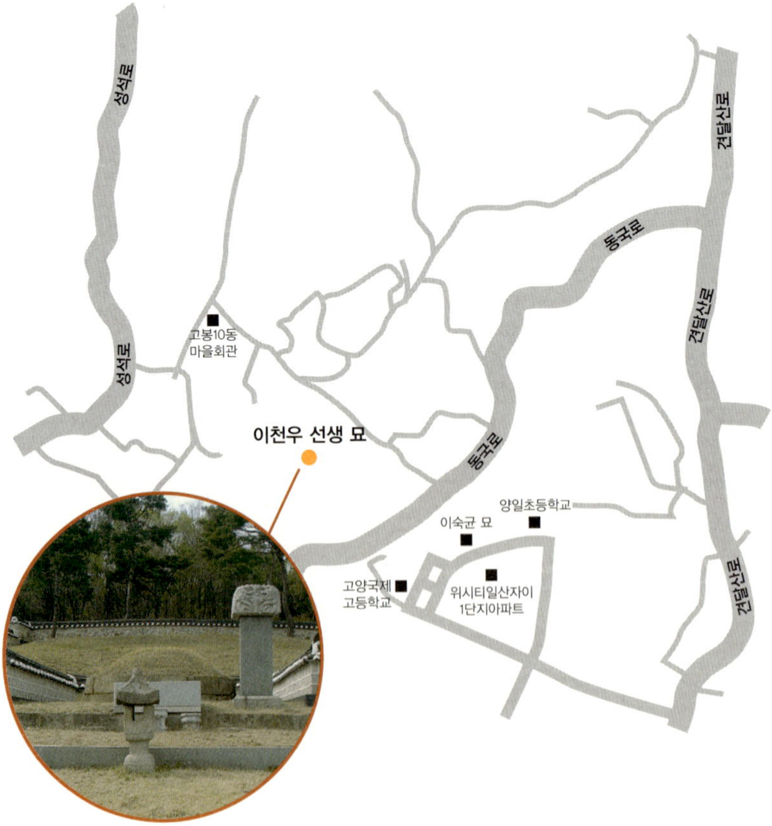

성석로
성석로
고봉10동
마을회관
이천우 선생 묘
동국로
동국로
견달산로
견달산로
견달산로
양일초등학교
이숙균 묘
고양국제
고등학교
위시티일산자이
1단지아파트

이천우 선생 묘(李天祐 先生 墓)는 중산마을에서 봉일천 방향으로 이어진 86번 지방도로(고봉로)의 좌측 성석동 상감천 황룡산 기슭에 위치하고 있습니다. 묘소에는 상석, 향로석, 장명등, 묘비 및 문인석 1쌍이 배치되어 있지요. 방형묘로 여흥 민씨와 합장되었고 봉분은 20평 정도이며 길이 30m의 곡장을 조성했습니다. 묘 앞에는 상석, 향로석, 장명등과 1979년에 세운 묘비, 그리고 좌우에는 문인석을 배치했고 4단의 계단석을 놓았습니다.

이천우(? ~1417)는 조선 초기의 문신으로 본관은 전주이며 태조 이성계의 형인 이원계의 아들입니다. 고려말 공민왕 18년(1369) 동령부의 수령으로 있다가 이성계의 휘하에 들어가 몇 차례 왜구를 물리쳤으며 1392년 이성계를 도와 조선 개국에 공을 세웠다고 합니다.

그와 관련해서 다음과 같은 이야기가 전합니다.

이천우가 퇴직할 때(1416년) 태종은 "경이 큰 공을 세웠는데 아직 보답을 못하였으니 좋은 논 80결과 노비 80명을 상으로 내리노라."하였는데 이천우는 극구 사양하면서 "저 손토시 위에 앉아 있는 두 마리의 매를 저에게 주십시오."하였다고 합니다. 당시 태종이 매사냥을 매우 좋아하셨는데 이천우는 매사냥 때문에 정사에 소홀하시면 안된다는 충고를 간접적으로 한 것이지요. 이에 태종은 웃으면서 청을 받아주었다고 합니다. 그리고 화공에게 명하여 이천우의 화상과 두 마리의 매를 그리게 하고 두 마리 매와 함께 하사하여 그의 지혜로운 행동을 기리도록 했다고 합니다.

고양시
문화유산
조선시대

여섯 번째 이야기

태종이 사랑했던 넷째아들, 성령대군 묘(1418)

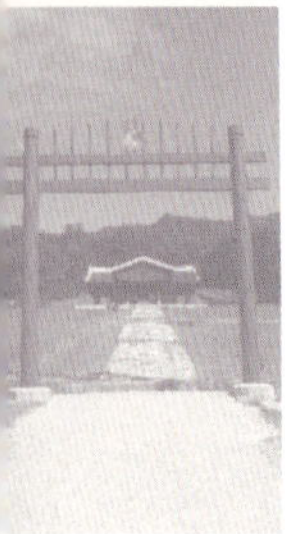

지정번호 향토문화재 제2호
소 재 지 경기도 고양시 덕양구 대자동 산69-1

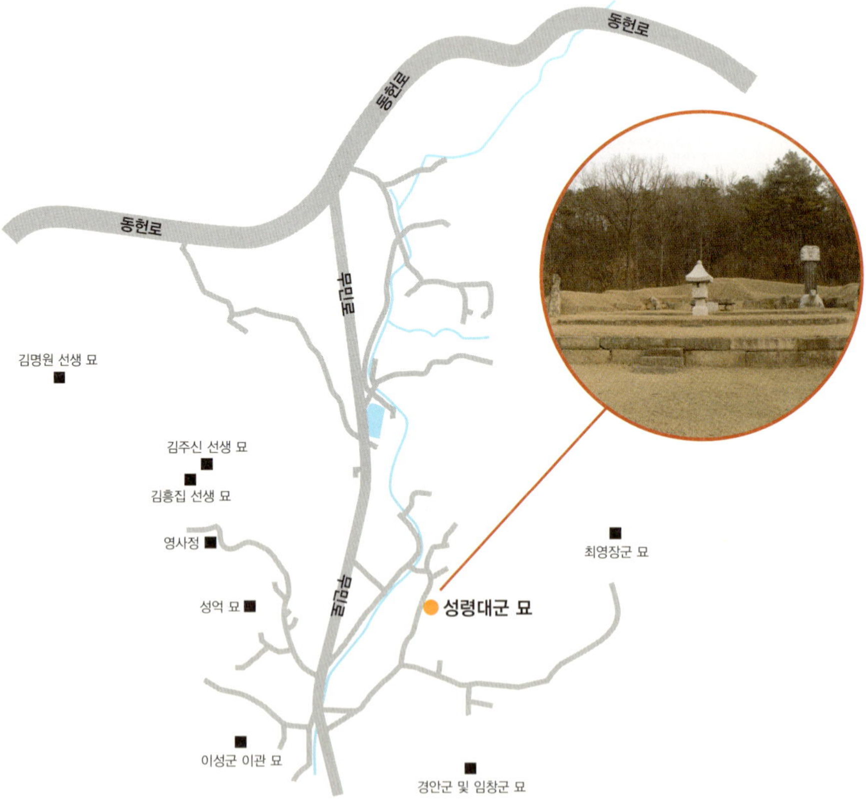
동헌로
동헌로
동헌로
무민로
무민로
김명원 선생 묘
김주신 선생 묘
김흥집 선생 묘
영사정
성억 묘
성령대군 묘
최영장군 묘
이성군 이관 묘
경안군 및 임창군 묘

성녕대군 묘(城寧大君 墓)는 대자동 대자산 기슭에 위치합니다. 주위로는 최영장군 묘, 영사정, 경안군 및 임창군 묘 등 문화유적이 많이 있어요. 성녕대군 이 종의 묘는 3단의 장대석을 쌓았으며 묘의 주위로는 호석을 둘렀습니다. 묘소의 좌우에는 석호(?)와 석양이 배치되어 있으며 묘 앞에는 상석과 장명등이 있고 그 좌우에 문인석을 세웠다. 석호는 호랑이인지 사자인지 분명치 않은데요. 고려 공양왕릉의 석수와 비슷한 형태랍니다. 성녕대군의 묘역은 석조물이 많고 그 조성 방식이 특이하여 조선 전기 묘제 연구에 좋은 자료가 되고 있습니다.

신도비는 태종 18년(1418) 4월에 세운 것으로 변계량이 글을 짓고 성 개가 글씨를 썼습니다. 팔작지붕의 옥개석에 나즈막한 귀부를 갖추었고, 검은 수석의 비신을 양 옆에 세운 화강암 우주석에 끼워 넣은 것이 특징적이라고 해요.

성녕대군(1405 ~ 1418)은 조선 제 3대 태종의 4째 아들로 어머니는 원경왕후 민씨이고, 창령 성씨 좌찬성 억의 딸과 혼인하였습니다. 일찍이 성녕군에 봉해졌다가 태종 14년(1414) 대군으로 진봉되었는데 어려서부터 총명하고 태도가 단정하여 부왕의 총애를 받았다고 합니다. 대광보국대부의 위

▲ 성령대군묘 문인석

▲ 성령대군묘 석수

▲ 참고자료: 고려공양왕릉 석수

▲ 성령대군 신도비각

계에 올랐으나 14세 때 홍역을 앓고 사망했는데요. 태종은 이를 몹시 비통해하여 그의 묘 옆에 대자암을 세워 그의 명복을 빌게 하였다는 기록이 있습니다. 대자암은 성령대군 묘의 남쪽인 임창군 묘 앞에 있었을 것으로 추정이 되는데요. 현재 논으로 활용되고 있는 그곳은 실제로 자기편 등이 많이 출토되고 있습니다.

그럼 성령대군이 어떤 사람이었는지 써있는 신도비의 내용을 조금 살펴볼까요?

소경의 자질은, 옥같이 깨끗하고 봄날처럼 화창하며

소경의 행실은, 효성스럽고 공손하며 부드럽고 가상하도다.

민첩하고 배우기를 좋아하며, 사랑하심이 더하였다.

하늘은 어찌하여 덕 있는 인품을 주고서, 수명을 빼앗는가?

아아. 성부는, 애통이 창천과 심연까지 가득 찼도다.

참으로 정해진 이치가 없었다면, 누가 그렇게 하였을까?

높은 예우로써 봉해 주고, 후사를 세워 제사를 받들게 하였도다.

일월이 이미 좋고, 산천도 아름답도다.

꼭꼭 묻었으니, 길이 안녕할지어다.

묘도에 명을 새겨 그 슬픔을 밝히노라.

일곱 번째 이야기

유하겸과 최수원, 누가 심었을까?
송포백송(1430)

지정번호 천연기념물 제60호
소 재 지 경기도 고양시 일산서구 덕이동 산207

백송은 송산동주민자치센터 사거리에서 가좌동 방향으로 좌회전, 덕이초등학교를 지나 삼거리에서 우측 파주 교하 방향으로 가다가 좌측 길로 들어서면 볼 수 있어요.

백송은 나무껍질이 넓은 조각으로 벗겨져서 흰빛이 되므로 백송 또는 백골송(白骨松)이라고도 합니다. 중국의 북부가 원산지이며, 동남아시아에 퍼져 있다고 해요. 백송은 늘푸른 바늘잎 큰키나무로 어릴 때의 자람이 매우 느리고 15년 정도 지나면 갑자기 자람이 왕성해지는 성질을 가지고 있다고 해요. 5월에 꽃이 피며 솔방울은 이듬해 10월에 익습니다. 조선시대에 중국을 왕래하던 사신들이 가져다 심은 것이겠지요?

송포의 백송은 높이 11.5m, 가슴높이 둘레 2.39m입니다. 나무의 모습은 옆에서 보면 부채살처럼 퍼져 역삼각형으로 보이며, 다른 백송에 비해 나무껍질이 희지 않은 편입니다.

이 나무의 유래는 두 가지로 알려져 있대요. 하나는 조선 선조(재위 1567~1608) 때 유하겸이라는 사람이 중국 사절로부터 백송 두 그루를 받아, 그 가운데 한 그루를 이 마을에 살고 있던 탐진 최씨 종중에게 준 것을 묘지 주변에 심은 것이 크게 자란 것이라는 것이고, 다른 하나는 조선 세종(재위 1418~1450) 때 김종서가 6진을 개척할 당시 그곳에서 근무하던 최수원 장군이 고향에 오는 길에 가져다 심은 것이라고 전해지기도 합니다. 유하겸의 나무라면 백송은 400살 정도일 것이고, 최수원의 나무라면 550살 정도겠지요? 마을 사람들은 중국에서 온 나무라고 하여 한동안 이 나무를 당송(唐松)이라 부르기도 하였답니다.

백송은 흔히 볼 수 없는 희귀한 소나무이며, 전국에 10여 그루뿐인 희귀종입니다. 중국과의 문화교류를 알려주는 나무로 역사적 · 문화적 자료로서의 가치가 높아 문화재청에서 천연기념물로 지정하여 보호하고 있습니다.

성령대군의 장인, 성억 묘(1448)

지정번호 향토문화재 제49호
소 재 지 경기도 고양시 덕양구 대자동 산27

▲ 희정공 성억묘비

　성억 묘(成抑 墓)는 사각방정형의 호석으로 둘러싸고 있으며 정경부인 죽산안씨와 정경부인 남양홍씨까지 세 명이 함께 묻혀 있습니다. 규모는 가로 394cm, 세로 530cm, 높이 202cm로써 상당한 규모이지요. 2단의 기단석이 봉분 전체를 둘러싸고 있으며 기단석은 서로의 끝부분이 엇갈리게 쌓아져 봉분의 흘러내림을 막아주고 있습니다. 사각기단석에 다시 사각으로 작은 수로를 만든 것이 특이하며, 봉분의 앞으로는 혼유석, 상석, 고석이 배치되어 있습니다. 원래의 비석은 없어졌으며 2기의 문인석이 남아있어요.

　성억은 고려 우왕 12년(1386)에 태어나서 조선 세종 30년(1448)년에 돌아가셨으며 시호는 희정입니다. 조선 전기의 문신으로 본관은 창녕이며, 예조판서 석인의 아들이지요. 음서로 관직에 나아가 공조정랑 등을 역임하고, 공의 딸이 태종의 아들인 성령대군에 출가하였습니다.

고양시
문화유산
조선시대

아홉 번째 이야기

이숙균 묘(1448)

지정번호 향토문화재 제50호
소 재 지 경기도 고양시 일산동구 식사동 산158-1

성석로

성석로

고봉10동
마을회관

이천우 선생 묘

동국로

동국로

이숙균 묘

양일초등학교

고양국제
고등학교

위시티일산자이
1단지아파트

견달산로

견달산로

견달산로

▲ 이숙균 묘

이숙균(李淑均) 묘는 일산동구 식사동 식사지구 공원 내에 있습니다. 봉분 앞에 상석과 비석, 2기의 문인석이 있습니다. 한쌍의 문인석은 당대의 문인석인 것으로 추측되지만 비석은 후대에 제작된 것이죠. 문인석은 무덤 양쪽에 배치되어 있는데 왼편의 문인석은 코가 없습니다. 아마 문인석의 코를 만지면 아들을 낳게 해준다는 민간신앙 때문이겠지요. 비석에는「통정대부행광주목사 증가선대부한성판윤 광주목사 단양 이공휘숙균지묘(丹陽李公諱淑均之墓)」라 새겨져 있습니다.

무덤은 가로 약4m, 세로 약5m의 규모이구요. 조선 전기에 많이 보이는 사각형의 형태를 띄고 있습니다. 이전의 연구에 의하면 사각묘는 매우 특이한 형태로 분류되었지만, 고양시에는 사각묘가 매우 많습니다. 고양시의 문화재 중에서 1500년 이전에 조성된 무덤은 대부분, 사각의 봉분을 가지고 있지요. 연구자료가 축적이 되면서 새로운 사실을 찾는다는 것은 참 재미있는 공부랍니다.

이숙균은 조선 초의 문신으로 태조 6년(1397)에 출생하여 세종 30년(1448)에 사망하였고, 자는 균평, 본관은 단양으로 익평공 우의정 이무(묘소가 향토문화재 제9호로 지정되어 있음)의 손자입니다. 세종 5년(1423)에 외직을 맡아 많은 공을 세웠는데 특히 서방을 지키는 방책을 자주 올렸으며, 세종 8년(1426)에 광주 목사로 부임하였고 후에 강릉부사에 임명 되었으나, 임지에 나가기 전에 세상을 뜨므로 세종은 그의 공을 높이 여겨 가선대부한성판윤에 증직하고 예장하였다고 합니다. 시호는 희옹공입니다.

열 번째 이야기

추존왕 덕종, 서오릉의 경릉(1457)

지정번호 세계문화유산, 사적 제198호
소 재 지 경기도 고양시 덕양구 용두동 산30-1

1. 서오릉

고양시 덕양구 용두동에 위치하며 경릉, 창릉, 익릉, 명릉, 홍릉이 모여 있어 서오릉이라고 합니다. 서북방향으로 서삼릉이 위치하는데 불과 2.5km 정도 떨어져 있어요. 구리시의 동구릉 다음으로 큰 조선왕조의 왕실 묘역이며, 동남쪽으로 서울 은평구와 붙어 있습니다.

1457년(세조3) 세조는 원자였던 장(暲, 추존왕 덕종–예종의 형)이 죽자 길지를 물색하게 했습니다. 서오릉터가 길지로 간택되자 세조가 직접 답사하여 경릉터로 정하여 서오릉의 조성이 시작되었다고 해요.

2. 경릉

세조 때부터 시행된 동원이강식의 쌍릉입니다. 특이한 점은 보편적인 왕릉 조성과는 달리 왕은 오른쪽, 왕비는 왼쪽에 봉분이 조성되어 있다는 점이죠. 또한 왕비의 능이 왕의 능에 비하여 상대적으로 화려하여 왕과 왕비의 능을 혼동하게 할 여지가 있습니다. 이렇게 조성된 원인이 있습니다. 덕종은 예종의 형으로서 사망 당시 왕이 아닌 대군이었고 게다가 세조가 능제 간소화 정책을 추진하던 때였죠. 그래서 덕종릉은 난간석, 망주석이 없습니다. 하지만 소혜왕후릉은 남편이 덕종으로 추존된 뒤 조성되었으므로 왕릉의 예를 따랐습니다. 이에 왕비의 능이 왕의 릉보다 훨씬 화려한 것입니다.

소혜왕후의 석물들은 다른 능에 비해 풍화가 심합니다. 거뭇거뭇하고 둥글둥글한 석물의 모습에서 500년의 세월을 느낄 수 있어요.

덕종(1438~1457)은 7대 세조와 정희왕후 윤씨의 맏아들로 태어났습니다. 이름은 장(暲), 자는 원명(原明)입니다. 용모가 준수하고 예의가 있어 할아버지인 세종과 소헌왕후의 지극한 사랑을 받았으나 몸이 약하여 20세 나이로 사망합니다. 차남인 9대 성종이 즉위하면서 '덕종'으로 추존되었습니다. 첫째아들이 신원동에 무덤이 있는 월산대군이지요.

소혜왕후(1437~1504)는 세조1년에 세자빈에 간택되어 월산대군과 성종을 낳았습니다.

세조3년에 덕종이 사망했으니까 3년 동안 둘을 낳은 것이지요. 아녀자가 지켜야할 도리를 책으로 펴 낸『여훈(女訓)』을 찬하였으며 덕종이 죽은 뒤 47년을 더 살았습니다. 더 살수도 있었는데 연산군이 생모 윤씨가 폐위, 사사되었다고 관련자들을 처단할 때 그를 나무라자 연산군이 머리로 받아서 일어나지 못하였다고 해요.

경릉의 묘표는 다음과 같습니다.

▲ 서오릉 경릉의 석호

▲ 서오릉 경릉의 전경

▲ 서오릉 경릉제

◆ 경릉의 묘표

구분	원문	번역문
앞면	朝鮮國 德宗大王敬陵 昭惠王后祔右岡	조선국 덕종대왕경릉 소혜왕후부우강
뒷면	德宗懷簡宣肅恭顯溫文懿敬大王 皇明正統三年戊吾九月十伍日誕生乙丑初封桃源君景泰六年乙亥 册封王世子天順元年丁丑九月二日昇遐十一月二十四日葬于高陽東蜂峴艮坐之原壽二十諡懿敬 成宗卽位後成化七年辛卯追尊爲 王 皇朝賜諡懷簡 妃仁粹徽肅明懿昭惠王后韓氏 三月十二日誕生景泰六年乙亥册封粹嬪 德宗追崇時尊爲 王妃弘治十七年甲子四月二十七日昇遐伍月葬于 大王陵右岡癸坐之原(王后誕降不書年只書月日而九月八日誤以三月十二日書刻故謹依 璿源世系書以丁巳九月八日) 崇禎紀元後一百二十八年乙亥二月 日立	덕종회간선숙공현온문의경대왕. 중국 정통3) 3년(1438) 무오 9월 15일 탄생. 을축년(1445) 초에 도원군(桃源君)에 책봉되고 경태4) 6년(1455) 을해에 왕세자에 책봉되었다. 순천5) 원년(1457) 정축 9월 2일 승하하여 11월 24일 고양 동봉현(東蜂縣) 간좌(艮坐) 언덕에 장사지냈다. 수는 20세. 시호는 의경(懿敬). 성종 즉위 후 성화6) 7년(1442) 신묘에 왕으로 추존되었다. 중국에서 회간(懷簡)이란 시호를 내렸다. 왕비는 인수휘숙명의소혜왕후 한씨. 3월 12일 탄생 경태 6년(1455)에 수빈으로 책봉되었다. 덕종이 추숭(追崇)되었을 때에 왕비로 되었다. 홍치7) 17년(1504) 갑자 4월 27일 승하하여 5월에 대왕릉 오른쪽 계좌(癸坐)에 장사지냈다.(왕후의 탄강은 기록되어 있지 않고 다만 월 일만 씌어있는데 9월 8일이 잘못되어 3월 12일로 씌어있다. 그러므로 선원계보에 의거하여 정사년 9월 8일로 적는다.) 숭정 기원 후 128년(1755) 을해 2월 세움.

열한 번째 이야기

단종에 대한 충심, 기건 선생 묘(1460)

지정번호 향토문화재 제22호
소 재 지 경기도 고양시 덕양구 성사동 산54

기건 선생 묘(奇虔 先生 墓)는 원당전철역에서 한양골프장 방향인 성사동 사근절 마을에 서쪽을 보고 위치하고 있습니다. 묘는 정부인 풍산홍씨와 합장되었으며 총 규모 21m 둘레의 원형묘입니다. 봉분의 우측으로는 1966년에 새로 세운 오억령이 찬한 묘비와 최근 후손 기성도가 찬하고 세운 한글 비가 세워져 있습니다. 묘소에는 묘비, 상석, 향로석, 장명등, 망주석 1쌍, 문인석 2쌍이 있는데 대부분이 최근에 만들어진 것이고 문인석 1쌍만이 당대의 것으로 보입니다.

묘소에서 약 100m 지점 아래에 위치한 신도비는 고종 16년(1879) 10월에 건립한 것으로 팔작지붕형의 옥개와 장방형의 통대석 비좌를 갖추었으며 비신은 대리석입니다. 신도비 구비는 신비의 앞마당에 놓여 있습니다. 신도비의 높이는 184cm, 너비는 66cm, 두께는 33cm 규모입니다.

기건(미상~1460)은 조선 초기의 문신입니다. 본관은 행주. 호는 청파(青坡). 그는 학행으로 이름이 높아 세종 때에 포의(布衣)로 발탁되어 지평에 제수되었습니다. 그 뒤 연안군수(延安郡守)가 되었는데, 군민이 진상하는 붕어잡이의 고충을 생각하고 부임 3년 동안 한번도 먹지 않았고, 제주목사로

▲ 기건선생묘 석물

나가서 주민이 전복따기에 괴로워하는 것을 보고 전복을 먹지 않았다고 합니다. 또한 부모가 죽으면 구덩이나 언덕에 버리는 제주의 풍속을 교화시켜 예절을 갖추어 장사지내도록 하였다고 해요.

이어서 내직으로 옮겨 집의 · 형조참의 · 이조참의를 역임하고, 1448년 (세종 30) 전라도도관찰사 겸 전주부윤에 부임, 선정을 베풀었습니다. 이듬해 호조참판으로 승진하고, 세종이 죽자 고부사(告訃使)의 부사로서 명나라에 다녀왔습니다. 이어서 개성부유수가 되었다가 단종이 즉위하자 대사헌이 되어, 당시 국왕이 유약함을 기화로 권력을 농단하고 있던 여러 신하들을 탄핵하였습니다.

먼저 승정원승지들의 권력 농단, 특히 도승지 강맹경(姜孟卿)의 탐학을 탄핵하였으며, 공론의 보장을 요구하였고 이어서 황보인(皇甫仁) · 김종서 (金宗瑞)의 횡포를 논박하였습니다.

그뒤 인순부윤(仁順府尹)을 거쳐서 평안도관찰사를 역임하고 벼슬이 판중추원사에 이르렀습니다. 당시 수양대군이 권력을 전횡하면서 마침내 단종을 몰아내고 왕위에 오르자, 관직을 버리고 두문불출하였습니다. 세조가 다섯 번이나 그를 찾았지만, 청맹(靑盲)을 빙자하고 끝내 절개를 버리지 않았다고 하지요.

신도비의 글을 옮겨봅니다.

덕양의 기씨가 은사에서 갈라져 나왔으니

면면이 이어져서 빛나시어 두터이 쌓아 터전으로 삼으셨네.

공이 오직 그 후예시니 능히 유풍이 있으셨구나.

우리 세종을 도우사 명성과 공적이 찬란하셨으나.

오직 겸손만을 스스로 지키시고, 선함으로 베푸셨다.

이는 공의 작은 행동이었으나, 사람들이 엿볼 수 있었네.

덕행과 정치로 쓰임받는 선비요, 뛰어난 관리셨으니

모두 학문으로 미룬 것이요. 또한 공의 가욋일이라.

위태로운 조정에 절벽처럼 둘러서서, 기미를 살피어서 스스로를 지키시며

뜻 굳건했으니, 저버리지 않았다고 말할 만하도다.

이익을 추구함이 꺼림이 되지 않고 위엄을 굴복시킬 수 없으니

어려울 때에도 곧고 명철함으로 보신하여 이러한 절개가 있었도다.

의당 후손을 보셨으니 어찌 그저 음보일 뿐이리오.

어질고 뛰어난 자손 많이도 낳으시어 끊임없이 벼슬에 올랐으니

울창한 저 아름다운 성, 이백 년을 드리우리시리

뉘라 공의 무덤을 돌보고, 공에게는 후손이 있으시지.

손이 그 누군가, 나라의 으뜸가는 재상이라

그 아직도 끊어지지 않았거니, 멀어질수록 더욱 잊히지 않으리라.

열두 번째 이야기

익령군 이치 묘(1466)

지정번호 향토문화재 제44호
소 재 지 경기도 고양시 덕양구 성사동 산144-10

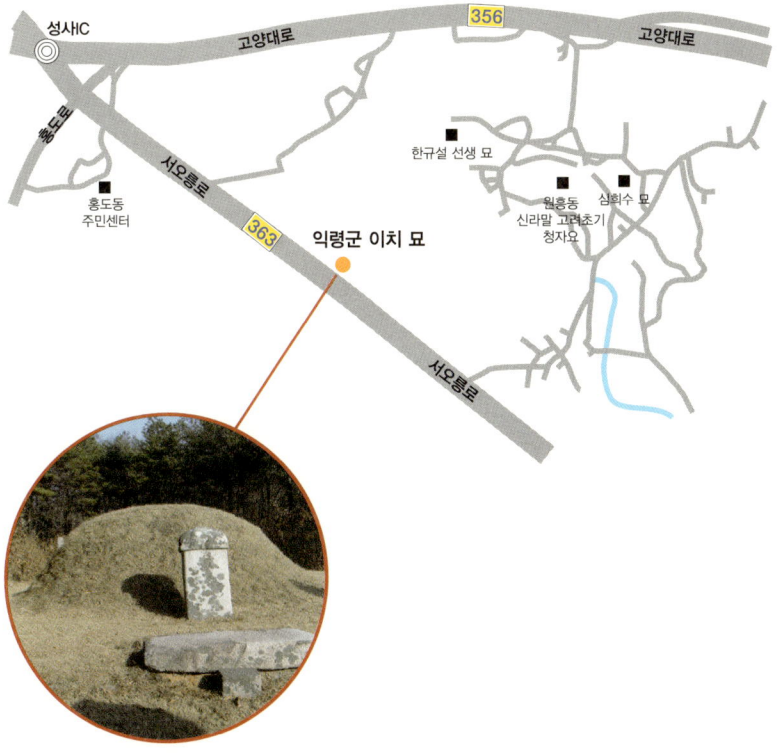

▲ 익령군이치묘 석물

익령군 이치 묘(益寧君 李袳 墓)는 원당역에서 서오릉으로 가는 길의 왼쪽에 붙어 있습니다. 묘소 앞 5m 지점으로 왕복4차선 도로가 지나고 있으며 주변에 후손들의 묘소가 있어요.

묘는 덕양구 흥도동 관내 성사동 오리골 마을에 자리해 조선 전기의 왕실 묘역으로 옛 모습을 그대로 간직하고 있는 묘역으로서 그 가치를 인정받았습니다. 묘 앞에는 조선 전기의 장명등이 묘소를 지키고 있는데 6각의 모양인 고려시대의 수법을 간직하고 있습니다. 화창이 2개이고 4각의 기둥도 당대의 모습이 그대로 남겨져 있지요. 봉분 앞의 비석에는 조선 세조 12년(1466) 3월13일에 세웠다는 기록이 보입니다.

묘소에는 묘비, 혼유석, 묘표, 상석, 장명등, 문인석 1쌍이 있습니다. 이 중 문인석은 조선 전기의 특징을 갖춘 뛰어난 작품으로 알려져 있습니다. 봉분 정면의 화강석 묘비는 세조 12년(1466) 3월 13일에 건립된 것으로 앞면에는 '태종공정대왕자익령군 소강공지묘(太宗恭定大王子 益寧君 昭剛公之墓)'라 기록되어 있습니다.

익령군(1422~1464)은 태종의 여덟 번째 아들로 1422년(세종 4) 10월에 태종의 후궁인 선빈 안씨에게서 유복자로 태어났습니다. 평소 성품이 어질고 겸손했으며 학행이 뛰어났던 것으로 알려져 있어요. 부인은 운봉 박씨(雲峰朴氏)와 평양조씨(平壤趙氏) 두 명을 두었으며, 평양조씨와의 사이에서 두 명의 아들을 얻었습니다. 1623년 광해군을 몰아낸 인조반정의 중심 인물이었던 이원익(李元翼)의 4대조이며 시호는 소강공(昭剛公)입니다. 1464년(세조 9) 7월 43세의 나이로 사망하였습니다.

열세 번째 이야기

예종 부부가 잠들어 있는 **서오릉의 창릉(1469)**

지정번호 세계문화유산, 사적 제198호
소 재 지 경기도 고양시 덕양구 용두동 산30-1

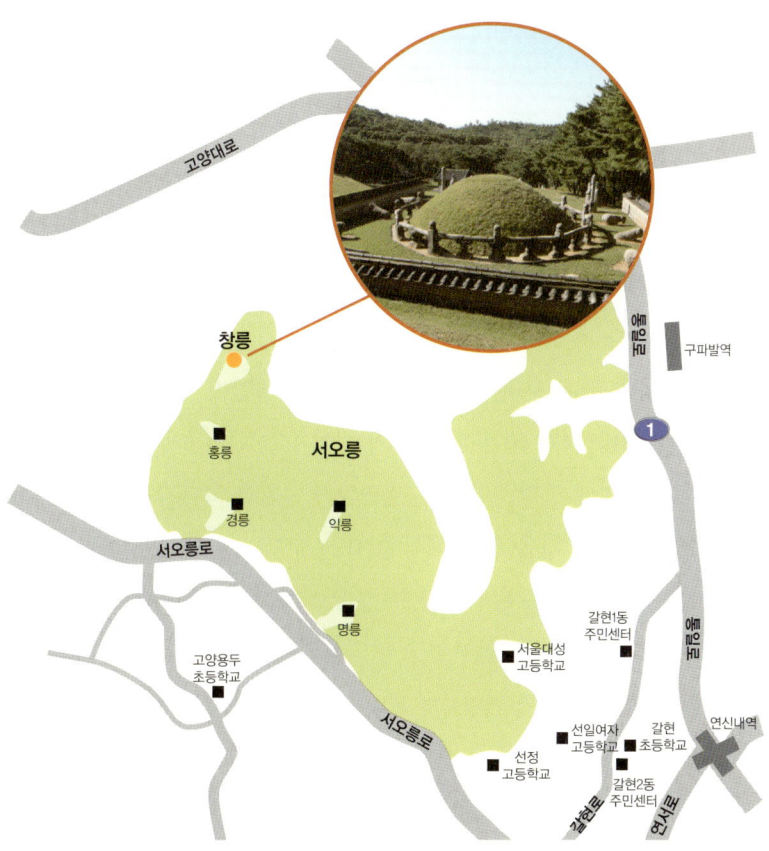

1. 서오릉

　고양시 덕양구 용두동에 위치하며 경릉, 창릉, 익릉, 명릉, 홍릉이 모여 있어 서오릉이라고 합니다. 서북방향으로 서삼릉이 위치하는데 불과 2.5*km*정도 떨어져 있어요. 구리시의 동구릉 다음으로 큰 조선왕조의 왕실 묘역이며, 동남쪽으로 서울 은평구와 붙어 있습니다.

　1457년(세조3) 세조는 원자였던 장(暲, 추존왕 덕종-예종의 형)이 죽자 길지를 물색하게 했습니다. 서오릉터가 길지로 간택되자 세조가 직접 답사하여 경릉터로 정하여 서오릉의 조성이 시작되었다고 해요.

2. 창릉

　창릉은 조선 8대 예종과 계비 안순왕후 한씨의 능입니다. 석물의 배치는 여느 능제와 같이 『국조오례의』에 따라 조성했는데, 고석에 고리모양을 세기고 팔각장명등의 지붕돌 상륜부에 있는 연잎 등 개성있는 조각미가 돋보이는 왕릉입니다.

　예종(1450~1469,20)은 경릉에 묻힌 덕종의 동생인데 이름은 황(晄), 자는 명조(明照)입니다. 형이 죽은 뒤 세자가 되어 1468년 9월에 왕위를 물려받았는데 14개월 만에 사망하였어요. 세조의 병수발을 하다가 자신도 건강을 해쳐 세조가 승하한 다음 해에 세상을 떠난 것입니다. 재위 기간이 짧아서 남겨진 자료도 많지 않은 왕입니다.

　안순왕후(?~1498)는 청원부원군 한백륜의 딸입니다. 1460년 세자빈으로 책봉된 장순왕후 한씨(한명회의 딸)이 병사하자 2년 뒤 세자빈으로 간택되었습니다. 예종이 죽은 뒤 29년을 더 살다가 사망합니다.

　창릉의 묘표에는 다음과 같이 써있습니다.

◆ 창릉의 묘표

구분	원 문	번역문
앞면	朝鮮國 睿宗大王昌陵 安順王后左岡	조선국 예종대왕 창릉 안순왕후 좌강
뒷면	睿宗襄悼欽文聖武懿仁昭孝大王 皇明景泰元年庚午正月朔日誕生初封海陽大君天順元年丁丑册封 王世子成化四年戊子九月七日受禪己丑十一月二十八日昇遐庚寅二月伍日葬于高陽 敬陵北岡艮坐之原在位一年壽二十 皇朝賜謚襄悼 繼妃仁惠昭徽齊淑安順王后韓氏 三月十二日誕生初封昭訓成化四年戊子册封 王妃弘治十一年戊午十二月二十四日昇遐己未二月十四日葬于 大王陵左岡艮坐之原(王后忌辰十二月二十三日誤書以二十四日 故謹衣璿源世系書以二十三日) 崇禎紀元後一百二十八年乙亥二月 日立	예종양도흠문성무의인효소대왕. 중국 경태 원년(1450) 경오 정월 삭일 탄생. 처음 해양대군(海陽大君)으로 책봉되었다가 천순 원년(1457) 정축년에 왕세자로 책봉되어 성화 4년(1468) 무자 9월 7일 임금 자리를 물려받았다. 기축(1469) 11월 28일 승하하여 경인(1470) 2월 5일 고양 경릉 북쪽 간좌(艮坐)에 장사지냈다. 재위 기간은 1년이었으며 수는 20년. 중국에서 양도(襄悼)라는 시호를 주었다. 계비인혜호휘제숙안순왕후 한씨. 3월 12일 탄생. 처음에는 소훈(昭訓)으로 책봉되었다가 성화 4년(1468) 무자에 왕비로 책봉되었다. 홍치 11년(1498) 무오 12월 24일 승하하여 기미(1499) 2월 14일에 대왕릉 왼쪽 간좌에 장사지냈다.(왕후의 기일(忌日)이 12월 23일인데 잘못해서 24일이라고 기록했던 고로 선원계보에 의거하여 23일로 적는다.) 숭정 기원 후 128년(1755) 을해 2월 일 세움.

열네 번째 이야기

백대리석이 멋진 **한계미 선생 묘(1471)**

지정번호 향토문화재 제21호

소 재 지 경기도 고양시 덕양구 관산동 산77-5

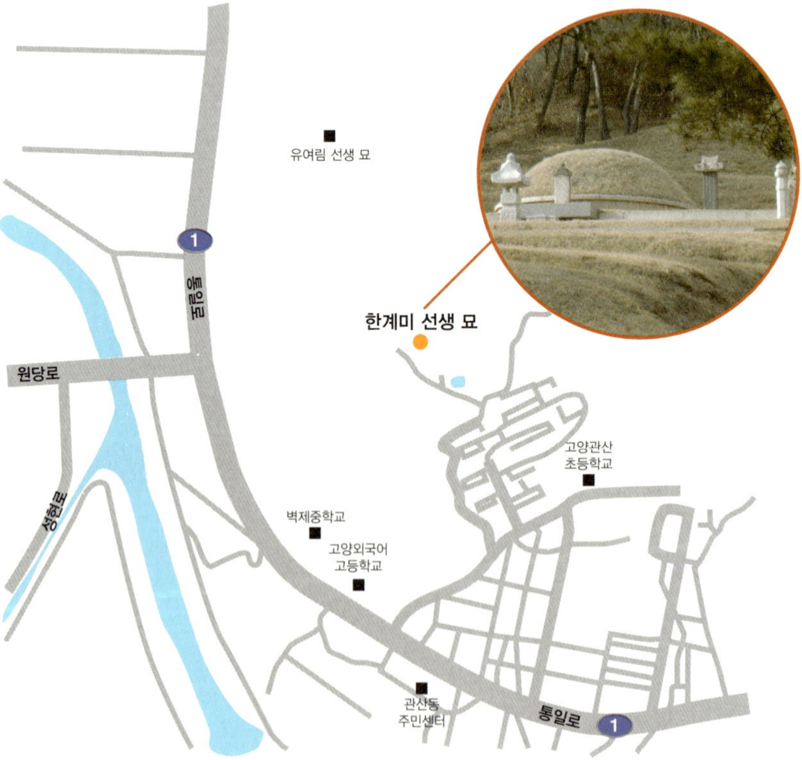

유여림 선생 묘

한계미 선생 묘

통일로

원당로

성현로

고양관산
초등학교

벽제중학교

고양외국어
고등학교

관산동
주민센터

통일로

한계미 선생 묘(韓繼美 先生 墓)는 관산동 시묘골 마을의 청주한씨 묘역에 위치하며 왼쪽에 파평윤씨가 합장되어있습니다. 우측에는 1972년에 건립한 묘비가 있고 봉분 앞 중앙에는 당대에 세워진 것으로 보이는 백대리석 묘비가 세워져 있습니다. 묘소에는 상석, 향로석, 장명등, 묘비, 망주석과 문인석 1쌍이 있는데 상석과 망주석, 장명등은 근래에 만들어진 것입니다. 묘소 주위에는 후대에 두른 화강암 재질의 호석이 둘러져 있어요.

한계미 선생의 신도비는 묘소 입구에 위치하고 있으며 성종2년(1471) 12월에 세운 것으로 이수와 장방형의 비좌를 갖추었습니다. 신도비의 크기는 총 높이 230cm, 너비 66cm, 두께 21cm입니다.

한계미(1412~1471)는 세조의 비인 정희왕후(貞熹王后)의 언니와 결혼하였습니다. 세종 20년(1438) 음서(蔭補)로 사용(司勇)이 되고 그 후 나주 판관(羅州判官), 형조도관좌랑(形曹都官左郎) 등을 역임하였습니다. 문종2년(1452)에 사은사(謝恩使)로 수양대군(首陽大君)을 따라 명나라에 다녀왔구요. 1455년 수양대군이 세조로 즉위하자 좌익공신(左翼功臣) 3등으로 지사간원사(知司諫院事)가 되고 이어 동부승지(同副承旨), 우승지(右承旨)를 거쳐 형조, 호조의 참판으로 부임하고 이시애(李施愛)의 반란 때 평안도의 정병을 이끌고 가서 평정에 힘써 적개공신(敵愾功臣) 3등으로 우찬성(右贊成)에 올랐습니다. 이어 좌찬성(左贊成)으로 이조판서를 겸임하였습니다. 성종 1년(1470) 서원부원군(西原府院君)에 진봉되고 이듬해 좌리공신(左理功臣) 2등에 책록되고 영중추부사(領中樞府事)가 되었습니다.

▲ 한계미 선생 묘 비각

고양시
문화유산
조선시대

열다섯 번째 이야기

목은 이색의 후손, 은지 및 이축 선생 묘(1473)

지정번호 향토문화재 제36호
소 재 지 경기도 고양시 덕양구 도내동 847-3

고양CC

은지

배다골
테마파크

이유청 묘
이축선생 묘
이천서씨 묘

도내로

도내로

은지 및 이축 선생 묘(隱池 및 李蓄 先生 墓)는 홍도동사무소에서 화전 방향으로 이어진 도로상의 은못이 마을 입구에 위치합니다. 은지의 서남쪽 200m 부근에 위치한 이축 선생묘는 이천서씨의 묘와 합부되어 있으며 조선 전기의 양식을 간직하고 있습니다. 묘소에는 묘비, 상석, 장명등, 문인석 1쌍이 갖추어져 있지만 상석과 장명등은 최근에 교체된 것입니다.

현재 은지 연못의 총 규모는 약 8,000㎡이며, 수초 등과 물방개, 잉어 등 여러 생물체들이 살고 있습니다. 이 연못은 기록에 의하면 조선조 초기의 문신이었던 망월암 이축 선생이 벼슬을 버리고 이곳에 은거하면서 파 놓은 것으로 알려져 있습니다. 연못은 1456년에 만들어졌으며 지금까지 540여 년 동안 샘물에 의해 유지되어 오고 있는 드문 연못입니다. 이축은 이곳에서 계유정란에 의해 쫓겨난 단종을 그리워하며 그에 대한 일편단심의 충의를 다짐하였다고 합니다.

▲ 이축 선생 묘비

이축(1402~1473)은 고려말의 대학자이었던 목은 이색의 둘째 아들 인제 이종학의 손자로서, 세종과 문종 때 광주판관, 사헌부감찰, 호조좌랑, 호조정랑, 황해도관찰사 등을 역임하였습니다. 그러나 어린 단종이 왕위에 오른지 얼마 후 수양대군에 의해 폐위되자 유폐되어 있는 영월을 향해 매일 망배하고 그의 처소에도 망월당이라는 옥호를 달아 놓을 정도로 전왕에 대한 충절이 깊었다고 합니다. 이와 같이 이축은 이곳에 숨어 지내면서 연못을 하나 팠는데 그 연못의 이름을 '숨을 은(隱)' 자, '못 지(池)' 자를 써서 '은못이(隱池)' 라고 하였다는 것이고, 거기에서부터 이 마을의 명칭이 유래하였다고 합니다.

▲ 이축 선생 묘 문인석

열여섯 번째 이야기

육각묘를 보셨나요. 이천서씨 묘(15세기)

지정번호 향토문화재 제53호
소 재 지 경기도 고양시 덕양구 도내동 산844-3

고양CC

은지

배다골
테마파크

이유청 묘

이축 선생 묘

이천서씨 묘

도내로

도내로

▲ 이천서씨 묘

　이천서씨의 묘소는 덕양구 도내동에 있는 한산이씨 이훈 부조지묘 바로 뒤편에 있습니다.

　이 무덤의 특징은 육각형이라는데 있습니다. 6각의 봉분 조임석이 2단으로 설치되어 있지요. 이런 형태의 두덤은 좀처럼 보기 힘든 형태랍니다. 6기의 조임석 크기는 312(하나의 조임석은 두 개의 석재가 이어져 있음)×30cm이구요. 묘 앞에는 아담한 문인석 1쌍, 상석, 최근에 만들어진 향로석이 갖추어져 있습니다. 문인석의 크기는 143×42×34cm이고 상석은 141×90×20cm입니다. 묘비는 6.25 때 깨어져 1957년에 다시 세웠다고 해요. 정부인 이천서씨는 망월암 이축의 부인입니다. 남편인 이축의 묘는 약간 떨어진 곳에 있답니다.

열일곱 번째 이야기

황희정승의 아드님, 황치신 묘(1484)

지정번호 향토문화재 제43호
소 재 지 경기도 고양시 덕양구 지축동 산72-1

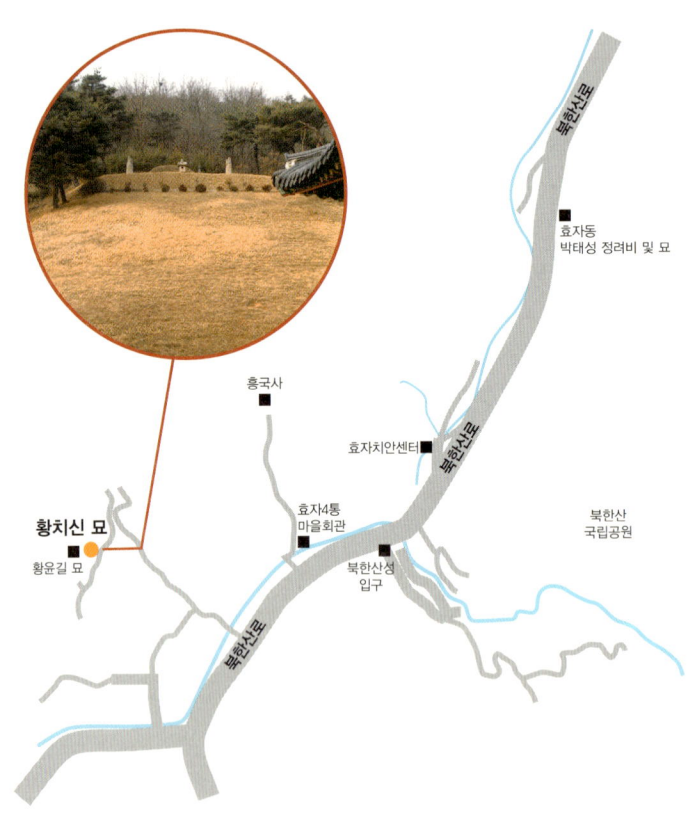

황치신 묘(黃致身 墓)는 구파발에서 의정부 방향으로 이어진 63번 지방도로(북한산로) 좌측의 지축동 중고개 마을에 위치하며 정경부인 황씨 묘와 하나의 봉분으로 이루어져 있습니다. 묘소에는 혼유석, 상석, 향로석, 묘비, 문인석 1쌍이 있는데, 대부분 원형을 잘 간직하고 있습니다. 봉분은 호석이나 병풍석 없이 원형이며 봉분 오른쪽에는 묘비가 있는데 앞면에 '증대광보국 숭록대부 의정부 우의정 겸영경연사 겸춘추관사 행숭록대부 판중추부사 시호안공 황공지묘 정경부인 황씨지묘(贈大匡輔國 崇祿大夫 議政府 右議政 兼領經筵事 兼春秋館事 行崇祿大夫 判中樞府事 諡胡安公 黃公之墓 貞敬夫人 黃氏之墓)'라 새겨져 있습니다. 묘소 아래 100m 지점에는 대좌 · 비신 · 이수로 이루어진 신도비가 위치하며 비각을 세워 보존하고 있습니다.

신도비는 대좌 · 비신 · 이수로 나뉘어져 있습니다. 재질은 화강석이며 최근에 보존을 위해 비각을 새로 지어 보존하고 있습니다. 이수는 보기 드물게 뛰어난 작품으로 용의 머리와 비슷한 이무기가 서로 마주보며 입을 벌리고 있습니다. 발가락은 3개이며 생동감이 넘치는데 이수의 주변에는 구름 무늬가 화려하게 조각되어 있습니다.

황치신(黃致身)은 1397년(태조 6)~1484년(성종 15)에 살았던 조선 초기의 문신입니다. 본관은 장수(長水). 자는 맹충(孟忠). 초명은 동(董)으로, 태종이 동중서(董仲舒)가 다시 났다고 하여 지어준 이름이며, 영의정 희(喜)의 아들입니다.

태종에게 불려 나가 이름을 하사받은 뒤 음보(蔭補)로 공안부부승(恭安府副丞)이 되었으나, 얼마 뒤 그 이름이 형제들과 맞지 않다 하여 다시 치신이라 고쳐 하사받고, 곧 사재직장에 임명되었습니다.

그 뒤 여러 관직을 거쳐 사섬시주부가 되었다가 1415년(태종 15) 통례문봉례랑을 거쳐 감찰이 되고, 곧이어 호조좌랑과 사온서영(司?署令)을 역임

▲ 황치신묘 장명등

▲ 황치신묘 묘비

하였습니다.

1426년(세종 8) 형조정랑이 되어서는 세도가에서 양민을 잡아다 노비로 만들어 무려 50여 년간을 소송하던 사건을 해결하였습니다.

이듬해 호조정랑으로 익찬(翊贊)을 겸임하였으며, 곧 이어서 판통례문사 겸 상서소윤(判通禮門事兼尚瑞少尹)이 되었습니다. 1433년에 승정원동부승지가 되고, 1435년 예조참의를 거쳐 호조참의가 되었으며, 1437년에 중추원부사가 되었다가 곧이어 한성부윤으로 옮겼습니다. 그의 탁월한 정치능력이 인정되어 경기도도관찰사와 경창부윤을 거쳐, 형조와 호조의 참판을 역임하였습니다. 1444년 호조판서에 승진하여 곧 판한성부사로 옮겼습니다. 1448년 모친상을 당하여 사임하고, 1452년(문종 2) 부친상을 당하여 거상하였습니다. 1454년(단종 2) 다시 중추원사에 임명되고, 하성절사(賀聖節使)가 되어 명나라에 다녀와서 도진무사(都鎭撫使)를 겸하였습니다. 1457년(세조 3) 충청도병마절도사가 되었고, 곧이어 인순부윤(仁順府尹)이 되었다가 인수부윤(仁壽府尹)으로 옮겼습니다. 1461년 판중추원사가 되었다가 남의 노비를 빼앗은 죄목으로 파직당하였습니다. 1466년 동지중추부사 겸 도총관으로 복관되어 1479년(성종 10) 판중추부사에 이르렀습니다. 뒤에 우의정에 추증되었습니다.

　그는 활쏘기를 매우 잘했다고 하는데
요. 한번은 사냥터에서 활을 쏘아 짐승을
관통시키고 나무에 박혀서 아무도 뺄 수
없을 정도 였다는 일화도 있습니다.

　그럼 마지막으로 금석문대관의 글을 옮
겨보겠습니다.

▲ 황치신묘 문인석

씩씩하도다. 황공이여 그 명성 난곡처럼 우
뚝하고 빛났도다.

강릉공의 손자이시며 익석공의 아들이로다.

걸출한 인품만이겠는가? 그 덕도 이에 짝하였도다.

어려사 학문 익혀 동중서를 바랐도다. 왕께서 이를 듣고 이름을 하사하였구나.

활솜씨 빼어나니 이광인들 당할손가. 화살 한번 날리면 백발백중 아님이 없네.

도관되어 백성 신원 벗기니 민심 아니 기뻐할손가.

중국에 그 이름 떨치니 멀리도 뻗쳤도다.

두표의 우뚝한 광명이로구나. 판조를 배수함이 몇 번이었던가.

경조부의 어려운 일 맑게 처리하였도다. 수많은 백성 공을 우러러 보네.

외관으로 나가 지방을 다스리니 바다같이 넓은 마음 어린 백성 적셨구나.

백성 무거운 짐 벗었도다. 변방에는 도둑과 노략질이 넘는구나.

공이가서 받아오니 천자께서 주셨구나.

태묘에 이를 바쳐 고하였도다. 높으신 상을 내림에 그 이름도 혁혁하구나.

아우 열성공과 더불음이여 우애가 참으로 돈독하였도다.

정원의 감으로 정리 나누니 그 화락한 기운 사방에 넘치도다.

그 소리 조정에 들렸도다. 임금의 형제 이로써 화락 약속하였네.

왕께서 순유하시니 공께서 도승으로 호가하였네.

공 일러 돈의자에 비유하였구나 공의 그 한결같은 충과 신이여!

이로써 자손을 교육함이여 조정에 그 자손 가득하구나.

양진 길일이면 자손들 모여 화락을 나누었네.

삼달과 오복은 사람마다 갖추기 실로 어렵도다.

그러나 우리 공이 모두 갖추었네. 옛날 어느 책에서도 이런 일 볼 수 있었던가?

훌륭하신 원노 학과 같은 흰 백발, 조정대신 그 위품 우러러 보았네.

맹자께서 말씀하신 세신은 그 누구인가? 그 바로 공이 아니고 누구이겠는가?

여러 번 머리 숙여 물러나길 빌었도다.

그러나 왕께서 만류하여 보내지 않았구나.

공의 세상 하직하심이여! 왕의 은총 지극하였도다.

이 또한 슬픔 속에서 경사 아니겠는가?

무릇 공의 행적 후인에 전하여 영원히 전하도록 도모하지 아니하리오.

열여덟 번째 이야기

바람처럼 살고 싶다. 월산대군 묘(1488)

지정번호 향토문화재 제1호
소 재 지 경기도 고양시 덕양구 신원동 산16-35

월산대군(月山大君)의 묘는 신원동 능골에 자리잡고 있으며 뒤에 부인 순천 박씨의 봉분을 두었습니다. 월산대군의 큼직한 봉분 앞에는 묘비와 상석, 문인석, 망주석, 장명등과 신도비 등의 석조물이 배치되어 조선 시대 묘제 연구에 귀중한 자료가 되고 있습니다.

상석 뒷편의 묘비는 운문이 조각된 비두와 장방형의 대석을 갖추었고, 규모는 높이 180cm, 폭 74cm, 두께 32cm입니다. 상석은 3매의 장판석을 놓았는데 정면 270cm, 측면 155cm의 규모입니다.

월산대군의 묘는 석마, 석양, 석호 등이 없을 뿐이지 흡사 왕릉처럼 듬직한 모습을 보여줍니다. 이는 성종이 친형인 월산대군을 극진히 아꼈음을 보여줌과 동시에 풍족했던 당시의 상황을 보여주는 것이라 하겠습니다. 월산대군 묘의 앞으로는 묘갈과 상석, 장명등이 굳건히 서있고 커다란 망주석과 석인이 그 양쪽을 지키고 있어요. 모두 묘소 조성 당시의 유물 그대로입니다. 묘소의 뒤쪽으로는 월산대군의 부인인 승평부부인 박씨의 묘소가 있는데, 연산군의 큰어머니이며, 어머니를 일찍 보낸 연산군에게 실질적인 어머니 역할을 한 여인입니다. 하지만 연산군이 그녀를 너무 따랐던 나머지 인수대비에게 연산군과 통정을 했다는 혐의를 받고 사사를 당하는 비운의 여인이죠.

월산 대군 신도비는 신원동 능골 마을에 자리잡고 있는 월산 대군과 박씨 부인 묘소 앞쪽에 위치하고 있습니다. 성종 20년(1489) 왕명에 의해 세워진 이 비는 크게 대좌, 비신, 이수로 이루어져 있습니다. 대좌에는 비신을 꽂을 수 있도록 비좌가 만들어져 있고 연꽃무늬가 돌아가며 새겨져 있습니다. 비신의 비문은 풍우로 인한 마모로 심하게 훼손되어 있어 판독이 어려운 상태입니다. 또한 비신의 윗부분에는 '))⺉大君碑銘'이란 전자(篆字)가 새겨져 있는데 달과 산을 표현한 전자가 매우 흥미롭습니다. 비신의 높이는

218cm, 폭 105cm, 두께 32cm의 규모이고 비문은 임사홍(任士洪)이 짓고 썼으며, 전액도 함께 썼습니다. 비신과 연결된 이수에는 매우 화려하게 용 조각이 만들어져 있습니다. 앞면에는 좌측의 아랫부분 용이 위를 올려다보고 있고, 우측 윗부분의 용은 아랫부분을 내려다보고 있습니다. 이 두 마리의 용 주변에는 구름무늬가 세밀하게 조각되어 있습니다. 비문은 임사홍(任士洪)이 짓고 썼으며, 전액도 함께 썼습니다. 임사홍은 1466년에 과거에 급제하였고 1506년에 처형당한 인물인데, 조선시대 대표적인 간신으로 유명한 인물이죠.

1. 월산대군은 누구일까요?

월산대군 이정(李婷)은 1454년에 태어나 35세의 한창 나이에 사망(1488년)한 왕족입니다. 추존왕 덕종의 장남이며 성종(9대)의 친형으로 자는 자미(子美)이며 호는 풍월정(風月亭)입니다. 세종(4대)이 증조부되시며, 세조(7대)가 조부가 되시지요. 혈통으로 보자면 왕좌에 오르고도 남음이 있으실 분입니다.

2. 왜 王이 아닌 大君인가?

하지만 이정은 왕이 되지 못하셨습니다. 장자이며 나이도 왕좌를 이어가기에 적당하였던 그는 왜 왕위를 받지 못하였을까요?

그는 7세 때인 1460년(세조6년) 월산군에 봉해졌고, 1468년(예종 즉위) 동생인 자을산군(후에 성종이 됨)과 함께 현록대부(顯祿大夫)에 임명되었습니다. 예종은 즉위한 다음해에 사망하였고 왕위는 예종의 아들인 제안대군, 덕종(예종의 형)의 아들인 월산군과 자을산군 중 한명으로 압축되었죠. 이에 세조비인 정희왕후는 세조의 명을 받들어 제안대군은 너무 어리고 월산군은 건강이 좋지 않으니 됨됨이가 빼어난 자을산군에게 왕위를 이어가게 하였고 예종이 사망한 바로 다음날 즉위식은 거행되었습니다. 굉장히 서두른 감이 있지요.

역사가들은 자을산군의 왕위계승이 다른 이유에 의해서 성공했다고 말합니다. 월산대군의 건강이 나쁘다는 근거가 남아있지 않고, 자을산군 역시 제안대군처럼 어렸기 때문(13세)입니다. 나이도 어리고 장자도 아닌 자을산군이 왕위에 오른 것은 그의 장인이 한명회였기 때문입니다. 한명회는 신숙주 등과 함께 당시 최고의 권력자였고, 성종을 즉위시킴으로서 명실상부한 최고의 권력을 누리게 되었지요.

왕이 되지 못한 제안대군과 월산대군은 이제 역적으로 몰릴 상황만이 남아 있었습니다. 왕이 되지 못한 왕세자가 억울한 죽음을 당하는 일은 역사 속에서 수없이 등장하지요. 하지만 두 남자는 결코 미련하지 않았습니다. 제안대군은 정말 바보처럼 행동해서 역모에서 벗어날 수 있었고, 월산대군은 정치에 전혀 관심이 없는 풍류객처럼 보여서 일생을 유유자적하게 보낼 수 있었습니다. 풍월정이라는 그의 호에서 그의 인생이 묻어나는 것은 이러한 이유 때문 아닐까요.

3. 월산대군의 生

월산대군은 자의반 타의반으로 자연 속에 은둔하며 여생을 보내야 했습니다. 현재의 덕수궁에 자신의 집을 짓고 고양땅에 별장을 지어 자연과 덧없는 인생을 노래했습니다. 그는 일찍부터 학문을 좋아하여 경사자집(經史子集)을 두루 섭렵하였다고 합니다. 그의 성품은 침착, 결백하고, 술을 즐기며 산수를 좋아하였으며, 부드럽고 율격이 높은 문장을 많이 지었다고 하는데, 그의 시문 여러 편이 「속동문선(續東文選-1518년)」에 실릴 정도로 수준이 높았습니다. 또 「풍월정집(風月亭集)」이라는 저서도 있는데 이 책은 중국에도 널리 알려졌다고 해요.

그렇게 인생을 보내던 그는 어머니인 인수왕후의 신병을 극진히 간호하다가 병들어 35세로 사망하였습니다.

그럼 월산대군 신도비의 내용을 보면서 그의 생애에 대해 자세히 살펴볼까요?

오직 하늘만이 조화(造化)를 맡아, 선악(善惡)을 분별하는 것.

이미 덕(德)을 주었다면, 마땅히 수명(壽命)도 주었어야 했다.

때로는 덕(德)과 수(壽)가 일치하지 않으니, 그 이치 또한 알기가 어렵구나.

이 나라가 개국(開國)한 이래, 성자(聖子)와 신손(神孫)이 계승하였다.

훌륭한 공족(公族:왕족)은, 많고도 끊어지지 않았으나

그 누가 대군처럼, 재주와 덕을 겸비하였더란 말인가?

진실로 대군답도다! 몸가짐이 높고 높아,

밖으로는 사치스런 것을 버리고, 경적(經籍)만을 읽었도다.

제자백가(諸子百家)를 다 읽고, 박약(博約)으로 귀결하였고

사화(司華:문장(文章))를 때로 지으면, 옥을 꿰고 구슬을 이은 듯.

큰 솜씨라도 곁에서 보면, 손이 굳어지고 한숨만 쉬게 되니

뛰어난 묘구(妙句)는, 『한도십영(漢都十詠)』일 것이다.

임금께서 공에게만 글을 지어주었는데

우리 신하(臣下)들에게도 화답을 지으라 하시니, 형제의 우애를 생각함이다.

우애(友愛)는 말에 나타나고, 문장을 가지고 즐기며

은혜와 대우(待遇)가 이미 두터워, 힘으로 어기지 못할까 봐 두렵구나.

마음에는 외경(畏敬)을 간직하고, 밖으로는 교만과 자랑을 끊어

밝고 밝은 아름다운 소문(令聞), 온 조정(朝廷)에 퍼졌도다.

깨끗한 의표(儀表)는, 옥호(玉壺:옥으로 만든 병)에 얼음을 담은 듯,

돌아보니 봄바람 불어와, 온화한 기울을 움킬 수가 있구나.

뉘라서 좋아하지 않으리오, 중국 사신[華使]도 감복(感服)하였도다.

벼슬에 나아가 일을 맡는 것을, 세상에선 영화(榮華)로 여겼으나,

공은 그렇지 않아, 진심으로 사양하였으니

덕(德)을 겸한 아름다움은, 역사에 빛나리라.

아침마다 문안드리기를, 추우나 더우나 그만두지 않았고

한 걸음 한 발자국도, 법도(法度)를 따라 움직였다.

아름다운 태도와 곧은 행실은, 고금에 우뚝하다.

동평왕(東平王)의 착함과, 한간헌왕(河間憲王)의 어짐은,

한실(漢室:한(漢)나라)에 이름 높아, 뉘 감리 비기랴.

천년 뒤 우리 동방에, 다시 이런 분이 계셨도다.

우리 임금 신성하여, 효(孝)로써 다스렸다.

진심으로 우애하여 체화(棣華:형제간의 우애)는 더욱 빛나는구나.

홀연히 돌아가시니, 이 누구가 시킨 것이냐?

성스런 정(聖情)은 끝이 없는데, 어찌하여 하늘로 가셨단 말인가!

오직 은전을 생각하여 구천(九泉:저승)에서나 위로코저.

이에 대신에게 명하여, 친천(親阡:묘자리)을 잡게 하였도다.

저 친천은 어디메뇨? 고양(高陽)의 북쪽이다.

풀은 무성하고 나무는 빽빽한데,

산 돌고 물 휘감으니, 유택(幽宅)을 두는 것이 마땅하도다.

전에는 들판이었는데, 이제는 현궁(玄宮:유택)이 되었으니.

혹 미리 알았더란 말인가! 마음이 하늘과 통합하였나 보다.

영원토록 평안하소서, 마렵(馬鬣:무덤)도 높다랗구나.

왕명으로 비(碑)를 세우니, 이수(螭首)도 빛나는구나.

살아 영광 죽어 슬픔, 천만 년토록 아름다움 전하게 될 것을.

나의 글은 볼품없어, 어떻게 공의 덕(德)을 명(銘)할 건가?

홍치 2년 기유년(1489) 월 일

고양시
문화유산
조선시대

열아홉 번째 이야기

사찰이 사당으로, **월산대군 사당**(1756)

지정번호　경기도 문화재자료 제79호
소 재 지　경기도 고양시 덕양구 신원동 427

1 호국로

39

원신동
주민센터

월산대군사당

39 호국로

서울외곽순환고속도로

통일로IC

월산대군 묘

신원초등학교

효릉

예릉

뉴코리아CC

장경왕후 희릉

1

서삼릉

농협대학교

월산대군사당은 월산대군묘의 인근에 위치합니다. 월산대군묘와 월산대군에 대한 이야기는 '월산대군묘' 편에 있으니 참고하세요.

　월산대군사당(석광사)은 월산대군 묘소 북서쪽에 위치합니다. 1756년 4월 처음 창건되었으며 현재의 건물은 정조 10년(1786)에 중수한 것입니다. 네모난 담장 중앙에 삼문을 세우고 그 안에 사당을 모셨는데 담장은 개인 사당에서는 보기 드물게 장대석을 하단으로 축조하였고 석조 배수구까지 갖춘 특이한 구조입니다. 사당에 왜 이렇게 장대석이 많이 사용되었을까요? 추정하자면 장대석이 많았기 때문입니다. 무슨 뚱딴지같은 소리냐구요?

　월산대군사당이 세워지기 전, 현 월산대군사당과 월산대군묘 사이에 월산대군을 기리는 사찰이 있었던 것으로 파악되고 있습니다. 흥복사터라고 불리는 곳인데요. 현장을 답사해보면 지금도 기단석 등이 많이 노출되어 있습니다. 그곳에 쓰였던 많은 장대석들이 월산대군사당의 부재로 사용된 것으로 추정하는 것이죠. 사당의 바닥과 담장 등 장대석이 사용될 수 있는 거의 모든 장소에 장대석이 활용됩니다. 왜 사찰이 사라지고 사당이 자리잡게

▲ 월산대군 사당

▲ 월산대군 사당을 짓기전 월산대군을 모시던 절인 흥복사의 터

되었는지는 좀 더 공부해봐야 할 듯 합니다. 사찰터는 꽤 큰 넓이를 가지고 있는데요. 규모를 대폭 축소해서 사당을 만들게 된 것이죠.

사당은 정면 3칸 측면 3칸의 민도리 맞배기와지붕 건물입니다. 건물의 앞면은 재계행사(齋戒行事)에 알맞도록 1칸을 개방하였고, 영조 대왕이 친히 '석광사(錫光祠)' 라는 편액을 내렸습니다. 신주를 운반할 때 쓰던 요여가 당내에 보존되어 있어요.

월산대군 요여는 우리시 덕양구 신원동에 있는 월산대군사당에 보관되고 있었던 유물입니다. 요여란 시체(屍體)를 묻은 뒤에 혼백(魂帛)과 신주(神主)를 모시고 돌아오는 소여(小輿)를 말하는데, 영여(靈輿)라고도 합니다.

이 요여는 긴 멜대 위에 사각형의 방처럼 생긴 몸체를 얹고 맨 위에는 천으로 지붕을 만들어 올렸는데 4개의 지붕선이 표시된 반구형입니다. 몸체에는 문살이 있는 여닫이문을 달았어요. 장례행렬에서는 상여 앞에 배치된다고 합니다. 월산대군사당이 축조된 시기(1756년)에 제작된 것으로 추정됩니다. 특히 이 요여는 300여 년 전에 제작된 유물이라는 사실을 믿을 수 없을 정도로 그 보존상태가 양호하고 왕족의 유물답게 세심하게 제작되어 당시의 장례풍습을 연구하는데 중요한 자료로써 평가받고 있습니다. 2012년 4월 월산대군파 종회가 고양시에 기증하였습니다.

스무 번째 이야기

폭정의 증거, 연산군시대 금표비(1504)

지정번호 경기도 문화재자료 제88호
소 재 지 경기도 고양시 덕양구 대자동 산10-2

폭군으로 유명한 연산군은 고양시와도 인연이 아주 깊답니다. 월산대군의 부인인 본인의 큰어머니를 죽음에 이르게 했고, 고양시 일대를 자신의 놀이터로 쓰기 위해 본인 말고는 출입을 금지시키기도 했지요. 그때를 말해주는 생생한 기록이 바로 연산군시대 금표비입니다. 좀 더 자세히 살펴볼까요?

16세기 초 연산군 때에 와서 고양군 일대는 황폐화되었습니다. 연산군 10년(1504) 가을에 왕의 놀이와 사냥을 위하여 도성 밖의 민가를 철거하고, 또한 한성으로 통하는 도로는 노량진 방면을 제외하고는 모두 막아 일반백성의 교통을 차단한 것입니다. 또한 놀이와 사냥의 지역을 확장하여 서울 인근 고을인 고양·양주·파주 등지에 미쳤으며, 나아가 한강 건너 광주·양천에 이르렀습니다. 따라서 백성들은 삶의 터전에서 추방되었고, 내수사(內需司)의 노비를 대신 살게 하였습니다.

이렇게 되자 백성들의 원망은 점점 커지고, 고양군을 비롯한 각 고을은 황폐화되었으며, 고양군은 혁파되어 양주에 속하게 되었습니다. 그러다가

▲ 연산군 금표비

1506년 중종반정으로 연산군이 강화로 유배되어 죽임을 당하고, 중종이 즉위하자, 연산군의 폐정을 개혁하는 한편 고양군 등 각 군이 다시 복원되었습니다. 이때 약 2년간에 걸쳐 서울 인근의 군현은 폐허에서 벗어나기 위해 안간힘을 썼으나, 복구하는 데는 세월이 걸렸다고 합니다. 이 때에 사람들을 들어오지 못하게 하기 위해 세운 비석이 바로 연산군시대 금표비입니다.

▲ 연산군 금표비

연산군시대금표비(燕山君時代禁標碑)는 벽제 방향 동헌로로 가다가 쌍궁말길로 들어서 150m 지점 젖소 목장 앞 차도 바로 옆에 있습니다. 대자동 간촌마을이라 불리는 곳이죠. 비 주변에 다른 건축물이나 표시는 보이지 않습니다. 현재 비는 땅속에 오랜 기간 묻혀있다가 출토되어 황토 빛이 뚜렷하게 남아있습니다.

원래 이 비석은 세상 빛을 못 볼 수도 있었습니다. 연산군이 축출된 후 연산군에 대한 분을 풀지 못한 마을 주민들이 묻어버렸거든요. 500여 년이 흐른 1980년대 중반 인근의 전주 이씨 자손들이 묘역 정화사업을 벌이던 중 다시 발견되었답니다. 비신의 앞면에는 '금표내범입자 논기훼제서율처참(禁標內犯入者 論棄毁制書律處斬)'이라 표기되어 있습니다. 금표 내에 들어온 사람은 기훼제서율에 의해 처참한다는 내용이죠. 연산군시대금표비는 고양시의 역사를 보여주는 중요한 유물이라 할 수 있겠습니다.

스물한 번째 이야기

여보게, 저승갈 땐 뭘 가지고 가지?

기준 선생 묘(1521)

지정번호 향토문화재 제17호
소 재 지 경기도 고양시 덕양구 성사동 산27

원당로

동고구로

39

원당로

동고구로

39

356

고양대로

배다리
술박물관

성사초등학교

기준 선생 묘

기응세 선생 묘

기건 선생 묘

기준(奇遵) 선생 묘는 원당 전철역에서 한양골프장 방향인 성사동 사근절 마을 뒤편에 서남향하여 위치하고 있습니다. 현재 봉분은 정부인 파평 윤씨와 합장된 단묘로 이루어져 있습니다. '복재선생기준지묘 증정부인 윤씨 부좌(服齋先生奇遵之墓 贈貞夫人 尹氏 祔左)'라고 쓴 묘비는 1962년 4월에 세운 것입니다. 묘소에는 묘비 2기, 상석, 향로석, 망주석 2쌍, 문인석 2쌍, 동자석 1쌍, 석양 1쌍, 석사자 1쌍 등이 배치되어 있습니다. 이 중 망주석 1쌍과 문인석 1쌍은 원래의 것으로 추정되지만 나머지는 전부 최근에 배치된 석물들입니다.

기준(1492~1521)은 문신으로 자는 경중(敬仲)이며, 호는 복재(服齋)와 덕양(德陽)이며 본관은 행주(幸州)입니다. 응교(應敎) 기찬(奇讚)의 아들이며 조광조(趙光祖)의 문인이지요. 중종 9년(1541) 별시문과(別試文科)에 병과로 급제하여 사관(史官)을 거쳐 홍문관(弘文館) 정자로 초계문신(抄啓文臣)이 되었고 사가독서를 하였습니다.

중종 11년(1516) 천문 예습관(天文隸習官)을 겸했고 검토관(檢討官), 수찬을 지낸 후 검상(檢祥), 장령(掌令), 시강관(侍講官)을 거쳐 1519년 응교(應敎)가 되었으나 기묘사화가 일어나자 조광조를 위시하여 김식(金湜)·김정(金淨) 등과 함께 하옥되었습니다. 조광조 등의 과격한 논의에 아부하였다는 이유로 국문 받을 때의 공초는 다음과 같은데요. 한번 볼까요?

신은 나이 28세입니다. 소년 적부터 옛사람의 글을 읽어 집에서는 효도와 우애를 정성스레 하고, 조정에서는 충성과 의리를 힘껏 행하는 것이 마땅하다고 생각하였습니다. 뜻이 같은 사람과 옛 도를 강구하여 나라를 요순(堯舜) 시대 정치와 같은 경지에 이르도록 하기로 기약하였습니다. 착한 자는 상대하고 착하지 않은 자는 미워하였습니다. 조광조와 어렸을 때부터 교유하였고, 김제·김구·김정을 근래에

▲ 기준선생 묘

상종하였는데 그들의 논의가 과격한 줄 모르고 상종했을 뿐이며 아부하였다는 것은 사실이 아닙니다.

그러나 이튿날 본래의 죄명대로 아산(牙山)으로 귀양갔다가 얼마 뒤 함경도 온성으로 옮겼는데, 이듬해에는 모친상을 당하여 다시 유배지로 돌아왔습니다. 그런데 전일 아산의 유배지에 있을 때 울적한 심정에 그 곳 산에 올라 고향 하늘을 바라보며 어머니를 그리워한 일이 있었는데 그 사건이 뒤늦게 발각되었죠. 그리하여 당시의 그 고을 현감 배철중은 죄인을 마음대로 놓아두었다고 문책을 당하게 되자, 겁이 나서 도망쳐 갔다가 스스로 돌아왔다고 공초하였습니다. 이 때문에 곤장을 맞고 위리안치(圍籬安置) 되었다가 자결하라는 명이 내렸는데 교살되었습니다.

후에 이조판서에 추증되었으며 기묘명현(己卯名賢)의 한 사람으로 온성의 충곡서원, 아산의 아산서원(牙山書院), 종성의 종산서원(鍾山書院), 고양의 문봉서원에서 각각 제향되었으며 시호는 문민(文愍)입니다. 고양 8현의 한 사람으로 저서로는 [덕양유고(德陽遺稿)], [무인기문(戊寅記聞)], [덕양일기(德陽日記)]가 있습니다. 그가 썼다는 글을 한편 읽어 볼까요? '부채(扇)'라는 글입니다.

염이용하희 량이사하온. 순소우. 안궐분.

炎而用何喜 涼而舍何慍 順所遇 安厥分

해석하자면 이렇습니다.

더워서 사용되는 것을 무엇 때문에 기뻐하랴
서늘해서 버려지는 것을 무엇 때문에 성내랴
처해진 상황에 순응하고
주어진 분수에 편안할 뿐

이 글은 무엇을 말하는 것일까요? 혹시 자신의 상황을 빗대어 말하는 것은 아닐까요? 이 글은 기묘사화 이후 온성에 유배되었을 때 썼다고 하는데요. 교살되시기 직전이라는 것을 알 수 있습니다.

자신이 모시던 왕인 '중종'의 재위 시절에 충성을 다했으나 이제 '인종'의 시대가 왔으니 상황에 순응하자는 뜻일까요. 포기했다는 뜻일까요. 속뜻이야 있으셨겠지만 마지막에는 편안하게 지내는 것이 옳다고 마무리합니다. 옛 선비의 속 깊은 마음을 읽을 수 있지요. 석용산 스님이 내셨던 책의 제목이 생각나네요.

'여보게, 저승갈 때 뭘 가지고 가지?'

스물두번째 이야기

김전 선생 묘(1523)

지정번호 향토문화재 제12호
소 재 지 경기도 고양시 덕양구 원흥동 산40-1

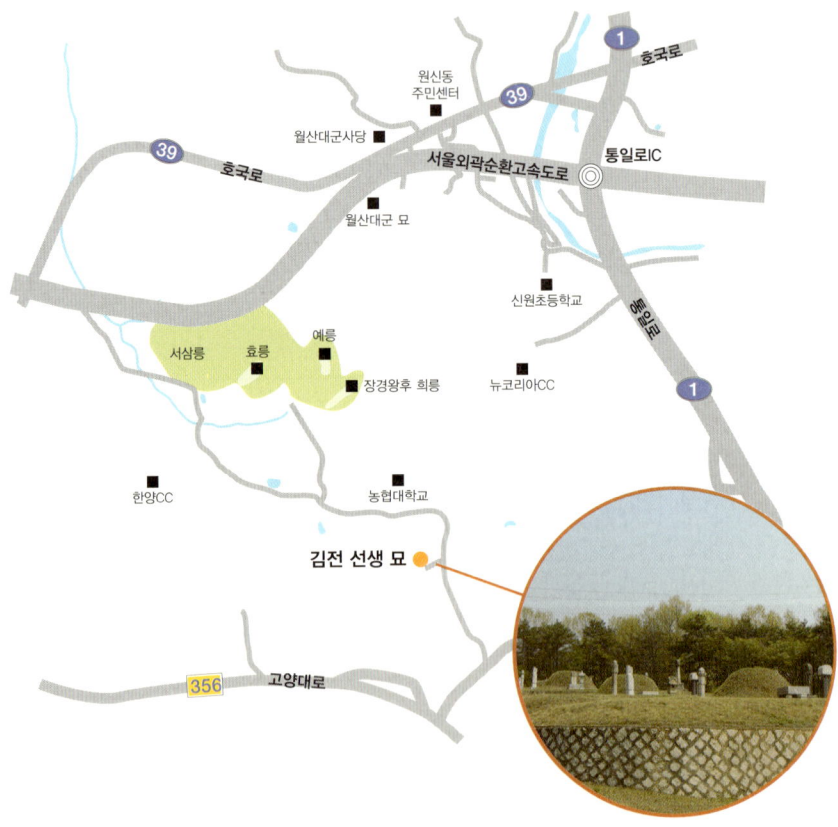

김전 선생 묘(金詮 先生 墓)는 덕양구 원흥동 송현마을 옛 원흥교회 뒤편 절골 골짜기에 남향하여 위치하고 있습니다. 상석에는 광무 10년(1906) 새로 만들었다는 기록이 있구요. 묘 앞에는 상석, 향로석, 장명등이 있으며 좌우에는 망주석과 문인석이 각 1쌍씩 배치되어 있는데 상석, 향로석, 문인석은 최근의 것입니다. 묘소의 우측, 망주석 뒤편에 신도비가 있습니다.

신도비는 장방형의 화강암 비좌, 비신과 화강암의 이수를 갖추었는데 '김충정공신도비(金忠貞公神道碑)' 란 전자가 뚜렷합니다. 비문은 영의정 신흠(申欽)이 짓고, 김규(金珪)가 전서하여 광해군 3년(1611) 6월에 세워졌습니다. 대좌는 화강석으로 만든 장방형이며 비신의 비문은 매우 심하게 마모되어 있습니다. 보기 드문 수작으로 여겨지는 이수는 두 마리의 용이 여의주를 중앙에 두고 좌, 우에 새겨져 있습니다. 이중 좌측의 용은 여의주 밑에서 오른발로, 우측의 용은 여의주 위에서 오른발로 움켜쥐려는 모습을 하고 있습니다. 특히 이곳에서는 비신과 이수 사이에서 규약을 뚜렷이 볼 수 있답니다.

김전(1458~1523)은 조선 중기의 문신으로, 본관은 연안, 자는 중륜(仲倫), 호는 난헌(懶軒)입니다. 할아버지는 내자시윤 김해이고, 아버지는 지중추부사 김우신(金友臣)이며, 어머니는 지청풍군사 이계충(李繼忠)의 딸입니다.

성종 3년(1472) 진사가 되었고, 1489년 식년문과에 장원으로 급제, 예안현감·홍문관 수찬을 역임하였습니다. 성종이 유신들에게 피폐한 고을의 수령으로 부임하도록 했을 때 예안 현감이 되어 선정을 베풀어 백성

▲ 김전 선생 묘비

들이 생사당(生祠堂)을 세우기도 하였습니다. 연산군 2년(1496) 신용개(申用漑) · 김일손(金馹孫) 등과 함께 사가독서한 뒤 전한이 되었으며, 춘추관 편수관을 겸해『성종실록』편찬에 참여하였습니다.

1498년 무오사화가 일어나자 파직당했다가 1501년 부호군으로 다시 서용(敍用)되었습니다. 1504년 성균관 대사성에 올랐으나 갑자사화로 다시 좌천되었습니다. 중종반정 뒤 예조 참판 겸 동지경연사로 승진되었으며, 이어 이조 참판 · 호조 참판 · 대사헌 등을 역임하였습니다. 조광조(趙光祖) 등의 사림파가 득세한 1513년에서 1519년 사이에 지중추부사 · 우참찬, 이조 · 형조 · 예조 · 공조의 판서, 한성부 판윤 · 우찬성 등을 역임하면서 현량과의 설치 등 사림파의 개혁 정치에 반대론을 전개하였습니다.

1518년 찬집청 당상으로 신용개 · 남곤 등과 함께『속동문선』을 편찬해 왕에게 올렸습니다. 1519년 판중추부사가 되었으며, 남곤 · 심정 등과 함께 기묘사화를 일으켜 조광조 등 사림파를 축출하고 정권을 장악하였습니다. 그 공로로 원종공신이 되었으며, 우의정을 거쳐 1520년 영의정 겸 세자사가

▲ 김전 선생 묘

되었습니다. 항상 청렴결백하고 문장도 잘했으나, 기묘사화를 일으킨 배후 인물로 지목되어 후세에 많은 비난을 받았습니다. 시호는 충정(忠貞)입니다. 그럼 그의 일대기를 다룬 신도비의 내용을 마지막으로 살펴보겠습니다.

상공의 벼슬 지내시고, 장수를 누리셨네.

이미 그 복을 누리시고 또 후세에 남기시어.

태임(太任), 태사(太姒)를 낳으시니 한 나라의 어미시라.

오직 선함은 보답이 있노니 공께서 받으셨네.

거북 좌대 용머리의 묘도(墓道)더 더욱 빛나노니.

글쓰고 명 지어 새겨서 거짓 없이 보이노라.

숭정대부(崇政大夫) 행예조 판서(行禮曹判書) 겸 영춘추관사(兼領春秋館事) 동지경 연 성균관(同知經筵成均館) 예문관 제학(藝文館提學) 신흠(申欽)은 짓는다.

만력(萬曆) 39년(1611) 6월 일 세움. 성균관 진사 김○○가 쓰고 전액도 아울러 쓴 다.

스물세 번째 이야기

이유청 묘(1531)

지정번호 향토문화재 제54호

소 재 지 경기도 고양시 덕양구 도내동 산844-3

고양CC

은지

배다골
테마파크

이축 선생 묘

이유청 묘

이천서씨 묘

도내로

도내로

이유청(李惟淸) 묘는 고양시청에서 이어진 69번 홍도로 도내동 은못이 마을에 있으며 배 정경부인 경주 이씨의 묘와 함께 있습니다. 상석, 고석, 혼유석, 향로석, 장명등이 배치되었고 문인석 4구가 세워져 있습니다. 상석은 원래 2기였으나 하나로 바뀌었어요. 장명등은 총 높이 190cm, 옥개석 89cm, 화창은 4개이며 크게 3단계로 되어 있습니다. 문인석은 봉분 앞쪽에 작은 것을 배치했는데 규모는 높이 173cm, 허리 높이 둘레가 168cm이며 뒤쪽 것은 크기가 232cm, 허리 높이 둘레는 233cm의 규모입니다. 화강암으로 된 상석 뒤에는 2기의 묘비가 세워져 있는데 구비의 크기는 폭 45cm, 두께 20cm, 높이 176cm이며 '대광보국 숭록대부 의정부 좌의정 겸영경연감 춘추관사 세자부 한원군 이공지묘 배 정경부인 경주이씨부좌(韓原君 李公之墓 配 貞敬夫人 慶州李氏祔左)'라 기록되어 있습니다. 신비는 1957년 4월에 새로 건립된 것으로 폭 48cm, 두께 23cm, 높이 120cm입니다.

이유청은 조선의 문신입니다. 자는 직재(直哉), 본관은 한산(韓山), 목은 이색(李穡)의 현손이고 참찬 이훈(李塤)의 아들이며, 어머니는 전주 이씨 효령대군(孝寧大君)의 딸입니다. 성종 17년(1486) 식년문과에 병과로 급제, 표연말(表沿沫)·유숭조(柳崇祖) 등과 사유(師儒)로 선발되었습니다. 1491년 지평(持平)이 되고 1493년 장령(掌令)으로 승진하였습니다. 1494년 연산군이 즉위한 뒤 다시 지평으로 강등되었다가, 1497년 집의에 올랐습니다. 연산군 4년(1498) 무오사화 때 김종직의 부관참시를 반대했다가 삭주에 유배, 1504년 갑자사화 때 다시 연루되어 장(杖) 100을 받고 직첩이 환수되었으며 관노(官奴)가 되었습니다. 중종반정으로 정권이 바뀌자 1506년에 사헌부 집의로 복직되고, 정란공신 2등에 올라 우부승지에 이어 한성부 좌윤대사헌·호조참판 등 요직을 역임했으나 1508년 공신에 오르지 못한 신복의의 역모사건에 연루, 강진에 유배되었습니다. 1510년 방환되었다가 이듬

▲ 이유청 묘 문인석

해 황해도 관찰사가 되고, 1513년에는 경기관찰사가 되어 선정을 베풀었습니다. 1517년 다시 대사헌이 되었는데, 중종 14년(1519) 중종의 뜻에 따라 남곤(南袞)·심정(沈貞)·홍경주(洪景舟) 등이 일으킨 기묘사화로 조광조(趙光祖) 등을 숙청하고 우의정에 승진한 뒤에 한원군(韓原君)에 봉해졌습니다. 1521년 명나라 세종이 즉위하자 등극진하사(登極進賀使)로 명나라에 다녀왔고, 1523년 좌의정에 승진하여 영경연사(領經筵事)를 겸했습니다. 1528년 영중추원사가 되어 궤장(?杖)을 하사받았습니다. 검박(儉朴)하다는 평은 들었으나 많은 사람을 험해(險害)한다는 비난을 들었습니다. 시호는 공호(恭胡)입니다.

스물네 번째 이야기

장경왕후, 서삼릉 희릉(1537)

지정번호 사적 제200호
소 재 지 경기도 고양시 덕양구 원당동 산38-4

1. 서삼릉

중종의 계비 장경왕후 윤씨의 희릉을 조성하면서 서삼릉의 역사가 시작됩니다. 중종의 정릉이 조성되었으나 서울 삼성동 선릉 곁으로 옮겨갔고, 희릉만 남게 됩니다. 후에 중종의 아들인 인종과 비 인성왕후 박씨의 효릉, 철종과 비 철인왕후 김씨의 예릉이 조성되어 서삼릉이라는 이름을 얻게 되는 것이죠. 그밖에 소경원 · 의령원 · 효창원 등 세자의 원(園) 3기와 폐비 윤씨의 회묘를 비롯한 45기의 묘가 조성되어 있다. 또한 일제시대에 전국에 흩어져 있던 조선왕실의 태를 모아 공동묘지처럼 만들어 놓은 '태실'도 서삼릉에 있답니다.

2. 희릉

11대 중종의 계비 장경왕후 윤씨(1491~1515)의 단릉입니다. 영돈녕부사 윤여필의 딸로 8세 때 어머니를 여의고 월산대군의 부인 박씨에 의하여 양육되었습니다. 중종반정으로 단경왕후가 폐위되자 왕비에 책봉되었습니다. 1515년 인종을 낳고 산후병을 얻어 7일 만에 사망하였습니다. 능은 원래 헌릉(서울 서초동)에 있었으나 22년 뒤 김안로의 술책(정광필, 남곤 등이 조성한 묘자리에 큰 돌이 깔려있어서 좋지 않다는) 때문에 지금의 자리로 이장했다고 합니다.

희릉의 묘표는 다음과 같습니다.

〈앞면〉

朝鮮國

章敬王后禧陵

〈뒷면〉

宣昭懿淑章敬王后尹氏 中宗大
王繼妃弘治四年辛亥七月六日誕
生正德元年丙寅選封淑義丁卯冊
封 王妃乙亥三月二日昇遐閏四月
葬于廣州 獻陵右岡嘉靖十六年丁
酉九月六日移葬于高陽南原堂里
艮坐之原壽二十伍

崇禎紀元後一百二十六年立

▲ 서삼릉 희릉 장명등

〈번역문 앞면〉

조선국 장경왕후 희릉

▲ 서삼릉 희릉 무인석

〈번역문 뒷면〉

선소의숙장경왕후 윤씨. 중종대
왕 계비. 홍치 4년(1491) 신해 7월 6
일 탄생. 정덕1) 병인에 숙의(淑儀)
에 책봉되고, 정묘(1507)에 왕비로
책봉되었다. 을해(1515) 3월 2일에 승하하여 윤 4월에 광주(廣州) 헌릉(獻陵)
오른쪽에 장사지냈다. 가정2) 16년 정유 9월 6일에 고양 남쪽 원당리(原堂
里) 간좌(艮坐) 언덕에 이장하였다. 수는 25세.

숭정 기원 후 126년(1753) 세움.

스물다섯 번째 이야기

대리석신도비가 멋있는 유여림 선생 묘(1538)

지정번호 향토문화재 제15호
소 재 지 경기도 고양시 덕양구 관산동 산73-3

유여림 선생 묘

한계미 선생 묘

고양관산
초등학교

벽제중학교

고양외국어
고등학교

원당로

관산동
주민센터

통일로

이 묘는 관산동 가장동 삼거리에서 고양동으로 이어진 76번 도로인 동헌로로부터 약 30m 가량 들어가 위치한 두포동 마을에 남향으로 배 창령성씨와 쌍분으로 이루어져 있습니다. 쌍분의 총 둘레는 각 8m이며 높이는 2.5m입니다. 묘 앞에는 장명등, 상석, 망주석, 문인석이 배치되어 있습니다. 이 중 문인석은 조각 수법이 뛰어나고 안정감이 돋보이는 수작으로 평가된다고 해요.

묘비는 원래 조선 중종 38년(1543) 8월에 건립되었으나 1935년 9월에 다시 세운 것으로 오석으로 되어 있으며 크기는 폭 50cm, 두께 20cm, 높이가 120cm입니다. 또 묘소 앞 100m 지점에 위치한 대리석 신도비는 선조 19년(1586)에 세운 것으로 이수와 기단을 갖추고 있습니다. 규모는 높이가 200cm, 폭 90cm, 두께 24cm입니다. 비문은 홍언필(洪彦弼)이 글을 짓고 김현성이 썼으며 전자(篆字)는 노직(盧稷)이 썼습니다. 현재 비신의 중간 부분은 크게 금이 가 있고 비각을 세워 보존하고 있지만 전체적으로 마멸이 심하여 글자를 판독하기는 쉽지 않습니다.

비를 꽂은 대좌는 화강암 재질로 장방형이며 각 4면에 연꽃무늬가 새겨져 있습니다. 비신은 대리석 재질로 이수와 연결되어 조각한 구조이며 전면 상부에는 '예조판서 경안' 뒷면에는 '유공신도비명'이라 전자되어 있어요. 비신의 중앙부 우측 상부로부터 아래로 갈라져 30자 가량의 문자는 판독할 수 없을 정도로 훼손되어 있습니다. 이수는 앞부분에 두 마리의 용이 중앙을 향해 치솟은 여의주를 사이에 두고 입을 크게 벌린 채 발을 내밀고 있는 모양입니다. 날카로운 이빨과 살아 움직이는 듯한 눈알 그리고 힘이 치솟는 듯한 세 개의 발가락이 매우 사실적으로 표현되어 있습니다.

유여림(1476~1538)은 조선의 문신으로 본관은 기계, 자는 계옥(啓沃), 호는 정당(政堂), 신라대(新羅代) 아찬(阿飡) 삼재(三宰)공의 후손으로서 유

▲ 유여림 선생 묘 신도비

집(兪輯)의 증손이며, 할아버지는 유해(兪解)이고, 아버지는 첨지중추부사 유기창(兪起昌)이며, 어머니는 능주 구씨로 훈련원 참군 안우(安愚)의 딸입니다.

연산군 4년(1498) 사마시에 합격, 1504년 별시문과에 병과로 급제하여 예문관의 검열·봉교, 성균관의 전적·직강을 거쳐 단양과 한산의 군수를 지냈습니다. 그 뒤 전라도 관찰사·도승지 등을 역임하고, 1527년에 홍문관 부제학을 거쳐 1529년 형조 판서가 되었으나 2년 뒤인 1531년 김안로(金安老)의 탄핵을 받아 삭직되어 서천군 이화동에 가서 다음해 정당대(政堂臺)를 짓고 날마다 낚시를 하고 지냈습니다. 1537년 김안로가 축출되자 예조 판서에 복직되었고 정적보복을 반대하여 더욱 민망을 얻었습니다. 시를 잘하여 남의 애송하는 바가 되었습니다. 충청남도 비인(庇仁)의 청절사(清節祠)에 제향되었습니다. 저서로는 『정당유고』 3권이 있습니다. 시호는 경안(景安)입니다.

다음은 신도비에 적혀있는 내용입니다.

세상을 다스리는 도구(道具)가 실제로 그때 어진 사람에게 맡겨졌다.
그런데 그 도구를 크게 쓰지 못했으니 때가 아직 되지 않아서 그런 것이다.
성인(聖人) 임금과 좋은 때를 만났으니 어찌하여 오래 살게 하지 않았는고.
공이 좋은 벼슬에 올랐으니 한 번 소리치자 하늘까지 올라가는 듯하구나.
재주는 정승감으로 길렀으니 어찌 집에 두고 나라의 녹을 먹었겠는가.
많은 덕(德)과 거룩한 명망(名望)을 갖추었고 큰 도량(度量)과 많은 사람을 포용

(包容)했구나.

계획은 크면서도 꾀와 역량(力量)은 깊고도 충실하였고.

이 일과 저 일을 계획하는 게 이치가 분명하여 사람들이 모두 복종(服從)했다.

칼을 휘두르는데 전혀 틈이 없어 대나무를 혀러 마디 쪼개 내려가는 것 같았다.

소인(小人)에게 배척받고서도 남쪽 바다 끝에 초연히 있었다.

머리는 희어지고 눈은 뿌옇게 어두워졌으니 어찌 자기 몸을 위해서냐.

상감의 명령이 빨리 오라고 부르시니 대궐(大闕)의 옥좌(玉座)가 환히 보이는구나.

봄 햇살 따뜻해 추위를 녹이니 온갖 물건들이 무럭무럭 자라나는구나.

예조 판서로 옮겨가니 옛날 맡았건 일이 다시 새롭고

그 자리는 할 일도 많이 쌓여서 아침 저녁으로 상감을 모시게 되었구나.

나라에서는 노성(老成)한 이를 존경하여 정승 자리가 빛나리라고 생각했다.

그러더 일 모두 허사가 되었으니 마치 꿈결같이 사라졌구나.

많은 보배를 다 사용하지 못했으니 선비들이 너무 아타까워 했다.

이 집에 많은 경사(慶事) 계속 겹치고 난초와 계수나무가 향기롭고 향기로워라

세운 업적이 대대로 전하니 후세(後世)에 잘될 것이 분명하다.

불암산 높은 곳에 산은 높고 물은 깊어.

비석(碑石)이 용(龍)의 머리같이 우뚝 솟았으니 그 덕음(德音)이 빛나고 빛나리.

스물여섯 번째 이야기

효심이 가득한 서삼릉 효릉(1545)

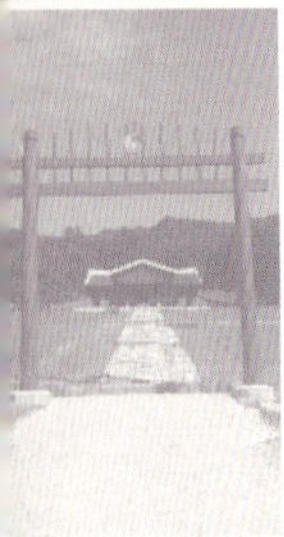

지정번호 세계문화유산, 사적 제200호
소 재 지 경기도 고양시 덕양구 원당동 산38-4

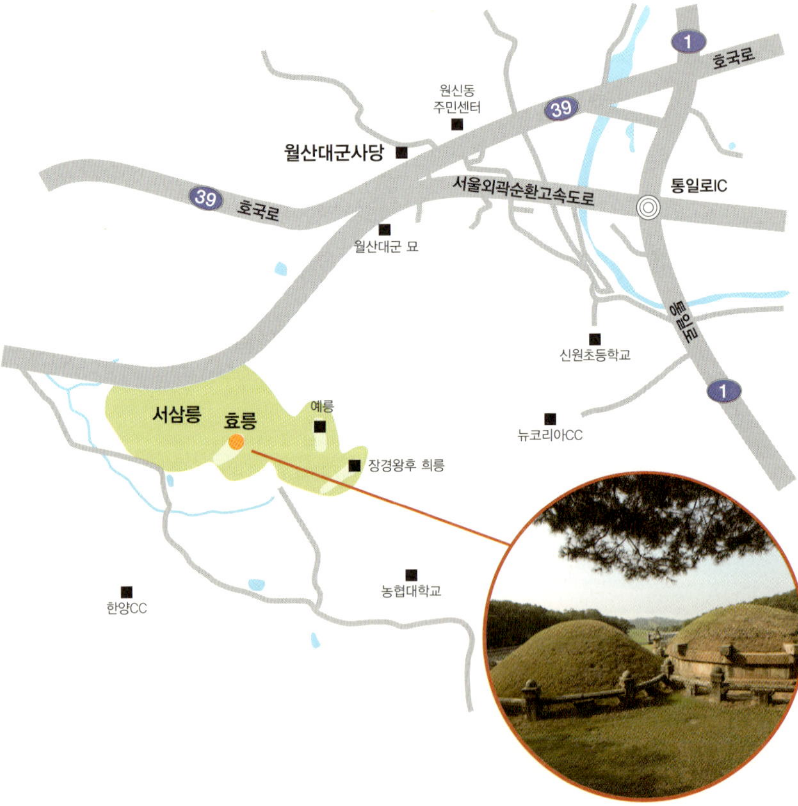
1
호국로
39
원신동
주민센터
월산대군사당
39
호국로
서울외곽순환고속도로
통일로IC
월산대군 묘
통일로
신원초등학교
1
서삼릉
효릉
예릉
장경왕후 희릉
뉴코리아CC
농협대학교
한양CC

1. 서삼릉

중종의 계비 장경왕후 윤씨의 희릉을 조성하면서 서삼릉의 역사가 시작됩니다. 중종의 정릉이 조성되었으나 서울 삼성동 선릉 곁으로 옮겨갔고, 희릉만 남게 됩니다. 후에 중종의 아들인 인종과 비 인성왕후 박씨의 효릉, 철종과 비 철인왕후 김씨의 예릉이 조성되어 서삼릉이라는 이름을 얻게 되는 것이죠. 그밖에 소경원·의령원·효창원 등 세자의 원(園) 3기와 폐비 윤씨의 회묘를 비롯한 45기의 묘가 조성되어 있습니다. 또한 일제시대에 전국에 흩어져 있던 조선왕실의 태를 모아 공동묘지처럼 만들어 놓은 '태실'도 서삼릉에 있답니다.

2. 효릉

12대 인종(1515~1545,31)과 인성왕후 박씨(1514~1577,64)의 쌍릉입니다. 인종은 효성이 지극하여 어머니인 장경왕후가 죽자 대왕대비인 정현왕후 윤씨(제9대 성종의 계비)를 더욱 섬겼으며, 아버지인 중종이 위독하자 반드

▲ 서삼릉 효릉

▲ 서삼릉 효릉 석양과 석호

시 면적 약의 맛을 보고, 겨울철인데도 목욕하고 분향하며 한데 서서 저녁부터 새벽까지 하늘에 빌 정도였다고 해요. 중종이 죽자 8개월만에 승하하였는데 부모의 곁에 묻어줄 것과 장사를 소박하게 해달라고 부탁하였습니다. 그래서일까요. 그의 능은 원래 병풍석이 없다가 인성왕후가 승하한 후 인종 곁에 묻히면서 현재 왕릉에서 볼 수 있는 병풍석을 둘렀다고 합니다. 효릉의 묘표는 다음과 같습니다.

〈앞면〉

朝鮮國

仁宗大王孝陵

仁聖王后祔左

〈뒷면〉

仁宗榮靖獻文懿武章肅欽孝大王正德十年乙亥二月二十五日誕生庚辰册封 王世子嘉靖二十三年甲辰年一月受禪乙巳七月朔日昇遐十月十五日葬于高陽 禧陵西岡艮坐之原在位八月壽三十一 皇朝賜諡榮靖

妃孝順恭懿仁聖王后朴氏正德九年甲戌十月朔日誕生嘉靖六年丁亥册封世子嬪甲辰進封 王妃萬曆五年丁丑十一月二十九日昇遐戊寅二月十五日葬與大王陵同原壽六十四

▲ 서삼릉 효릉

崇禎紀元後一百二十六年立

〈번역문 앞면〉
조선국 인종대왕 효릉
인성왕후 부좌

〈번역문 뒷면〉
　인종영정헌문의무장숙흠효대왕. 정덕 10년(1515) 을해 2월 25일 탄생.
경신(1520)에 왕세자로 책봉 가정 23년(1544) 갑신 11월에 임금자리를 물려
받았다. 을사(1545) 7월 삭일(朔日)에 승하하여 10월 15일에 고양 희릉 서쪽
간좌(艮坐)에 장사지냈다. 재위는 8월이며 수는 31세. 중국에서 영정(榮靖)
이란 시호를 내려주었다.
　왕비 효순 공의 인성왕후 박씨. 정덕 9년(1514) 갑술 10월 삭일에 탄생.

가정 6년(1527) 정해에 세자빈에 책봉되고 갑신(1544)에 왕비로 책봉되었다. 만력 5년(1577) 정축 11월 29일에 승하하여 무인(1578) 2월 15일에 대왕릉과 같은 곳에 장사지냈다. 수는 64세.

숭정 기원 후 126년(1753) 세움.

스물일곱 번째 이야기

이성군 이관 묘(1552)

지정번호 향토문화재 제4호
소 재 지 경기도 고양시 덕양구 대자동 산31

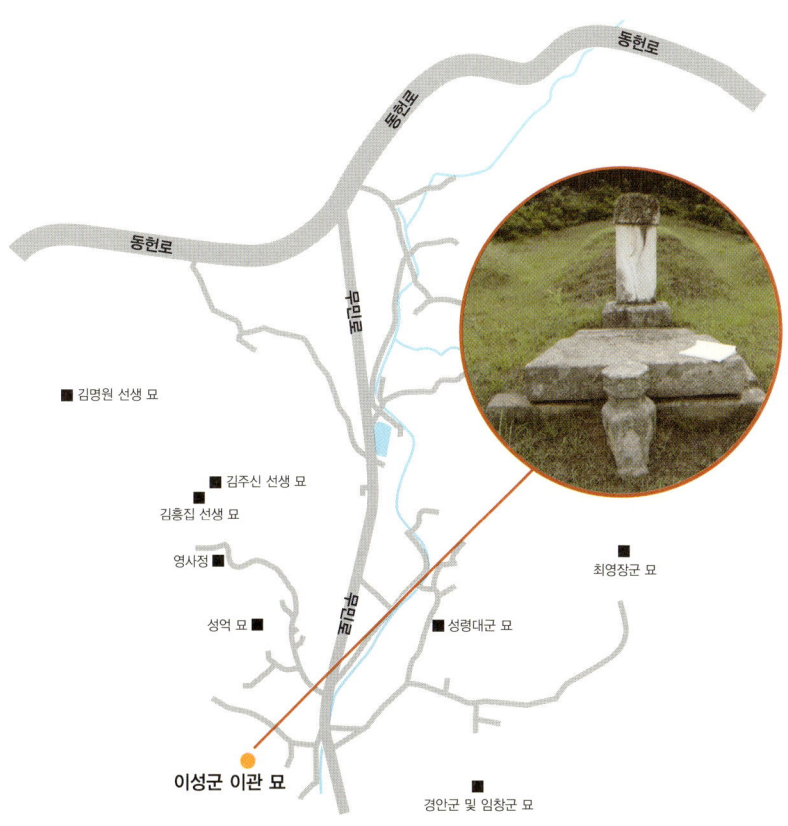

■ 김명원 선생 묘

■ 김주신 선생 묘
김흥집 선생 묘

영사정

최영장군 묘

성억 묘 ■

성령대군 묘

이성군 이관 묘

경안군 및 임창군 묘

이성군(利城君)의 묘는 대자동 대자골 마을 입구에 남동향으로 조성되어 있으며 이성군의 봉분을 중심으로 배 곤산군(昆山郡)부인 남평 문씨와 계비 풍산군(豊山郡) 부인 안동 권씨의 묘가 좌우에 있습니다. 3기의 봉분 앞에 각기 묘비가 세워져 있으며 봉분의 총 둘레는 17m에 이릅니다. 묘역의 석물로는 묘 앞 중앙에 상석, 장명등, 망주석, 문인석 등이 배치되어 있는데 조성 당시에 세워진 듯 원형이 비교적 잘 남아 있습니다. 장명등의 갓은 옛모습 그대로이나 몸체는 근래 만든 것입니다.

조선조 명종 11년(1556)에 세운 대리석의 묘비는 '왕자이성군 증시장평공지묘(王子利城君 贈諡章平公之墓)'라 쓰여져 있는데 장방형의 비좌에 정교하게 조각된 이수를 갖추고 있습니다. 뒷면의 비문은 정사룡(鄭士龍)이 짓고 송인(宋寅)이 글씨를 썼으며 한경우(韓景祐)가 전자를 썼는데 마모가 심하여 알아볼 수 없습니다. 비의 규모는 높이 170cm, 폭 65cm, 두께 15cm입니다.

이성군 이관은 조선 제9대 성종의 9째 아들로서 성종 20년(1489)에 출생하여 명종 7년(1552)에 사망하였습니다. 어머니는 숙용 심씨이며, 자는 공숙(公肅)입니다. 연산군 3년(1497) 이성군에 봉해지고 문소전, 연은전, 종부시, 사옹원 등의 도제조를 역임하였습니다. 명종 즉위년(1545)에 위사원종공신 1등이 되었습니다. 그림에도 매우 뛰어나 인종 원년(1545) 선왕의 초상화를 그릴 때에 이를 주관하였다고 합니다. 시호는 장평(章平)입니다.

이성군 묘 아래에 승헌대부(承憲大夫) 경양군(景陽君), 정의대부(正義大夫) 영평군(寧平君) 양위의 묘가 있고, 최근 묘역 입구에는 장평사(章平祠)를 건립하였습니다.

스물 여덟 번째 이야기

동자석이 멋진 박세영 선생 묘(1552)

지정번호 향토문화재 제19호
소 재 지 경기도 고양시 덕양구 오금동 산120

통일로IC

100 서울외곽순환고속도로

덕명교비

1

원신7통
마을회관

김지남 선생 묘 오금로

박세영 선생 묘

박대립 선생 묘

오금1통마을회관

강지 선생 묘

371

통일로

삼송초등학교

고양고등학교

삼송로

삼송역 **356** 삼송로

지축초등학교

삼송로

효자동
주민센터

은요로

▲ 박세영 선생 묘의 동자석

박세영선생묘(朴世瑩先生墓)는 덕양구 오금동에 남향하여 위치하고 있습니다. 봉분은 팔각묘(八角墓)로서 증정경부인 광주 김씨(光州金氏)와 합장되어 있습니다. 현재 봉분의 주위로는 화강석의 호석이 둘러져 있고 묘 앞 중앙으로 대리석 묘비와 상석, 향로석, 동자석이 있으며 그 좌우에는 문인석, 무인석이 각 1구씩 배치되어 있습니다. 묘 바로 앞에는 기록을 알아볼 수 없을 정도로 마멸된 묘표가 있는데 크기는 높이 120cm, 폭 50cm 두께 16cm입니다.

조선시대 분묘 전문가인 김우림 박사는 박세영선생묘를 두고 '현재 고양시에서 확인된 분묘중 최고의 석물적, 예술적 가치를 가지고 있다. 봉분을 중심으로 좌측에는 문인석이 있고 우측에는 무인석이 세워진 보기 드문 예로 가치가 높으며, 대리석 재질의 동자석도 당대 최고의 걸작품으로 여겨진다. 묘소 아래에 있는 신도비도 당대의 것으로 학이 비두에 제작되어 있는 우수한 신도비로 판단된다.' 며 극찬하였습니다.

신도비는 장방형의 비좌(碑座), 운문(雲文)과 학이 조각된 이수(螭首)를 갖추었으며 비신에는 '증좌찬성 박공 신도비명(贈左贊成朴公神道碑銘)'이란 전자와 '유명조선국 통훈대부돈녕부정 증숭록대부 의정부좌찬성 겸 판의금부사 박공신도비명 병서(有明朝鮮國通訓大夫敦寧府正贈崇錄大夫議政府左贊成兼判義禁府事朴公神道碑銘幷書)'라고 된 기록이 남겨져 있습니다. 선조 15년(1582) 12월에 세워진 이 비의 비문은 이제신(李濟臣)이 글을 짓고 남응운(南應雲)이 전을, 한호(韓護)가 글씨를 썼는데 글씨가 거의 마멸되어 해독하기 어려운 상태입니다. 비의 규모는 높이가 210cm, 폭 73cm, 두께는 24cm입니다.

박세영(朴世榮, 1480~1552)은 조선조 중기의 문신으로 자는 경인(景仁)이고 본관은 함양(咸陽)으로 좌찬성을 지낸 박대립(朴大立)의 아버지이며 돈령부정(敦寧府正)을 역임하였습니다. 아들의 명성으로 인하여 숭정대부(崇政大夫) 의정부 좌찬성에 증직(贈職)되었습니다.

스물아홉 번째 이야기

계원군 묘(1554)

지정번호 향토문화재 제3호
소 재 지 경기도 고양시 일산동구 성석동 산83-3

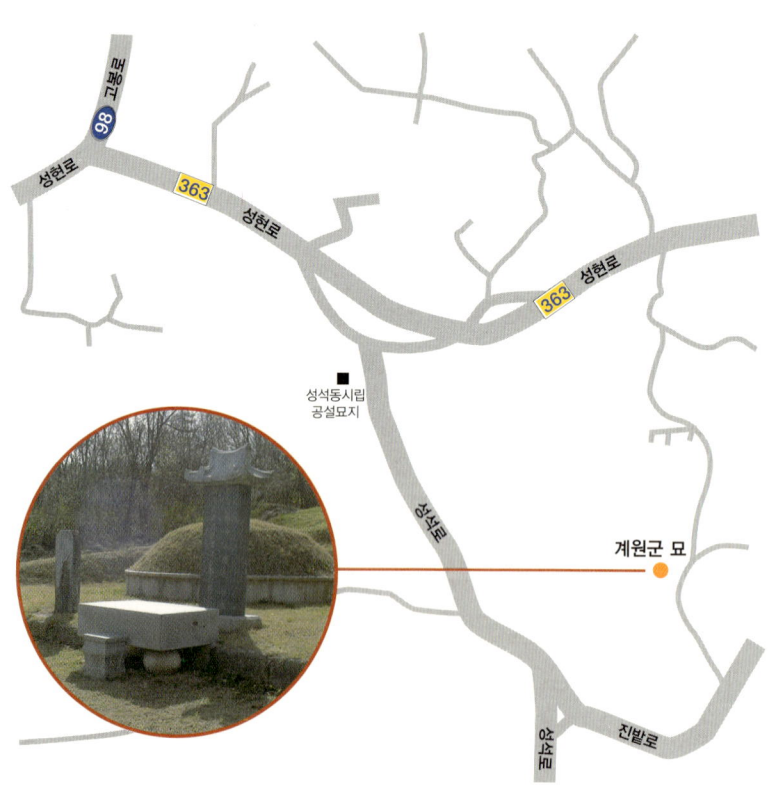

계원군 묘(桂原君 墓)는 일산동구 성석동에서 문봉동 방향으로 이어진 58번(성석로) 도로 진밭마을에서 오래골마을 방향에 여흥현부인 민씨와 쌍분을 이루어 남동향으로 조성되어 있습니다. 묘 앞에는 신구(新舊) 3기의 묘비와 상석, 장명등, 망주석, 문인석이 각각 배치되었습니다. 좌측의 흰 대리석 묘비 앞면에는 '숭헌대부 계원군의지묘(承獻大夫 桂原君犧之墓)'라고 새겨져 있습니다. 높이 121cm, 폭 45cm, 두께 15cm의 규모입니다. 중앙의 대리석으로 만든 새 비는 1977년 2월에 세운 것으로 화강암 옥개석과 장방형 비좌를 갖추고 있습니다.

신도비는 성석동 오래골 마을에 소재한 계원군 묘에서 산 아래 70여m 지점에 위치하고 있으며 장방형의 비좌 위에 흰 대리석 비신이 세워져 있는 형식입니다. 신도비는 선조 15년(1582)에 건립된 것으로 앞면에는 '장민공신도비명(長敏公神道碑銘)'이라고 전자(篆字)되었고 비문은 김계휘(金繼輝)가 글을 짓고 이충원(李忠元)이 글씨를 썼습니다. 대좌는 화강암 재질로 장방형의 모양인데 풍우로 인한 마모가 심한 상태입니다. 비신은 비좌에 꽂힌 형식이며 이수나 귀부는 보이지 않습니다. 신도비 바로 옆에 신축된 벽오재(碧梧齋)는 계원군의 사당으로 현판 글씨는 이범승(李範昇)이 썼습니다.

계원군(1469~1554년)의 자는 의지(犧之)입니다. 정종의 4세손으로, 아버지는 백성군 이원(李源)이고, 어머니는 인순부부승 송회(宋昕)의 딸입니다. 4세 때 이미 문자를 해득했고 일찍이 사서삼경에 통달한 학행으로 성종14년(1483) 계림부수에 제수되었습니다.

연산군 8년(1502) 종친시예에서 1등으로 합격하여 승자(昇資)되었습니다. 중종 11년(1516) 계원도정에 승진되었고, 1530년 정현왕후의 국장 후 학행이 있다하여 시릉종친이 되었습니다. 1531년 시릉의 노고로 정의대부에 오르면서 계원군에 봉작되었습니다. 1542년 종실명경자 친임강론시(宗室

明經者 親臨講論試)에서 우수한 성적으로 합격하고, 연로종친이라 하여 중의
대부에 승자되었습니다. 성품이 효우하여 홀어머니 봉양과 우애가 극진하
였으며, 뛰어난 재질로 학문과 후진교육에 매진하였습니다. 시호는 장민(長
敏)입니다. 신도비의 내용은 다음과 같습니다.

경서(經書)가 쓸쓸해지니 유자(儒者) 또한 연구하는 이 드물며,

스승의 길 시들어 가니 뉘라서 후학(後學)을 깨쳐줄까.

아름답도다! 가문(家門)에 이처럼 뛰어난 분이 계셔 오직 이에 능하셨네.

모든 종족 중에 뛰어나서 갖옷과 거마(車馬)로 질세라 장식(裝飾)하며

무리들이 문화(文化)에 익숙해지셔 가(歌)와 부(賦)로 베풀어 자랑하네.

우리 공(公) 같은 이 없으시니, 공경스러우며 경박(輕薄)하지 않으시네.

몸소 애써 배우셔서 소자(小子)들에게 베푸시니

소자(小子)들 빈빈(彬彬)하여 경(卿)이요 사(士)로다.

비록 지하인들 잊을 수 없거니

이에 단단한 옥(玉)들을 쳐다가 명(銘)을 써서 새기노라.

▲ 계원군 묘

서른번째 이야기

숭례문현판을 쓰다? 류진동 선생 묘(1561)

지정번호 향토문화재 제28호
소 재 지 경기도 고양시 덕양구 행신동 산106-8

류진동(柳辰仝) 선생 묘는 행신동 무원 마을 진주 류씨 묘역 공원 내에 남향으로 위치하고 있습니다. 대리석의 묘표에는 '자헌대부 공조판서 겸동지춘추관사 오위도총부총관 유진동묘(資憲大夫 工曹判書 兼同知春秋館事 伍衛都摠府摠管 柳辰仝墓)' 라 기록되어 있습니다. 비문 측면 내용에 의하면 이 비는 명종 17년(1562)에 세운 것입니다.

묘 아래 50m 지점에는 비각을 세워 보존하고 있는 명종 18년(1563)에 건립된 신도비가 있는데 옥개석이 건조되어 있습니다. 비문은 홍섬이 짓고 송인이 썼습니다. 대좌와 옥개석은 모두 화강석이나 마모가 심하여 네 모서리가 직선인 본래의 선을 잃고 곡선으로 변하였습니다. 비신을 꽂은 비좌는 석회석으로 복구한 흔적이 뚜렷이 남아 있습니다. 비신은 백대리석으로 뒷면은 비문을 볼 수 있으나 앞면은 전자까지도 쉽게 알아볼 수 없을 정도로 마모가 심하게 진행되었습니다.

유진동은 조선조 중기의 문신으로 연산군 3년(1497)에 출생하여 명종 16년(1561)에 사망했습니다. 자는 숙춘(叔春), 호는 죽당(竹堂), 본관은 진주로

▲ 류진동 선생 묘

유한평(柳漢平)의 아들입니다. 중종 17년(1522) 사마시를 거쳐 1531년 식년 문과에 병과로 급제하였습니다. 중종 33년(1538) 정언을 지냈으며 이어 지평, 교리, 장령을 두루 역임한 후 중종 38년(1543)에 부제학에 올랐습니다. 전라, 경기, 평안도의 외직을 맡고 명종 5년 성절사(聖節使)로 명나라에 다녀왔습니다. 4년 뒤 대사헌의 탄핵을 받아 파직되었으나 이때 경연에서 주역을 강의하게 되었는데 그가 적임자라 하여 경연관으로 다시 기용되었습니다. 이어 공조 판서에 이르렀고 명종 14년(1559) 도총관을 겸임하고 이어 중추부사가 되었습니다. 문사에 뛰어났으며 글씨와 그림에도 뛰어났다고 합니다. 일설에는 남대문의 현판 '숭례문(崇禮門)'을 썼다는 이야기도 전해오고 있습니다. 시호는 정민(貞敏)입니다.

서른 한번 째 이야기

고양의 대표적인 성리학자

정지운 선생 묘(1561)

지정번호 향토문화재 제11호
소 재 지 경기도 고양시 일산동구 중산동 산172-12

정지운 선생 묘(鄭之雲 先生 墓)는 일산동구 중산(中山) 마을 고봉산 남쪽 기슭에 위치하고 있으며 배(配) 정부인(貞夫人) 충주 안씨(忠州 安氏)의 묘와 쌍분을 이루고 있습니다. 묘 앞에는 모두 3기(基)의 묘비와 상석, 향로석, 그 좌우에는 망주석, 문인석을 각각 설치했습니다.

명종 17년(1562) 5월에 건립한 묘갈(墓碣)에는 '추만거사정지운지묘(秋巒居士鄭之雲之墓)' 라 새겨져 있는데 비문은 퇴계 이황(李滉)이 짓고 송인(宋寅)이 썼다고 합니다. 비의 규모는 높이가 157cm, 폭 61cm, 두께 32cm입니다. 1981년 2월에 건립한 2기의 묘비는 대리석 비신에 화강암 이수를 갖추고 있습니다.

정지운은 조선시대 중기 고양이 낳은 대표적인 성리학자로서 고양 8현 중의 한사람입니다. 중종 4년(1509)에 출생하여 명종 6년(1561)에 돌아가셨습니다. 자는 정이(靜而)며 호는 추만(秋巒)입니다. 본관은 경주(慶州)로서 인필(仁弼)의 아들입니다.

20세에 아버지를 여의고 23세에 어머니상을 당하여 지극한 효심으로 예를 다하였으며, 스승 김정국이 죽은 뒤 심상(心喪) 3년을 지냈습니다. 그는

▲ 정지운 선생 묘

▲ 정지운 선생 묘비

집이 너무 가난하여 끼니를 걸러도 개의치 않았으며, 마음이 바르고 악을 매우 미워하는 성격이었다고 합니다.

일찍이 모재(募齋) 김안국(金安國)과 사재(思齋) 김정국(金正國)의 문하에서 학문에 힘써 성리학을 깊게 연구하였습니다. 성리학의 대가로서 일찍이 [천명도설(天命圖說)]을 저술하여 조화의 이치를 규명한 뒤에 한성에서 퇴계를 만나 수정을 받았습니다. 이것은 훗날 사칠논쟁(四七論爭)의 발단이 된 중요한 학설인데 이 천명도설의 진본(眞本)은 일본에 있으며 우리나라에서는 단지 마이크로 필름화한 것이 국립중앙도서관에 보관되어 있을 뿐입니다.

정지운은 주희의 성리론을 한층 심화시켜 '사단(四端)은 리(理)에서 발(發)하고 칠정(七情)은 기(氣)에서 발한다.'고 주장하며 사단은 리에 그리고 칠정은 기에 배분하여 설명하였다고 합니다. 고양의 문봉서원(文峰書院)에 제향(祭享)되었습니다.

서른두번째 이야기

강지 선생 묘(1581)

지정번호 향토문화재 제27호
소 재 지 경기도 고양시 덕양구 오금동 산79-1

강지(姜漬) 선생 묘는 오금동 하촌마을에서 상촌마을로 이어진 마을길 우측에 위치합니다. 전해지는 이야기에 따르면 세조 때 이곳으로 묘소가 옮겨졌다고 하며 전란 등으로 찾지 못하다가 1749년 11세손 필복(必復)의 지성으로 다시 찾았고 1756년에 옛 비가 훼손되어 다시 세웠다고 전합니다. 봉분 옆으로 1959년 봄에 세운 오석의 신도비가 있으며 비문에는 '김윤동 찬 병서(金潤東贊幷書)'로 되어 있습니다. 묘에 세워져 있는 비에는 '정국공신 영선군 강지묘(靖國功臣 永善君 姜漬墓)'라 기록되어 있습니다. 당대에 세워진 석물로는 문인석과 망주석이 있으며 사자 2마리가 받치고 있는 장명등 등은 후대에 건립된 것으로 보입니다.

강지는 조선 전기의 무신으로 단종 원년(1453)에 출생하여 중종 12년(1517) 6월 30일에 사망하였습니다. 자는 덕윤(德潤), 호는 모암(慕庵)이며 영선군(永善君)에 봉해졌고 본관은 진주(晋州)입니다. 통계공(通溪公) 회중(淮中)의 증손으로 지혜와 용기를 겸비한 절충장군(折衝將軍)이며 죽은 후 국왕으로부터 예장(禮葬)의 은덕(恩德)을 입었습니다. 시호는 소청(昭清)입니다.

▲ 강지 선생 묘와 묘비

서른세 번째 이야기

이지신 선생 묘(1581)

지정번호 향토문화재 제16호
소 재 지 경기도 고양시 덕양구 향동동 270-4

화전역
덕양중학교
한국항공
대학교
수색로
민순 선생 묘
제2자유로 **357**
이지신 선생 묘
대덕동
주민센터
국방대학교
가양대로
난지천공원

▲ 이지신 선생 묘 신도비

이지신(李之信)묘는 향동동에 서남향으로 위치하며 봉분은 하나로 되어 있습니다. 묘 앞 중앙에는 묘비가 있으나 도괴(倒壞)되어 있습니다. 묘소에는 상석, 향로석, 그리고 좌우에는 문인석, 망주석이 각각 배치되어 있습니다. 도괴된 묘비에는 '황해도 관찰사 이공지신묘(黃海道觀察使李公之信墓)'라 각자(刻字) 되었으며 규모는 높이 110cm, 폭 49cm, 두께 18cm입니다.

묘소 앞 150m 지점 아래에 위치한 화강암 신도비는 현종3년(1662)에 건립되었습니다. 장방형의 비좌와 팔각 지붕형의 옥개를 갖추었고 비신의 규모는 높이가 203cm, 폭 94cm, 두께 44cm입니다. 앞면에는 '황해도 관찰사 증이조판서 이공신도비(黃海道觀察使贈吏曹判書李公神道碑)'라 전자되어 있습니다. 크기는 높이 210cm이며 폭 100cm, 두께 60cm이며 비문은 송시열(宋時烈)이 짓고 민진후(閔鎭厚)가 썼으며 전(篆)은 김진규(金鎭圭)가 하였습니다.

이지신(李之信)은 조선(朝鮮)중기의 문신으로 중종(中宗) 7년(1512)에 출생하여 선조(宣祖) 14년(1581)에 돌아갔습니다. 자(字)는 원립(元立)이며 호(號)는 보진암(?眞菴)입니다. 본관(本貫)은 우봉(牛峯)으로 판서(判書) 승건(承健)의 손자이며 심(諶)의 아들입니다. 중종(中宗) 26년(1531) 진사(進士)가 되고 3년 후 식년문과(式年文科)에 을과(乙科)로 급제하였습니다. 승정원정자(承政院正字)를 거쳐 명종(明宗) 5년(1550) 전적(典籍)으로 춘추관기사관(春秋館記事官)을 겸하여 중종실록(中宗實錄) 편찬에 참여했습니다. 성주

(星州)에 기근이 들었을 때 특명(特命)으로 목사(牧使)가 되어 백성의 진휼(賑恤)에 힘썼으며 그 뒤 호조(戶曹)·예조참의(禮曹參議), 황해도관찰사(黃海道觀察使), 판결사(判決事) 등을 역임하였습니다. 첨지중추부사(僉知中樞府事)로 치사(致事)하였습니다.

서른네번째 이야기

영월장릉을 조성하다. 박충원 선생 묘(1581)

지정번호 향토문화재 제26호
소 재 지 경기도 고양시 덕양구 주교동 산26-1

박충원 묘(朴忠元 墓)는 덕양구 주교동 고양시청 뒤편 밀양박씨묘역 내에 위치합니다. 묘소에는 묘표, 상석, 장명등 및 동자석과 문인석 각 1쌍이 있습니다. 정경부인 성산 이씨(星山 李氏)의 묘와 쌍분을 이루고 있습니다.

신도비는 묘소 입구에 세워져 있습니다. 광해군 9년(1617) 2월에 건립된 구 신도비는 대리석으로 되었으며 규모는 높이가 180cm, 높이 56cm, 두께가 27.2cm입니다.

비문은 유근이 지었고 글씨는 김현성이 썼으며 전은 박희현이 하였습니다. 그리고 오석의 새로 세운 신도비는 정조 19년(1795) 1월에 세운 것으로서 이수의 두부와 귀부를 갖추고 있습니다. 화강암 재질의 대좌는 풍우에 의한 부식으로 인해 무늬의 흔적만을 볼 수 있을 정도이며 대리석 재질의 비신 역시 마모가 심한 편입니다. 특히 전면의 비문은 거의 알아볼 수 없을 정도로 마모가 심합니다. 비의 전면 윗부분의 전서에는 '이조 판서 밀원군' 그리고 후면에는 '박공신도비'가 새겨져 있습니다.

박충원은 조선 시대 중기의 문신으로 중종 2년(1507)에 출생하여 선조 14년(1581)에 돌아갔습니다. 자는 중초이며 호는 낙촌, 본관은 밀양입니다. 고양팔현의 한 사람인 복재 기준의 문하에서 학문을 닦았습니다. 중종 26년(1531) 문과에 급제하여 정자가 되고 그 후 교리를 거쳐 영월군수, 춘추관 편수관, 성천부사 등의 내외직을 역임하였습니다. 이후 문과중시에 급제하고 사가독서를 하였습니다. 1545년 성균관 대사성을 거쳐 도승지, 대사헌 등을 지내고 명종 8년(1553) 성절사로 명나라에 다녀왔습니다. 명종 21년(1566)에 이황의 뒤를 이어 양관의 대제학을 지냈습니다. 탄핵으로 이조 판서의 자리에서 물러나기도 했으나 다시 이조 판서, 지중추부사를 지내고 밀원군에 봉해졌습니다. 선조 5년(1570) 세자 좌빈객과 우빈객에 이르렀으며 선조 14년(1581)에 돌아갔습니다. 시호는 문경공이며 저서로는 「낙촌박선생유

▲ 박충원 묘

고」 등이 있습니다.

그는 특히 영월군수로 재직 당시 단종의 현신과 화답하고 단종의 묘역을 장릉으로 천장하였는데, 그 내용이 신도비에 다음과 같이 전해옵니다.

단종이 임금 자리를 물려주고 동쪽으로 갔다가 얼마 후 후명이 있어 돌아가시니, 백성들이 모두 그 일을 슬퍼하였지만 장자조차도 제대로 지내지 못하였다. 오직 그 고을의 아전이었던 엄흥도가 밤중에 몰래 시신을 등에 지고 가서 깊은 골짜기에 묻어 주었다. 그러다가 엄흥도가 죽자 끝내 단종이 묻힌 곳을 알 수가 없게 되었다. 그 후로 이곳에 부임해 온 수령 7명이 계속해서 갑자기 죽는 일이 발생하였다. 명종 때에 낙촌 박충원 선생이 간사한 무리들에게 배척을 당하여 태학에서 이 고을로 오게 되었다. 그러자 「죽고 사는 것은 하늘의 명에 달려 있다.」하고, 옷을 단정히 입고 바른 자세로 앉아 촛불을 밝힌 채 아침이 오기를 기다렸다. 그 때 꿈인지 생시인지 하는 어렴풋한 사이에 사자가 나타나 선생을 수목이 무성히 덮여 있는 곳으로 데리고 갔다. 그 곳에는 단정한 옷차림을 한 여섯 명의 선비가 빙 둘러 서 있었다. 한 사람이 말하기를, 「이 사람은 충성스럽고 덕이 두터운 어른이니 용서하고 돌려보내는 것이 옳겠습니다.」라고 하였다.

그러자 어떤 사람이 박충원 공의 손을 붙잡고 말하기를, 「나는 박팽년이라고 한다. 우리 임금께서 이곳에 묻혀 계신데 나무꾼이 함부로 들어와서 나무를 할 뿐만 아니라 돌보는 사람 하나 없으니 그대가 잘 가꾸어서 우리 임금의 원한을 풀어주시오.」하는 것이었다. 박충원 선생이 꿈에서 깨자마자 수레를 탈 겨를도 없이 한걸음에 달려가 그 곳을 살펴보니 과연 초목이 어지럽고 잡초가 무성한 것이 꿈속에 본 광경과 같았다. 선생은 눈물을 흘리며 곧 무성한 잡초를 베어 내고 그 무덤의 봉분을 만들고 주위에 터를 닦고 소나무와 회나무를 심었다. 그리고는 제문을 손수 지었다.

왕실의 맏아들이며 어리신 임금께서
불운의 명을 만나 외진 이곳으로 쫓겨나셨네.
작은 이 청산에 계신 만고에 원통한 혼이시여
부디 강림하시어 이 음식을 흠향하소서.

마침내 묘지기를 두고 해마다 제사를 드리니 그 고을의 재앙이 이 때부터 그쳤다고 한다.

박충원선생의 후손되시면서 문화유산을 연구하고 계신 박종서선생님은 제 페이스북에 다음과 같은 글을 남기셨습니다.

낙촌선생은 이황선생의 뒤를 이어 양관의 대제학에 제수되었지만, 대학자의 뒤를 이어 대제학을 한다는 것이 무척 부담스러웠던 것 같습니다. 그래서 사양을 하였습니다. 그러자 명종은 "대제학병조판서박충원"이라는 친필 휘호를 하사하며, 대제학의 자격이 충분하니 사양치 말라했습니다. 그리고 얼마전 제주도문화유적사

업소에서 '영해창수록'이라는 책이 출판되었습니다. 창수라는 것은 서로 시를 주고받는 것을 말하며, '영해'를 사이에 두고 영월군수 낙촌선생과 제주목사 조사신선생이 주고받은 시를 수록한 책으로 얼마전에 번역되어 나왔습니다. 조사신선생 또한 당대 최고의 청백리로 유명하신 분입니다.

장릉과 관련된 이야기는 예전에 코미디의 소재로 많이 이용되었지요. 그리고 최초의 서원인 백운동서원을 세운 풍기군수 주세붕은 영해를 사이에 두고 태백산과 한라산의 두 신선이 시를 주고받는다고 표현하셨대요.

서른다섯 번째 이야기

쌍가마의 동자석, 박대립 선생 묘(1584)

지정번호 향토문화재 제19호
소 재 지 경기도 고양시 덕양구 오금동 산121

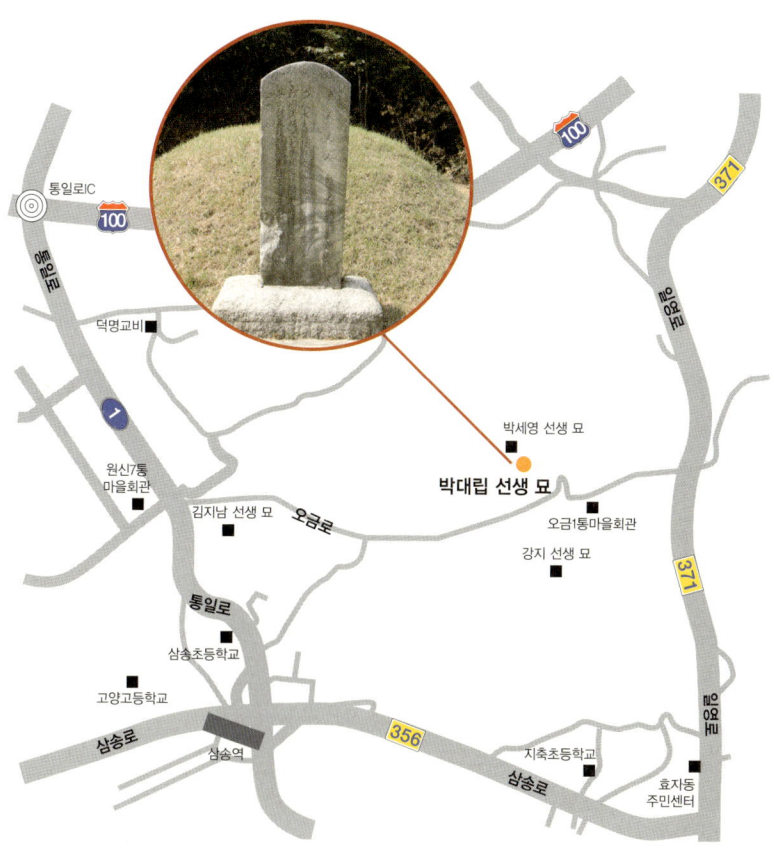

박대립(朴大立)선생 묘는 오금동에 남향으로 정경부인(貞敬夫人) 장수 황씨(長水黃氏)의 묘와 합장되어 있습니다. 묘 앞 중앙에는 대리석의 묘비와 상석, 향로석, 동자석 그리고 좌우에는 문인석, 망주석이 각각 배치되어 있어 조선시대 사대부의 묘제를 잘 따르고 있습니다.

숙종 18년 (1692)에 입석(立石)한 신도비는 팔각 지붕형태의 옥개와 운문이 조각된 장방형의 비좌를 갖추었습니다. 비문은 이정귀(李廷龜)가 글을 짓고 권규(權珪)가 전을, 5대손 경후(慶後)가 글을 썼습니다. 비의 대좌와 옥개는 양질의 화강암으로 보존 상태가 대체로 양호합니다. 백대리석의 비신은 마모가 심하여 비문의 판독이 쉽지 않은 상태입니다. 뒷면에는 비의 중간 부분에서 밑까지 모두 여덟 줄의 글이 새겨져 있으며 앞면의 전서에는 '증영의정 박공신도비명'이라 새겨져 있습니다.

박대립(朴大立)은 1512년(중종 7)~1584년(선조 17)에 살았던 조선 중기의 문신입니다. 본관은 함양(咸陽). 자는 수백(守伯), 호는 무환(無患) 혹은 무위당(無違堂)이며, 돈령부정(敦寧府正) 세영(世榮)의 아들입니다. 아버지의

▲ 박대립 선생 묘

묘소 바로 아래에 본인의 묘소가 있어요.

이황(李滉)의 문인으로 1540년 식년문과에 병과로 급제, 예문관검열 · 양주교수(楊州教授) · 봉상시참봉(奉常寺參奉)을 거쳐 형조좌랑에 승진하였습니다.

이때 정실관계로 수십년 묵은 송사(訟事)를 판서에게 항변하여 종결지음으로써 명성을 얻었습니다. 영의정 심연원(沈連源)의 추천으로 지평(持平)이 되었고, 1567년(선조 즉위) 동지사(冬至使)의 서장관으로 명나라에 다녀왔으며, 이듬해 부제학이 되었습니다.

그뒤 대사간 · 함경도관찰사 · 대사헌 · 동지경연사(同知經筵事) · 개성부유수(開城府留守) 등을 역임하였습니다. 1579년 이조참판에서 형조판서에 특진, 이조판서 · 지중추부사(知中樞府事) · 우참찬 · 호조판서

▲ 박대립 선생 묘의 동자석

를 차례로 역임하고 우찬성이 되었습니다. 1582년 판의금부사(判義禁府事)를 겸임하였고, 이어 판돈령부사(判敦寧府事)를 지낸 뒤 다시 우찬성을 거쳐 좌찬성이 되었습니다.

기품이 장중하고 의지가 확고하였으며, 효도와 우애가 독실하고 가법이 엄정하셨다고 합니다. 또한, 검소하여 청빈하게 살았으며 남을 돕기에 힘썼다고 하네요.

고양시
문화유산
조선시대

서른여섯 번째 이야기

한석봉의 비문, 기응세 선생 묘(1585)

지정번호 향토문화재 제23호
소 재 지 경기도 고양시 덕양구 성사동 산48

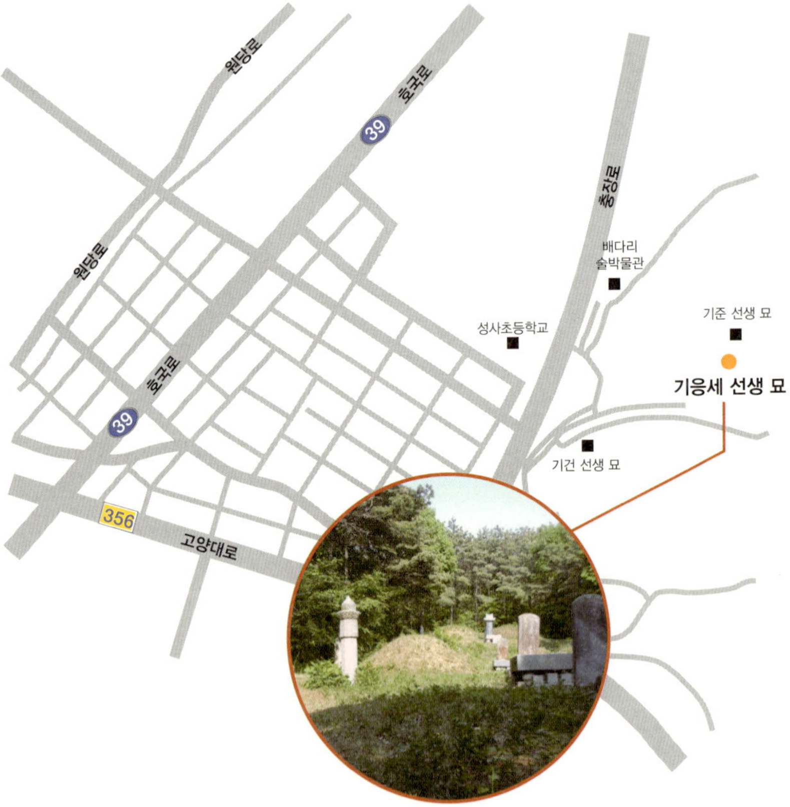

원당로
호국로
39
충장로
배다리
술박물관
원당로
성사초등학교
기준 선생 묘
호국로
기응세 선생 묘
39
기건 선생 묘
356
고양대로

기응세선생묘(奇應世先生墓)는 성사동 사근절 마을에 위치하며 선산임씨(善山林氏)와 쌍분으로 되어 있습니다. 봉분 바로 앞의 대리석 묘비는 선조 19년(1586)에 세운 것으로 높이 120cm, 너비 40cm, 두께 18cm의 규모입니다. 묘비 앞쪽에는 장명등의 옥개석만이 도궤된 채 남아있습니다. 묘 앞에는 2기의 묘비와 상석, 향로석 그리고 좌우에 망주석, 문인석 각 1쌍씩 배치되어 있구요. 좌·우의 문인석은 얼굴표정이 독특하고 세밀히 조각되어 그 가치가 높은 것으로 여겨집니다.

성사동 사근절이 마을 기응세 묘소 앞에 위치한 묘갈은 선조 39년(1606) 여름에 세워진 것입니다. 대리석으로 된 비의 비문은 신숙이 찬하고 글씨는 중국의 주지번이 썼고 세서는 석봉 한호가 썼습니다. 묘갈의 대좌는 화강석인데 부식과 마모가 심하여 앞면은 양회석으로 복원하였습니다. 비신의 본문 내용은 워낙 글씨가 작고 많아 판독하기 어려운 상태이지만 앞면의 건립년대와 저자는 뚜렷하게 남아 있습니다.

기응세(1539~1585)는 조선 시대 중기의 문신·효자로서 자는 경우(景遇), 고양팔현의 한 사람인 복재 기준(服齋 奇遵)의 손자이며 한성판윤 기대항(奇大恒)의 아들이며 영의정 기자헌(奇自獻)의 아버지로 본관은 행주(幸州)입니다. 평소 효행이 있어 조선 선조 조에 정려를 내렸고 삼강록에 책록되었다고 해요.

▲ 기응세 선생 묘

먹공장에서 감사패를 드려야할 분이셨다고.

민순 선생 묘(1591)

지정번호 향토문화재 제8호
소 재 지 경기도 고양시 덕양구 현천동 산33-2

민순(閔純) 선생 묘는 덕양구 현천동 거무내 마을에 위치하고 있으며 배(配) 숙인 평양조씨(淑人平壤趙氏)와 숙인 전주 이씨(淑人全州李氏)가 함께 3기(基)의 봉분이 나란히 자리 잡고 있습니다. 민순의 봉분 앞에는 '통훈대부 통례원 우통례 습정선생 민공지묘(通訓大夫通禮院右通禮習靜先生閔公之墓)'라고 쓰여진 묘비가 있으며 우측에 오석(烏石)의 묘표(墓表)가 1983년 9월 18일 종중(宗中)에 의해 건립되었습니다.

묘 앞에는 석물로 망주석, 상석, 향로석이 갖추어져 있습니다. 묘소에서 50m 아래에 있는 비의 비문은 문인(門人) 홍가신(洪可臣)이 짓고 글씨는 김현성(金玄成)이 썼으며 전자(篆字)는 노직(盧稷)이 썼습니다. 흰 대리석으로 된 이 비의 규모는 높이가 220cm, 폭80cm, 두께 25cm입니다.

묘갈명(墓碣銘)에는 '습정선생 민공묘갈명(習靜先生閔公墓碣銘)'이라는 전자(篆字)만 확인될 뿐 비문은 판독하기 어려울 정도로 마멸이 심합니다.

민순은 조선 중기의 학자로 문봉서원(文峰書院)에 제향된 고양팔현(高陽八賢)의 한 사람입니다. 중종 14년(1519)에 출생하여 선조 24년(1591)에 돌아가셨습니다. 자는 경초(景初), 호는 행촌(杏村), 또는 습정(習靜)으로 본관은 여흥(驪興)입니다. 처음에는 낙봉 신광한(申光漢)에게 글을 배운 뒤 화담 서경덕을 찾아가 그의 문인(門人)이 되었습니다. 향시(鄕試)에 장원을 하였으며 선조 초 효행으로 조정에 알려져 효릉 참봉(孝陵參奉)으로 발탁되었습니다. 그 뒤 전생서주부(典牲署主簿)로 특진되고 형조·공조의 좌랑(佐郞)을 거쳐 토산현감(兔山縣監)으로 있다가 사직하였습니다. 그러나 곧 조정의 부름으로 사헌부지평(司憲府持平)이 되었습니다. 이 때 마침 인순왕후(仁順王后)의 상례(喪禮)가 있었는데 예관(禮官)들이 오모흑대(烏帽黑帶)로 상복을 정하자 상소하여 송나라 효종의 백모삼년(白帽三年)의 제도를 준수하도록 건의하여 실시케 했으며 그 뒤 용강현령(龍岡縣令), 청풍군수(淸風郡守)

▲ 민순 선생 묘

로 외직을 받은 후 사헌부 장령(司憲府掌令)을 역임하고 수안군수(遂安郡守)로 나가 선정(善政)을 베풀고 그 덕망을 내외에 떨쳤다고 합니다. 그 뒤 공조정랑(工曹正郎), 예빈시정(禮賓寺正), 통례원 예통(通禮院禮通) 등에 임명 되었으나 학문에 정진할 수 없다하여 모두 사퇴하고 향리에서 후진 교육과 학문 연구에만 전심하였습니다. 특히 어버이에 대한 효성이 지극하여 장사랑공(將仕郎公)이 창병(瘡病)을 앓자 밤낮으로 간호하며 곁을 떠나지 않았으며 상을 당하여 예를 준수하므로 보는 이마다 감동하여 시복(試服)하였다고 합니다. 75세를 일기로 행주리(杏州里) 자택에서 돌아갔으며 개성의 화곡서원(花谷書院)과 고양(高陽) 문봉서원(文峯書院)에 제향되었습니다. 저서로는 [행촌집(杏村集)]이 있습니다.

지명유래

현천(玄川)이란 지명은 이 마을에 살던 행촌 민순 선생이 가난하여 나뭇잎에 글씨 연습을 하곤 하였는데, 그 연습분량이 워낙 많아 봄에 눈이 녹을 때나 여름철 장마 때면 마을 개울이 검게 물들었다고 하여 붙여진 이름입니다. 현천은 우리말로 검은 내로 부르다가 쉬운 발음으로 가무네, 가무내, 거무내 등으로 변화하였으며 먹물이 흐르는 골짜기라 하여 먹골이라 부르기도 하였습니다.

서른여덟 번째 이야기

그의 말에 귀를 기울였다면 임진왜란은 없었을 수도.

황윤길 묘(1592)

/ 지정번호 향토문화재 제55호
  소 재 지 경기도 고양시 덕양구 지축동 72-15

황윤길(黃允吉, 1536~1592) 묘는 은평뉴타운의 서쪽 군부대 내에 위치합니다. 지금은 일반인들이 쉽게 들어갈 수 없는 곳이지만 원래 이곳은 장수 황씨의 선산이었답니다.

황윤길은 1592년에 사망하였는데, 당시가 임진왜란 때였습니다. 워낙 세상이 뒤숭숭하던 때라 묘의(墓儀)를 제대로 갖추지 못하고 상석(床石)과 문인석(文人石), 묘갈(墓碣)만을 설치하였으나 묘갈은 도난당했습니다. 봉분(封墳)과 문인석, 상석이 남아있는데, 석물로 보자면 정말 훌륭한 묘소가 많은 고양시에서 그리 대단한 편은 아닙니다. 그런데 왜 이 무덤이 향토문화재로 지정된 것일까요? 그 이유는 바로 이 무덤에 남아있는 역사성 때문입니다. 한번 살펴볼까요?

황윤길은 임진왜란 직전인 1590년(宣祖23年) 통신사 정사(通信使 正使)로 일본에 파견되어 적정을 면밀히 파악하고 다음해 귀국하여 일본의 침략이 임박하였음을 보고하고 시급히 대비책을 강구할 것을 건의하였습니다. 하지만 부사(副使)로 갔던 김성일(金誠一)은 유독 이를 부인하고 결코 침략이 없을 것이라고 장담하며 황윤길(黃允吉)의 언동은 국민을 불안하게 하는 것

▲ 황윤길 묘

이라고 주장했지요. 당시 집권세력인 유성룡(柳成龍)등은 김성일(金誠一)의 의견을 채택하고 황윤길을 내친 채 대비를 등한히 하였습니다.

황윤길과 김성일은 일본의 움직임이 심상치 않음을 느낀 조선에서 보낸 통신사로서 함께 일본에 다녀왔습니다. 그런데 두 사람의 의견은 완전히 틀렸던 것이지요. 왜 그랬을까요? 그 이유를 한번 생각해보겠습니다.

당시 조선의 조정은 동인(東人)세력이 정권을 잡고 있었습니다. 요즘으로 치자면 여당이었죠. 게다가 핵심인물인 유성룡과 김성일은 퇴계의 수재자들로서 막역한 사이였습니다. 유성룡이 김성일의 의견을 받아들이는 것은 당시의 정황으로 봤을 때 어쩌면 당연한 것이라 할 수 있지요. 하지만 유성룡도 일본이 침략하지 못할 것이라는 김성일의 의견에 의구심을 가졌습니다. 그래서 김성일에게 다음과 같이 물어보았지요.

"그대가 황윤길의 말과 고의로 다르게 말하는데, 후일 병화가 있다면 어떻게 하려고 하느냐?"

김성일은 이렇게 대답합니다.

"나도 어찌 왜적이 침입하지 않을 것이라 단정하겠습니까? 다만, 온 나라가 불안에 휩싸일까봐 그런 것입니다."

사실 왜가 조선을 침략할 것이라는 소문은 임진왜란이 일어나기 훨씬 전부터 있어 왔습니다. 당시 일본은 피비린내나는 전국시대를 마치고 막 통일된 시기였습니다. 오랜 전쟁으로 잘 훈련된 군사들은 쿠테타로 일본을 통일한 '도요토미 히데요시' 막부를 공격할 수 있는 위험성을 가지고 있었죠. 머리가 좋았던 '토요토미 히데요시'는 그들의 눈을 조선으로 돌리게 합니다. 조선을 함께 정복하자는 꿈을 심어준 것이죠. 더불어 그들에게 일자리를 제공하기도 하고 말입니다. 율곡 이이는 이를 염려하여 '10만 양병설'을 주장하기도 했다고 합니다. 하지만 이이 역시 야당인 서인세력이었지요. 황윤길의 의견과 마찬가지로 조정은 그의 의견을 받아들이지 않습니다.

결국 여당이었던 동인세력은 일본이 침략할 것이라는 서인(西人)세력 황윤길의 의견을 거부하게 됩니다. 일본이 침략할 수도 있지만 자신들이 정권을 잡고 있던 조선의 동요가 싫었겠지요. 운이 좋다면 일본이 침략하지 않을 수도 있으니까 말입니다. 사실 동인세력에서 주장한 바와 같이 동요가 일어나지 않도록 정비하고 전쟁을 준비했다면 임진왜란의 피해를 줄일 수도 있었습니다. 하지만 결과적으로 보았을 때, 제대로 전쟁준비를 하지 않았고 결국 조선은 엄청난 피해를 입고 말았죠.

조선은 다음해인 1592년 왜적의 대거 침략에 속수무책이 되어 부산상륙 20일 만에 서울이 함락되고 그 후 7년간 전국이 왜적에게 유린되어 나라가 초토화되는 임진정유왜란(壬辰丁酉倭亂)의 참화를 겪게 되었습니다. 당장의 이해득실에 눈이 어두워 불과 1년 뒤의 참상을 보지 못한 것이죠.

선조대왕은 전년 일을 후회하고 황윤길을 병조판서를 특배하였습니다. 그러나 부임치 못하고 별세하여 당질 황즙(黃葺)은 그를 선산(현재의 묘소)에 안장하고 충청도 비인으로 피난하게 되었습니다.

이로 인하여 황윤길은 유비무환(有備無患)의 교훈에 인용되는 인물이 되었으며 현재 인접 육군교육사단에서 이 묘소를 정훈교육장의 하나로 활용하고 있습니다. 흐르는 역사는 되돌릴 수 없다고 하지만 임진왜란을 막을 수 있었던 기회가 여러 번 있었음에도 불구하고 피하지 못했다는 사실은 임진왜란의 엄청난 피해를 생각한다면 정말 분통이 터지는 일이지요?

서른아홉 번째 이야기

300은 픽션이 아니었다? 행주산성(1593)

지정번호 사적 제56호
소 재 지 경기도 고양시 덕양구 행주내동 산26

1. 행주대첩을 생각하며

전쟁은 영웅을 만든다고 했습니다. 잘나가던 영의정 집안의 자재로 태어나 당파싸움 그칠 줄 모르는 바깥세상을 등지고 지내던 권율. 46세가 되던 해에 처음으로 벼슬길에 나간 그였습니다. 그로부터 10년 뒤 일본군이 조선을 쳐들어오자 환갑을 앞둔 고령의 나이에도 불구하고 붓 대신 칼을 들고 지휘하여 조선을 구한 영웅이 바로 '권율 장군'입니다. 임진왜란이 없었던들 그의 영웅 됨을 누가 알아볼 수 있었을까요? 승자의 기록인 '역사'에서 임진왜란에서의 그의 기록은 화려하기 그지없습니다.

행주산성은 우리의 위대한 영웅 '권율' 과 그의 현명한 수뇌부, 그리고 자랑스런 관군, 의병, 승병들이 임진왜란의 3대첩 중 하나인 '행주대첩' 을 만들어 낸 곳입니다. '행주치마' 로 대한민국 사람이면 누구나 들어본 '행주산성'. 하지만 행주대첩의 자세한 이야기를 살펴보면 '행주치마' 의 이야기는 수많은 무용담 중 하나일 뿐이라는 생각을 누구나 가지게 될 것입니다.

2. 행주대첩 당시의 조선

일본군은 임진왜란 개전(1592년 4월 14일) 20일 만에 조선의 수도인 한성에 무혈 입성하였고 2개월 만에 조선 최대의 전략 요충지인 평양마저도 함락하는데 성공하였습니다. 조선 정부는 전쟁 지도력을 상실하였고, 관군은 여러 전투의 패전으로 와해된 상태였으며, 전국의 중심 지역은 거의 일본군 점령지가 되었기에 전쟁은 이미 끝난 것처럼 보였습니다.

하지만 수군과 의병들에 의한 후방지역을 공격받은 일본군은 확대된 전선으로 더 이상의 공격로를 연장할 수 없었습니다. 여기에 명나라군사의 참전 조짐이 있자, 일본군은 대동강을 경계로 한 휴전협상을 제의하기도 하

였습니다. 그러나 휴전협상의 결렬로 명군은 압록강을 도하하여 조선에 진군하였습니다. 조명연합군은 대대적인 반격 작전을 감행하여 1593년 1월 8일에 평양성 탈환에 성공하고, 이 여세로 일본군을 압박하자 일본군들은 후퇴하여 한성에 집결하게 되었습니다. 전라도관찰사 겸 순찰사인 권율(1537~1599)은 1592년 12월 이래로 수원의 독성산성에서 주둔하면서 일본군의 간헐적인 공격을 저지하고 있었습니다.

3. 명장 권율

권율(1537~1599)은 문신출신의 명장입니다. 본관은 안동(安東)이며 자는 언신(彦愼), 호는 만취당(晚翠堂)·모악(暮嶽)이었습니다. 도첨의(都僉議) 권보(權溥)의 9세손으로 할아버지는 강화부사 권적(權勣)이고, 아버지는 영의정 권철(權轍)이며, 어머니는 적순부위(迪順副尉) 조승현(曺承晛)의 딸이다. 이항복(李恒福)의 장인이기도 합니다. 소위 뼈대있는 가문이시죠.

▲ 권율장군 동상

지금으로 치자면 퇴직할 나이인 45세까지 벼슬에 뜻을 두지 않고 학문에만 몰두하다 1582년(선조 15년) 식년문과에 병과로 급제, 승문원정자·전적을 거쳤습니다. 1587년 전라도도사가 되고 이듬해 예조정랑·호조정랑·경성판관(鏡城判官)을 지냈습니다. 1591년에 다시 호조정랑이 되었다가 바로 의주목사로 발탁되었으나, 이듬해 해직되었습니다. 임진왜란이 일어나 서울이 함락되자 광주목사(光州牧使)로서 방어사 곽영의 휘하에서 중위장이 되어 용인(龍仁)에서 싸웠으나 패전했습니다. '영웅'의 탄생은 곽영의 휘하에서 벗어나 전라도관찰사가 되고 난 후였습니다. 남원(南原)에서 1천여 명의 의용군을 모집하여 다시 북진, 금산에서 전주로 들어오려는 고바야카와(小早川隆景) 정예부대를 맞아 동복현감(同福縣監) 황진(黃進)과 함께 이치(梨峙)에서 싸워 승리하였습니다. 계속하여 정병 8,000명을 인솔, 병마절도사 선거이(宣居怡)를 부사령관으로 삼아 서울로 진격하던 도중 수원(水原) 독산성(禿山城)에 주둔하여 견고한 진지를 구축하고 우키타 히데이에(宇喜多秀家) 부대의 공격을 격퇴했습니다. 1593년 병력을 나누어 선거이에게 시흥(始興) 금주산(衿州山)에 진을 치게 한 후 2,800명의 병력을 이끌고 한강을 건너 행주산성(幸州山城)에 주둔하였습니다. 왜군은 3만의 대군으로 7대로 나누어 계속하여 맹렬한 공격을 가하여 성이 함락될 위기에까지 직면하였으나, 일사불란한 통솔력과 관군과 의승병이 사력을 다하여 승리를 거둘 수 있었습니다. 이 싸움에서 일본군은 2만

4,000여명의 사상자를 내는 막대한 피해를 입었으며, 권율은 그 전공으로 1596년 충청도순찰사에 이어 도원수(都元帥)가 되었습니다. 이것이 '행주대첩'인 것이죠.

그후 1597년(선조 30) 정유재란(丁酉再亂)이 일어나자 적군의 북상을 막기 위해 명나라 제독 마귀(麻貴)와 함께 울산(蔚山)에서 대진했으나 전쟁의 확대를 꺼리던 명나라 장수들의 비협조로 공격하지 못했습니다. 1599년 노환으로 관직을 사임하고 고향으로 돌아가 7월에 사망하였습니다. 영의정에 추증되었고, 1604년 선무공신(宣武功臣) 1등에 영가부원군(永嘉府院君)으로 추봉되었습니다. 1841년 행주에 기공사(紀功祠-현재의 행주서원)를 건립하여 그해 사액되었으며, 그곳에 향사되었습니다. 그가 임진왜란 때 활약한 공훈을 중심으로 기록된 사적이 ≪권원수실적(權元帥實蹟)≫이라는 책명으로 1권이 전합니다. 시호는 충장(忠莊)이시죠.

4. 왜 행주산성에서 싸웠을까

권율은 자신의 사명이 근왕군(勤王軍)으로서의 역할에 있다고 판단했으며 당시 근왕군의 역할은 하루라도 빨리 수도를 일본군으로부터 수복시키는 일이었습니다. 하지만 1593년 1월 27일 조명 연합군의 벽제관 전투 패배로 도성 수복작전은 실행 될 수 없었습니다. 패전의 충격으로 명군의 주력은 임진강 후방인 개경으로 후퇴해서 지원군의 도착을 기다린다는 평계로 일본군 공격을 일단 보류하고 있었던 실정이었습니다. 권율은 조방장(助防將) 조경(趙儆)을 보내 한성의 서쪽지구에 진출해서 주둔할 진지를 정탐케 하였습니다. 진지로 결정된 곳이 덕양산 즉 행주산성입니다.

이즈음 이덕형이 "적들이 중국군사가 바싹 다가온 것을 알고 경성의 군사를 나누어 평양에다 더하면 경성의 적세는 반드시 외롭게 될 것입니다. 남도군을 동원해서 경성을 회복하는 것입니다." 라는 '경성 수복작전' 을 건의하였습니다. 이에 전라도관찰사였던 권율은 독자적인 작전권을 위임받게 되었습니다.

권율은 평양전투 이전의 한성에 주둔하고 있는 일본군의 실정이 추위와 식량부족, 피로에 지친 상태임을 간파하고 한성을 수복할 절호의 기회로 판단하였고 조명연합군의 한성수복작전 시에 그 일익을 맡은 공격전에 참여할 계획을 가지고 있었습니다.

권율의 원래 작전은 한성의 인후부(咽喉部)에 해당하는 안현(鞍峴)(현재 아현동 근처)을 거점으로 삼아 일본군을 기습공격한다는 것이었는데, 안현을 선정한 이유는 다음과 같습니다.

첫째로 연합군의 대군이 남하하기 때문에 한성에 주둔하고 있는 일본군은 공격작전을 염두에 두지 못하고 오직 방어에만 전력을 다할 것이다.

둘째로 안현은 한성과 가까워 방어작전에서 공격작전으로 쉽게 전환할 수 있어서 공격작전상의 시간을 절약할 수 있을 것이다.

셋째로 안현작전의 수행은 일본군의 중심부에 대한 접근으로 적에게 패배 위기의식을 고조시키고, 나아가 공격시 적들을 경악시키는 충격 효과를 극대화시킬 수 있다고 보았다.

하지만 작전 구상이 구체화되는 시기 동안에 전황의 변화가 발생하였습니다. 일본군은 평양전 패배이후로 한성 주둔군이 크게 증가되었으며 벽제관전의 승리로 일본군의 사기가 한껏 올라간 것입니다. 상황 변화로 인하여 처음에 주장했던 '안현안'은 일본군의 적극적인 포위작전 시에는 전멸당할 위험이 있었기 때문에 권율은 일본군을 20리 밖으로 끌어내서 능동적인 작전을 구사할 수 있는 '행주산성안' 을 선택하였습니다.

안현에 비해 행주는 주위로부터 격리된 독성으로 후방지원은 곤란하나 한성으로부터 20리 이상 거리가 있어 일본군의 일부를 유인해서 작전할 수 있는 지형적 여건을 구비한 곳입니다. 이에 권율은 조경을 위시한 부하 제 장들이 안현안을 극력 반대하자 그도 결심을 바꾸어 '행주산성안'을 선택하게 되었습니다. '행주산성안'이 결정된 후 권율은 휘하의 장병 4천명 중에서 처영이 이끄는 승군을 포함한 정예병 2,300명을 뽑아서 행주산성으로 이동하였습니다. 행주산성으로 이동하면서 산성 인근 주민들도 의병으로 자원 참전하게 되었습니다. 나머지 병력은 전라도병사 선거이에게 주어 금주산(衿州山)에 주둔하면서 한양의 일본군을 견제토록 하였습니다.

이즈음 권율은 '한성의 적이 대병력으로 독성산성을 치려고 한다.'는 첩보를 입수하였습니다. 이에 독성산성에 소수의 군사만을 남겨놓고 되도록 의병(현대의 마네킹)을 많이 만들어 놓아 주력군이 그대로 수비하고 있는 것처럼 위장케 하였습니다. 권율은 양주일대에는 소모사(召募使) 변이중(邊以中)을 주둔시키고, 통진에는 충청도 관찰사 허욱(許頊), 강화에는 창의사 김천일(金千鎰), 한강 하구에는 경기수사 이빈(李頻)과 충청수사 정걸(丁傑)을 배치하였습니다. 그리고 파주의 도원수 김명원(金命元), 양주의 경기도방어사 고언백(高彦伯) 등도 한성을 포위하는 형세를 이루고 있었으며, 이외에도 경기도 외곽지대에는 관군과 의병이 산재하고 있었습니다.

행주산성의 역사를 살펴보면 임진왜란 시기 외에도 군사적으로 매우 중요한 지역이었음을 알 수 있습니다. 삼국시대에는 한강유역을 차지하는 국가가 한반도의 패권을 장악했던 모습을 확인할 수 있는데, 백제·고구려·신라의 전성기가 행주산성일대를 점령했던 시기였음을 확인할 수 있습니다. 신라가 고구려와 백제를 멸망시키고 한반도를 접수할 즈음에 일어난 나당전쟁(670~676년)시, 행주산성일대는 왕봉현의 치소로 추정이 되고 있는데, 많은 당병이 수장된 '왕봉하'는 행주산성 부근의 한강을 지칭하는 것으로 볼 수 있습니다. 인근에 지형적으로 매우 유사한 고양멱절산유적(경기도 기념물 제195호)에서 한성백제시기의 유물이 다량으로 출토되는 사실은 이 일대가 군사적으로 매우 중요한 지역이었음을 고고학적으로 뒷받침해주고 있습니다.

고려가 멸망하고 조선이 개국됨에 따라 태조 이성계는 수도를 개성에서 서울(한성)으로 이전하게 되는데, 행주산성이 있는 덕양산이 이 시기에도 중요한 군사적 요충지로 주목받게 됩니다. 풍수지리적으로 살펴보면 서울은 내사산과 외사산으로 보호되는데, 내사산은 백악산·낙산·목멱산·인왕산이며, 외사산은 북한산·용마산·관악산·덕양산(이상 북동남서 순)으로 이루어집니다. 결론적으로 행주산성이 있는 덕양산은 풍수지리적으로 판단했을 때 서울로 침입해 들어오는 외부의 침입을 서쪽에서 1차적으로 차단하는 곳에 입지해 있는 것입니다. 결국 이성계는 외사산과 내사산이 지켜주고 있는 한성에 수도를 계획하게 되는 것이죠.

행주산성의 이러한 지리적 요인은 최근에도 그 중요성을 입증하게 됩니다. 바로 우리민족의 비극인 6.25전쟁 때인데, 인천상륙작전 성공 후 수도 서울을 수복하기 위해 해병대가 행주산성으로 도강했던 것입니다. 행주산성 입구 인근에 세워진 해병대 행주도강 전첩비는 이 업적을 기념하기 위해 세워진 것입니다. 비문에는 다음과 같이 기록되어 있습니다.

인천 상륙을 성공리에 감행한 한미 양국 해병대는 다시 적을 추격하여 대거 한강을 건넜으니 때는 1950년 9월 20일 미명, 곳은 권 권율 도원수의 대첩기공비가 서 있는 행주 아수라의 혈전 끝에 서울진격의 교두보는 이에 확보되었으니 이 어찌 누란과 같은 조국을 위하여 새로운 감격이 아니리오.

이 무렵에 자유의 신으로 승천한 그대들의 빛나는 공훈과 아름다운 이름은 저 한강수와 더불어 이 국토와 겨레의 마음속에 영원 무궁히 흐르리라.

삼가 비노니 안심하고 명복 할지어다.

1958년 9월 28일 해병대사령부

이처럼 행주산성이 있는 덕양산은 한반도의 젖줄인 한강을 지키는 군사적 요충지로 지속적으로 역할을 담당해 왔던 것입니다.

5. 행주산성전의 전개

권율은 행주산성이 단지 한성 공격을 준비하는 주둔지에 불과하기에 성책을 준비할 필요가 없다고 판단했습니다. 하지만 조경(趙儆)은 "외로운 군사로서 큰 적과 가까이 있으니 성책이 없을 수 없다."고 하면서 성책 설치를 주장하였죠. 그런데 2월 8일 마침 직산현 방면에서 양주에 올라와 있던 도체찰사 정철(鄭澈)이 전황에 대한 논의차 권율을 소환하게 되자, 이 기회를 이용해서 조경은 모든 군사를 동원해서 이틀 만에 이중의 목책성을 만들었습니다. 성책 공사가 완료된 후에 진영에 돌아온 권율은 이를 보고 기쁘게 여겼다고 합니다. 3일 후에 적의 대군이 공격해 온 것입니다.

권율은 활과 화살을 점검하고 화차와 총통과 화약을 정비하였습니다. 수차 석포와 투석전에 사용될 돌들을 산적하고, 진지 후방에는 여러 개의 가마솥을 준비하여 방화용수를 채우도록 하였습니다. 또한 적의 화공작전에 대비해서 젖은 수건 한 개와 재가 들어 있는 주머니를 한 자루씩 허리에 차도록 하였습니다. 일본군은 행주산성의 권율군이 비록 소수이지만 전일에 당한 이치전과 독성산성전의 치욕을 갚고자 한성에 주둔하고 있는 전군을 동원해서 섬멸하기로 결의하였습니다. 조선 출정에서 한번도 진두에 나서 본 일이 없었던 총대장 우키다 히데이에(宇喜多秀家)를 위시해서 이시다 미쓰나리(石田三成)·마스다 나가모리(增田長盛)·오다니 요시쯔구(大谷吉繼)의 3봉행(奉行) 등 본진 장군들까지 7대로 나누어 전 병력 3만명으로 홍제원(현재의 홍제동 인근) 나와 행주산성으로 진군하였습니다. 도성 안의 일본군의 동태가 심상치 않다는 정탐군의 보고가 있자 권율은 모든 군사들을 모아 놓고 일장 훈시를 하였습니다.

"이제 자세히 적세를 살펴본다면 그 양과 질에서 우리가 맨손으로 당해낼 도리가 없으니 무엇으로써 제압해 이길 것인가. 오직 한 가지 죽음으로써 나라의 두터운 은혜에 보답하는 길밖에는 없도다. 남아는 의와 기만을 생각할 뿐이지, 어찌 공훈과 명예를 누가 다시 논하랴. 천사람이 한마음으로 서로 죽기를 맹세하자."

라는 장군의 훈시를 통하여 이번 전투가 병사들의 생사는 물론하고 바로 국운이 달려 있음을 주지시켜 장병들의 결사보국의 결의를 다짐시켰습니다. 2월 12일 아침 전방 척후로부터 적의 공격 이동의 보고가 있었습니다. 권율은 병사들에게 먼저 아침을 먹게 하고는 임전태세에 들어갔습니다. 적의 선봉 100여 기병이 나타나고 뒤이어 대군이 밀려왔습니다.

적의 선공 제1대장은 고니시 유키나가(小西行長)로 그의 군사는 평양전에서 대패한 이후 벽제관전에도 참석하지 않고 있다가 설욕의 기회로 삼아 조총부대를 앞세워 돌진하였습니다. 아군은 성책의 바로 앞까지 오게 한 후 주장의 큰북 3타로 공격을 명하자 미리 준비된 화차, 수차석포, 총통, 강궁으로 일제히 발사하였습니다. 조선군의 갑작스러운 집중공격을 받은 일본군은 궤멸 상태에 빠지고 말았습니다.

다음에는 제2대장 이시다를 비롯한 3봉행과 더불어 마에노 나가야스(前野長康)가 진두에서 휘하병을 지휘하고 돌진하였습니다. 강궁으로 연사하여 적장 마에노가 흉부에 관통상을 입어 달아나자 제2대 공격 병력들은 그대로 무너지고 말았습니다.

이어 일선으로 진출한 제3대장 구로다는 전해9월에 연안성(延安城)전투에서 조선군의 위력을 실감했기에 공성무기인 누대(樓臺)로 공격해 왔습니다. 이 누대 위에 조총수 수십 명을 올려놓고 조총을 쏘게 하면서 나머지 군사들은 아군 진지에 접근시키지 않는 신중한 작전을 전개하였습니다. 이에 조경은 지자총통을 쏘아 누대를 깨뜨리고 또 포전 끝에 큰 칼날 두 개씩을 달아 발포하여 방어하였습니다. 일본군이 공격을 주저하면서 게걸음 작전으로 옆으로 피하자 다시 진천뢰(震天雷)로 공격하니 적은 일시에 후퇴하고 말았습니다.

일본군의 연속된 공격에도 불구하고 성을 점령하기는커녕 제1성책도 돌파하지 못하자 보다 못한 총대장 우키다는 노하여 최선두에 나오니 이에 소속한 제4대 장병들도 죽음을 무릅쓰고 모두 그를 뒤따랐습니다. 적들은 많은 희생자를 내면서도 돌진해서 제1성책을 넘어섰으며 그의 부장 토가와 다찌야스(戶川達安)는 제2성책까지 접근하였습니다. 이 때에 권율은 북을 울리면서 전세를 살피다가 도망치는 아군 한명의 목을 베어 효시하자 도망갈 생각을 포기하고 역전하였습니다. 화차의 총통을 총대장에게 집중 사격하자 우키다는 마침내 부상을 당하고 퇴진하였습니다. 또한 이때까지 남아 지휘하던 제2대장 이시다도 부상을 입어 후퇴하였습니다.

제5대장 키카와 히로이에(吉川廣家)가 지휘하는 일본군은 화전을 집중 발사하여 제2성책의 일부가 타기 시작하자 조선군은 미리 준비한 방화수로 꺼버리고 시석(矢石)을 퍼부으니 그는 부상을 입고 퇴주하고 말았습니다.

이어 제6대장 모리 모토야스(毛利元康)는 힘을 다하여 제2성책을 점령하려고 맹공을 가하여 왔습니다. 이때 승장 처영은 서북쪽의 자성(子城)에서 1

천여 명의 승병을 거느리고 적의 공격을 끝까지 막아냈습니다. 적들이 근접한 지경에 이르자 재주머니의 재를 뿌려서 적이 눈을 뜨지 못하게 하는 전법까지 전개하였습니다.

적은 마지막에는 공격 방향을 바꾸었습니다. 제7대장은 노장인 고바야카와 다카가게(小早隆景)로 선두에 서서 승병이 지키고 있는 서북쪽의 자성을 공격해서 그곳의 일각을 뚫고 내성에 돌입하려하자 승병들이 동요하기 시작하였습니다. 이에 권율은 대검을 빼어들고 승군의 총공격을 호령하며 적과 치열한 백병전을 전개하였습니다. 옆 진영에 있던 아군도 적을 향해 무수한 궁시를 집중 발사하니 전투는 최고조에 이르렀습니다. 이때 조선군은 화살이 다하여 투석전을 폈는데 적이 이것을 알아차리고 기세를 올리려 하였습니다. 이때 부녀자들은 치마를 짧게 잘라 허리에 묶고 거기에 돌을 담아 날랐다고 합니다. 때마침 경기수사 이적(李蹟)이 수만개의 화살을 가득 실은 배 2척을 몰고 와서 보급하여 주었으며, 또한 전라도 조운선 40여척도 들어와서 양천 포구를 뒤덮게 되니, 아군의 사기가 충천하여 적군을 완전히 격퇴시키는데 성공하였습니다.

일본군은 아침 해뜰 때부터 저녁 해질 때까지 7번 공격에서 7번 패전해서 물러간 것입니다. 날이 저물면서 일본군은 조선군의 기습에 대한 대비책으로 시체를 네 곳에 모아 불태우고는 한성으로 퇴각하였습니다. 일본군은 총대장 우키다를 비롯해서 키카와 · 이시다 · 마에노 등 4명의 장령이 부상을 당하는 피해를 입었습니다. 조선군은 일본군이 버리고 간 기치(旗幟), 갑주와 창검류 등 습득한 군기물이 727건이나 되었고, 유기한 적의 시체만도 130급에 달하였습니다.

마침 명나라 부총병 사대수(査大受)가 임진강 일대를 순시 중에 행주산성의 대승 소식을 듣고 다음날 그의 비장을 행주산성에 보내어 전투지역을 확인토록 하였습니다. 권율의 승전을 확인한 사대수는 예물을 보내어 승전을 축하하였습니다. 사대수는 권율 진영을 방문해서 자기의 부장들에게 말하기를 "권감사의 군사는 다른 군보다 특별히 뛰어난 군사이다. 참으로 외국에 진정한 장수가 있도다."하고 감탄하였다고 합니다. 그 뒤 3월에 경략 송응창(宋應昌)은 명나라 조정에 행주대첩을 보고하기를 "전라도관찰사 권율이 외로운 군을 이끌고 요충지를 지키면서 백성을 불러 모아 뛰어난 계책으로 강적을 물리쳤으니, 이는 국가의 위급을 구한 충신이요 중흥의 명장입니다. 이제 홍비단 4필과 은 50냥을 그에게 상으로 내리시어 충성과 용맹을 권장하게 하소서."하였습니다. 3월에 병부상서 석성(石星)은 명나라 신종(神宗) 황제의 성지(聖旨)를 받아왔습니다. 이 칙서에 이르기를 "조선국은 본래부터 강한 나라로 알려져 왔는데, 전라도 관찰사가 많은 왜적의 목을 베고 사로잡았다고 하니, 그것이 사실임을 알겠노라. 이는 조선국 인민의 사기를 진작시킬 수 있는 것이라. 관원을 보내어 선유하는 바이다."라고 하였습니다. 그 이후로 명나라의 관원들은 지위의 고하를 막론하고 권율의 이름을 들을 때마다 "그 분은 지난날 행주산성에서 대승을 거둔 분이 아닌가?"라는 칭찬을 아끼지 않았다고 합니다. 천자국의 위세를 내세워서는 조선국 문무대신들을 멸시했던 그들까지도 권율 장군의 업적만은 인정했던 것입니다. 조정에서는 권율에게 자헌대부를, 조경에게는 가선대부를, 승장 처영에게는 절충장군을 수여하였습니다. 선조도 권율을 칭찬하기를 "경이 아니었으면 국가를 어찌 얻을 수 있었으리요."하였습니다. 이 행주대첩으로 말미암아 명나라 경략 송응창은 명예를 얻었고 권율은 조선을 중흥시킨 명장이 되었습니다

한편, 행주산성에서 크게 패한 일본군은 조선군의 반격과 의병의 유격전, 명군의 남진 등으로 사기가 크게 위축되었고 여기에 군량미는 거의 바

닥나고 도망자까지 속출되는 어려운 지경에 이르자 더 이상 한성 점령을 유지할 수 없게 되었습니다. 3월 13일 용산에 쌓아 두었던 군량미 수만석이 조선군 정찰조에 의해 불타자 군량미 사정은 더욱 악화되어 한양을 포기할 수밖에 없었죠. 일본군은 조선군의 추격을 염려하여 조선측을 배제시키고 명측과 단독 강화협상을 벌였습니다. 명측은 4월 18일 이를 수락해서 다음 날인 19일 일본군은 한성을 퇴각하였습니다. 조선군은 끝까지 강화 협상을 반대하였습니다. 당일에 권율이 파주로부터 군사를 인솔해서 입성한 다음 도강하여 적을 추격하려 하였으나 이여송이 유격장 척금을 보내 노량진의 나룻배를 거두어 한강 도하작전을 방해하였습니다. 퇴각한 일본군은 본국으로 철수하지도 못한 채 경상도 연해지역인 울산 서생포에서 거제도에 이르는 요충지에 성을 쌓고 한편으로는 강화협상을 벌이면서 다른 한편으로는 장기전에 대비하는 이중적인 작전을 취하게 되었습니다.

6. 행주산성 오르기

행주산성은 고양시 덕양구 행주동에 위치한 덕양산을 정점으로 한 중요 전사유적지로 평가되어 사적 제56호로 지정되어 있습니다. 덕양산봉에서 나뉘어지는 산줄기는 동남방으로 진행되며 한강을 끼고 가파른 절벽을 이루고 있습니다. 북서쪽으로 두개의 지맥이 좁은 골짜기를 이루면서 능곡평야를 향해 뻗어 있습니다. 행주산성은 일반적인 통념으로 알고 있는 돌로 된 산성이 아니고 토축의 성벽을 이루고 있는 자연요새를 이용하여, 유사시 급조한 목책과 토석성의 산성입니다. 그래서 북한산성에 위치한 석성 같은 거대한 구조물은 원래 없었던 것입니다. 한편으로 생각해보면 견고한 구조물 없이 지형을 최대한 활용하여 토성과 목책만으로 성을 구축하고도 승리한 권율장군의 슬기로움에 감탄사가 절로 나옵니다.

지금의 지형과 크게 다른 점이라면 임진왜란 당시 행주산성의 주변은 뻘이 많았다는 사실입니다. 이 지역은 한강과 붙어 있고 지대가 낮아 홍수의 영향으로 뻘을 이루던 지역입니다. 현재의 지형이 형성된 것은 일제강점기인데, 독립운동가인 이가순선생[1]이 고양시의 농민들이 홍수로 인하여 많은 피해를 보는 것을 보고 사재를 털어 관개사업한 결과입니다. 한마디로 행주산성 주위는 자연해자를 두르고 있었다고 판단할 수 있습니다.

삼국시대 행주산성에서 일어났던 격전에 대한 기록으로 문헌에 남아있는 것은 없으나, 현재까지 잔존하는 산성과 1991년 서울대학교박물관의 시굴조사에서 출토된 삼국시대의 와당 및 토기 등으로 미루어 볼 때 삼국시대부터 이미 군사전략상 요지였음을 알 수 있습니다. 더구나 삼국정립기, 서울지방을 중심으로 한강유역일대를 둘러싸고 끊임없는 전투가 벌어졌던 사실과 한강유역의 최종 지배권을 획득한 신라에 의해 삼국의 통일이 이루어졌다는 것으로서 이곳의 전술사적 가치는 충분합니다.

행주의 지명유래는 몇차례 변동을 겪게 되었는데, 본래 백제의 개백현이었으나 그 지배권이 고구려로 넘어가면서 왕봉으로 개명되었으며, 다시 신라 경덕왕이 우왕으로 개명하여 한양군령현에 속하게 하였습니다. 그 후 후삼국의 과도기를 수습한 고려가 건국초에 행주로 고치고 현종9년(1018)에

---

1 공은 황해도 사람으로 완산 이씨 가문에서 태어났다. 3 · 1운동으로 옥고를 치루고 고양군에 자리 잡았으나 농사가 한발과 홍수로 인해 풍작을 기약할 수 없음을 알고 관개사업에 전력을 기울여 산을 뚫고 수로를 내는 사업을 추진중 사망하시어 그 아들인 원재씨가 그 일을 계승하여 완성함으로써 고양수리조합의 모체가 되었다. 이에 지역 주민들이 그 뜻을 추모하기 위해 1950년 4월 송덕비를 건립하였다.

양주에 속하게 하였습니다. 그 뒤 조선의 태종13년(1413) 고봉과 덕양 2현을 합하여 고양군으로 하면서 이에 속하게 되었고 이후 신도시가 개발되면서 고양군은 시로 승격되었습니다.

서울에서 행주산성에 오는 길은 무척 쉽습니다. 서울 성산대교 교차로에서 강변대로를 따라 고양 방면으로 7.6km가면 길 오른쪽에 행주산성으로 가는 마을길이 나옵니다. 마을길을 따라 0.9km가면 길 왼쪽에 행주산성으로 들어가는 길이 나옵니다. 그 길을 따라 0.6km가면 행주산성 주차장에 닿습니다. 주변에는 장어 등을 파는 대형음식점이 행주서원 가는 길을 따라 여러 곳 있습니다. 신촌이나 김포공항에서 오는 버스가 있지만 이용객이 많지는 않고 대부분 승용차를 이용합니다. 입장료는 어른 1000원, 청소년 및 군인 500원이며 주차장 이용시 2000원을 받습니다.

행주산성은 언급되었다시피 토성이고 토성은 내성과 외성으로 나뉘어져 있는데, 외성의 일부구간은 복원되어 있고, 일부는 도로로 이용되고 있습니다. 내성은 현재, 외관상으로 확인하기가 어렵습니다.

입구의 좌측으로는 행주산성 관리사무소와 화장실이 보이고 정면으로는 행주산성으로 들어가는 입구인 대첩문이 보입니다.

1970년 철근 콘크리트로 신축된 대첩문은 맞배지붕의 홑처마형식으로 제작되었습니다. 원형기둥 위에 초익공을 올렸고, 창방위의 장려사이에는 소로를 배열하였으며 나무 판문은 철엽으로 쌓았습니다. 기단은 장대석 갓돌에다 콘크리트 모르타르로 포장하여 깔았습니다. 정문 옆에는 사고석 담장을 설치했습니다. 지금와서 보면 왜 목재로 짓지 않고 콘크리트로 만들었을까 의문이 들지만 1970년대 당시에는 목조건축물 복원시 콘크리트가 유행했습니다. 최근 이슈가 되고 있는 광화문 역시 동일 시기에 복원되었던 구조물로서 콘크리트로 되어 있었습니다.

대첩문을 들어가면 왼쪽으로 행주산성길이 열려 있고 오른쪽으로는 권율장군동상이 있습니다. 1986년 4월 30일 경기도에서 건립하였는데 장군의 투구, 갑옷, 무기류 등은 임진왜란 당시의 것으로 문헌과 고증을 바탕으로 하여 청동으로 만들어진 것입니다.

권율장군동상의 주위에는 부조가 있는데, 관군과 승병, 의병, 부녀자가 실감나게 조각되어 있습니다. 왜 부조를 굳이 4면으로 나누어 놨을까요? 행주산성에서 승병과 의병, 부녀자가 관군못지 않게 활약했음을 보여주고자 했던 것은 아닐까요?

임진왜란 초, 관군으로 구성된 조선군은 막강한 조총을 앞세운 일본군의 상대가 못되었습니다. 게다가 일본군은 도요토미 히데요시의 전국통일을 이루어낸 경험이 풍부한 병사들로 구성되어 있었기 때문에 경험이 없었던 조선군은 임진왜란 개시 20일 만에 한성을 내주고 만 것입니다. 하지만 조선민족의 저력은 그리 만만하지 않았습니다. 아무리 악착같이 세금을 받아가던 밉디 미운 양반들이 지배하던 조선이었지만 민중은 서서히 조직을 만들어가고 있었고 진주에서, 한산도에서 빛나는 승리를 만들어 내는 역할을 담당하였습니다. 특히 행주산성전에서 그들의 진가는 재확인되었습니다. 처영의 승군을 모두 포함한 2,300명 행주산성군은 변변한 석성도 없는 채 200m도 안되는 행주산성에서 7전7승을 이룩한 것입니다. 그야말로 관군, 승병, 의병, 부녀자들이 똘똘 뭉쳐서 이루어낸 성과였습니다. 행주대첩은 권율장군 혼자 만들어 낸 것이 아니었던 것입니다.

그렇다면 일본군의 입장에서 생각해 보았을 때, 왜 의병에 대한 준비를 하지 못했던 것일까요? 앞서 언급되었다시피 임진왜란을 일으킨 일본군은 전국통일에서 잔뼈가 굵은 병사들이었습니다. 이 사실은 곧 그들이 전국통일시의 경험을 바탕으로 전투를 했다는 뜻이기도 합니다. 문제는 그것에서 비롯되는데 일본군은 통일전쟁시 의병을 경험해 보지 못한 것입니다. 각 사무라이는 그들이 보유한 군사들로 전쟁을 진행했으며 주변의 농민들은 전쟁과는 비교적 무관하게 생업을 이어갔습니다. 이에 조선에서 일어난 의병은 그들의 계산에 들어가 있지 않은 아주 무서운 '변수'였던 것입니다. 이에 행주대첩의 승리는 관군의 승리이기 보다는 '관군·의병 연합군'의 합작품으로 볼 수 있을 것이며 권율장군동상 주위의 부조된 사람들은 승리를 이루어낸 그들인 것입니다.

권율장군동상과 부조를 감상했다면 왼쪽으로 다시 올라가보시죠. 올라가는 길을 보면 왼쪽은 노란색이 칠해져 있고, 오른쪽은 검은색 아스팔트입니다. 이것은 신도와 어도를 나타낸 것인데, 왼쪽이 신도가 됩니다. 어떻게 보면 그럴듯 하기도 하고 어떻게 보면 유치하고도 합니다. 또 올라가는 길 중간중간에 창, 화차 등 각종 무기가 띄엄띄엄 그려져 있는데 이것도 행주산성에서 쓰였던 무기들을 그려놓은 것이라 합니다.

쭉 올라가면 3갈래로 나뉘어 지는 길이 나온다. 왼쪽길은 토성으로 가는 길이고, 가운데 길은 전시관 및 정상으로 가는 길입니다. 오른쪽 길은 충장사로 가는 길인데 충장사에 들려서 정상을 돌아 토성으로 내려오는 것이 답사하기 좋은 코스입니다.

충장사로 들어가는 길 입구에는 홍살문이 있어 들어가는 이에게 진지함과 숙연함을 줍니다. 물론 홍살문과 충장사 모두 콘크리트 건물입니다. 목조건축물을 따라한 콘크리트 건축물을 실제 목조건축물과 비교해 보는 것도 재미있을 것입니다. 신도와 어도를 구분해 놓은 길을 지나 충장사 입구에 이르면 오른쪽으로 비석이 있었는데, 이 비가 행주대첩비 중건비입니다. 이 행주대첩비 중건비는 2010년에 원 위치였던 행주서원으로 옮겨졌습니다.

▲ 충장사

　자 다시 앞을 보면 삼문이 정면에 있는 충장사가 보입니다. 충장사는 기공사(현재의 행주서원)에서 유래합니다. 원래 헌종 8년(1842)왕명에 의해 세운 기공사는 한강의 강세가 변하여 홍살문을 세웠던 자리까지 강물이 들어와서 허물어지게 되었습니다. 이후 몇몇 독지가에 의해 복원되었으나 다시 6.25전쟁 때 소실되어 주초만 남게 되었습니다. 당시 기공사의 규모는 정면 3칸, 측면1칸, 건평 11.3평(37.4㎡)이었으며, 그 앞에 9칸의 소규모의 재실을 두고 그 앞 15m 밖에 홍살문이 있었습니다. 사당을 복원함에 있어서 원래 위치가 한강 물줄기의 변화에 영향을 받는 곳이었으므로 다시 그 자리에 세울 수도 없었고, 산성과의 거리가 멀어 격전지 순례자의 참배가 불편할 것도 고려하여 오늘날과 같이 대첩지내인 산성 안으로 위치를 바꿔 신축하게 된다.

　다시 충장사로 돌아와서 살펴보겠습니다. 충장사 사당의 규모는 정면3칸(11.7m) 측면3칸(7.8m), 건평 26.7평(91.26㎡)의 겹처마 다포집 합각지붕입니다. 골재는 마루와 문을 제외하고는 모두 철근 콘크리트로 하였고 모서리는 단청을 하였으며 정면엔 빗살문을 달았습니다. 기단은 화강석 장대기단으로 높이 80cm이고 앤타시스식 원형기둥 위에 창방 주두 외에 3포1출목의 포를 짰으며 그 위에 굴도리 및 장혀를 받쳤습니다. 내부는 고주로 종보를 보아지로 쌓아 떠받치고 파연대공과 함께 도리와 단연을 설치하였습니다. 기단에서 3.3m 정도 떨어진 거리에는 2m높이의 장대기단을 쌓았으며 이로부터 12.5m 떨어진 곳에 사당 삼문을 세웠습니다. 그 양측에는 높이 1.5m의 사고석담장이 32m의 길이로 뻗어있습니다. 장대석으로 쌓은 담장의 높이는 1.8m이고 그 앞에 150평(495㎡)의 광장이 있고 폭 7.5m의 진입로가 있으며 그 주위에는 잔디를 깔았습니다. 충장사편액은 고박정희 대통령의 글씨라고 해요.

충장사 내부에는 권율장군의 영정이 모셔져 있고 그 앞에 향로가 있습니다. 임진왜란에서 조선을 지켜준 권율장군을 생각하면서 향을 피우며 묵념을 하면 본인의 마음조차 숙연해지죠.

한편 홍수시 범람으로 인하여 복원되지 않았던 기공사터에는 현재 행주서원이 들어서 있습니다. 정비사업으로 인하여 더이상 물이 범람하지는 않습니다. 1997년도에 사당을 복원하는 등 꾸준히 정화활동을 진행하여 현재는 홍살문을 제외한 대부분의 시설이 복원되었습니다. 그래서 행주대첩비 중건비도 제자리로 돌아간 것이죠.

충장사 답사를 마쳤으면 이번에는 전시관에 들려보겠습니다. 전시관은 정상으로 올라가는 길 중턱 오른쪽에 있습니다.

이 기념관은 1978년 당시에는 덕양산봉 대첩비 뒤편에 십자형으로 지었으나 그 위치가 부적합하다는 의견이 있어 1979년에 충장사 뒤편 언덕의 구무기고와 군량창고가 있던 자리로 여겨지는 곳에 다시 신축된 것입니다. 이제 와서 생각해보면 구무기고와 군량창고가 있던 자리로 추정이 된다면 필히 발굴조사를 실시하고 건축을 했어야 할 테지만 당시에는 문화재에 대한

인식이 지금과 같지 못하였으니 바로 건축물이 들어섰음은 매장문화재의 손실측면에서 안타까운 일입니다.

전시관의 규모는 정면 5칸(14.4m), 측면 3칸, 건평 39.3평(129.6m²)의 콘크리트로 된 건물입니다. 내부에는 행주대첩비 탁본, 행주대첩 당시의 무기류와 기록, 독산성전투도와 행주산성 시굴조사시 출토된 신라토기 등이 전시되어 있습니다. 첨단 시설도 없고 그리 크지 않은 전시관이지만 꼼꼼히 살펴보면 행주산성의 전반적인 상황을 살펴볼 수 있게 합니다.

먼저 독산성전투도를 보시죠. 그림을 보면 권율장군 옆에서 관군들이 쌀로 말을 씻기고 있는 모습이 있습니다. 이것은 독산성전투 당시 독산성과 세마대의 상황을 묘사한 것입니다. 1593년 권율이 이 성에 주둔하고 있을 때 가토 기요마사(加藤清正)가 이끄는 왜군은 벌거숭이산(禿山)에 축조한 이 성에 물이 없을 것으로 짐작하고 물을 부어 조선군을 조롱하였습니다. 그러나 권율은 물이 풍부한 것처럼 보이기 위해 백마를 산위로 끌어올려서 쌀을 말에 끼얹어 목욕시키는 시늉을 하자 왜군은 이에 속아 퇴각하였습니다. 이때부터 이곳을 세마대라 불렀다 하며, 1592년 여기에 세마대를 세우고 병기창을 두어 무예연습을 하게 하였습니다. 1957년 세마대를 옛 자리에 복원하였습니다. 독산성 및 세마대지는 1964년 8월 29일 사적 제140호로 지정되었습니다. 이치성전투에 이은 독산성전투의 승리는 일본군에게 있어서 '권율'의 이미지를 확고히 자리잡게 하는 계기가 되었을 것입니다.

이젠 당시에 사용된 무기를 살펴보겠습니다. 행주대첩 당시 일본군 30,000명 조선군 2,300명. 채 1/10도 안되는 군사력이었습니다. 산성에 방어하였다는 유리함이 있다고 쳐도 7전7승이라는 대승을 이뤄냈다는 것은 기적과도 같아 보이는데 어떻게 이런 일이 가능했을까요? 권율장군의 전략, 민관승연합군의 정신력무장 등과 함께 우리가 주목할 만한 것은 행주산성에서 적절히 사용된 무기류입니다. 그럼 전시된 무기를 바탕으로 조선군이 사용하였던 무기류를 살펴보겠습니다.

먼저 각종 총통류가 있습니다. 총통은 천자총통, 지자총통, 현자총통, 황자총통 등으로 나뉘어 지는데 명칭은 천자문의 순서이며, 천자총통이 가장 크고 반대로 황자총통이 가장 작습니다. 총통류는 크기만 다를 뿐 비슷한 형태로 되어 있습니다. 먼저 화약을 붓고 격목으로 다진 다음 탄환을 넣고 점화시키면 장군전, 철환 등의 탄환이 날라가는 것입니다. 상황에 따라 탄환의 종류가 달라지는데 함선이나 시설을 파괴할 때에는 길이 2.27m, 무게 33.7kg의 대장군전을 발사하고 인마살상용으로는 조란환 등을 넣어서 활용하였습니다. 격목 위에 무엇을 놓느냐에 따라 다각적인 활용이 가능했던 것입니다.

비격진천뢰라는 무기도 있었습니다. 이 무기는 중완구라는 총통류를 활용하여 발사되는데, 목표지점에 도착한 후 터지게 만든 일종의 시한폭탄이라고 볼 수 있습니다. 이 비격진천뢰도 행주대첩시 크게 효과가 있었습니다.

가장 화려하고 강력한 무기는 화차일 것입니다. 화차는 신기전기와 총통기로 나뉘어 지는데 총통기는 총통을 50여기 연결하여 한꺼번에 발사하는 장치이고 신기전기는 고려말 만들어진 '신기전'이라는 일종의 로켓을 발사하도록 만들어진 화차입니다. 총통기와 신기전기 모두 화망사격 즉, 그물을 치는 것처럼 한꺼번에 많은 공격을 하여 피해를 입히도록 만든 장치인데, 약 20m 반경 내의 적군에게 피해를 입힐 수 있었다고 합니다. 특히 '신기전'은 기록에 남아있는 세계 최초의 로켓으로서 화살에 화약을 담은 종이통을 달아 화약의 추진력으로 날아갈 수 있도록 한 것입니다. 영화『신기전』을 보면 그 무기의 활약을 확인할 수 있습니다. 물론 영화인 만큼 약간의 과장이 있음은 알고 봐야 하고요. 전시관에 전시되어 있는 신기전은 조선 문종 때 만들어 졌던 신기전을 모델로 복원한 것이라고 합니다. 이 신기전이라는 무기는 고려말 조선초에는 개인용 화기로 지급되었지만 임진왜란시에는 변이중(邊以中, 1546~1611)이 화차에 사용하도록 개발하여 큰 성과를 보이게 한 것입니다.

　이에 반하여 일본군은 조총이라는 신무기를 가지고 있었습니다. 조총은 네덜란드에서 수입된, 당시로서는 '최신 무기' 로서 조선군의 총통과는 달리 '화승' 을 이용하여 발사 시기를 조절할 수 있다는 장점이 있었습니다. 또한 정확도가 높았으며 파괴력이 강해 조선군의 어떠한 갑옷도 모두 관통할 정도였습니다. 일본군은 조총대를 3개 단위로 나누어 운영했는데 1소대가 발사하면 뒤로 빠지고 준비하고 있던 2소대가 발사하는 식입니다. 결국 조총을 발사하는 데는 20초 가량의 시간이 걸리지만 3개 단위로 운영되기 때문에 7초 가량의 시간만으로 발사할 수 있었던 것입니다. 또한 방패로 막을 수 있었던 화살에 반하여 어떠한 방어도구도 관통했기 때문에 당시로서는 '핵폭탄' 과 같은 위력을 가지고 있었다고 할 수 있습니다.

권율은 이러한 조총의 위력을 잘 알고 있었기에 조선군의 장점을 최대한 살려서 방어체계를 구축하였습니다. 일단 덕양산(행주산성)의 입지를 살려 정비하였고 총통, 화차, 진천뢰 등의 대량의 군사를 대항할 수 있는 무기, 공격용 및 방어용 물, 재주머니 등을 준비하였습니다. 조경장군은 이중으로 목책을 만들었습니다. 게다가 행주산성의 남서쪽부터 동쪽까지는 한강변이어서 수군이 제압한 조선군이 점령하고 있었던 터였고 북동쪽은 강물과 만나는 지역인지라 질퍽질퍽한 진흙으로 되어 있어서 일본군의 공격이 여의치 않았습니다. 결국 일본군은 행주산성의 서쪽지역을 집중적으로 공략하는데 이는 일본군의 최대의 실수였습니다. 좁은 통로에서 공격하는 대부대는 한꺼번에 공격하지 못하고 7개의 부대로 나뉘어 공격하였고, 지형지물과 화차를 잘 이용한 조선군은 7전7승을 거두는 기적을 연출한 것입니다. 이 하루 동안의 장면은 우리가 잘 아는 '300'이라는 영화를 떠올리게 합니다. '300'에서 스파르타의 왕은 페르시아의 대군을 맞이하여 좁은 지역에서 300명의 군사로 엄청난 숫자의 페르시아 군대를 격파합니다. 다른 점은 '300'은 픽션이고 '행주대첩'은 논픽션이라는 사실 뿐, 전략의 승리라는 점에서는 동일하죠. 전시관에 있는 다양한 무기들은 우리들에게 행주대첩의 위대한 승리를 말해 주고 있는 것입니다. 관건은 듣고자 하는 자가 준비가 되어 있는지 일 것입니다. 물론 전시관의 규모가 작고 설명이 눈에 잘 띄지 않아서 애로사항이 있기는 합니다.

전시관을 둘러 보았으면 다시 정상으로 발길을 돌려보겠습니다. 정상으로 가는 길에 오른쪽을 돌아보면 뻥 뚫려있는 전망이 너무나 시원합니다. 하지만 너무 많은 사진을 찍을 필요는 없습니다. 정상에 올라서면 사방이 터져 있을 테니까요.

올라가다가 보면 왼쪽으로 덕양정과 행주대첩비(구비)가 있습니다. 비각

안에 있는 이 비석이 원래의 행주대첩비인 것입니다. 이 비에는 알쏭달쏭한 전설이 내려오는데 일제강점기 시절, 비석에 금이 가기 시작해 점점 커진 구멍에 커다란 구렁이가 들어와 살더니만 해방이 되자 벌어진 금이 줄어들기 시작하여 지금처럼 쪼개진 듯 남아 있게 되었다는 것입니다.

덕양정은 70년대 행주산성 정화사업시 지어진 정자인데 한강풍경이 일품이니 감상하시길 바랍니다. 정상에는 1963년에 새로 만들어진 대첩비가 있는데, 야간에 행주산성을 보면 조명을 받아 반짝거리는 구조물이 바로 이것입니다. 정상에서 왼쪽으로 내려오면 충의정이 있는데 원래의 전시관 건물입니다. 지금은 행주대첩 영상관으로 사용되고 있는데, 들어가서 직원에게 보여달라고 하면 언제라도 보여줍니다.

정상에서 눈맛을 시원하게 했다면 토성으로 내려가 보겠습니다. 이 토성은 1991년 시굴조사를 거쳐 총길이 1㎞ 중 450m가량을 복원한 것으로서 오른쪽면이 굉장히 가팔라서 일본군이 쉽게 접근할 수 없었을 거란 추측을 할 수 있게 합니다. 토성의 끝지점 쯤 오면 토성의 문터가 나오는데, 현재는 문터인지 확인이 쉽지 않습니다.

문터를 지나 오른쪽으로 내려오면 다시 처음 뵈었던 권율장군의 동상을 만날 수 있습니다. 이렇게 행주산성의 답사는 마무리되는 것입니다.

8. 겸재 정선이 그린 '행호관어도'

행주산성 주위에는 권율장군의 행주대첩 외에도 재미있는 역사이야기가 많이 있습니다. '인왕제색도'로 유명한 겸재 정선이 그린 '행호관어도'에 관련된 이야기도 그중 하나 일 것입니다.

겸재 정선은 한강을 주제로 한 20여 점의 그림을 남겼는데 그 그림들은 진경산수화이어서 한강주변의 모습들을 사진처럼 생동감있게 보여줍니다.

▲ 행호관어도

그 중 수많은 고기잡이배들을 그린 〈행호관어〉라는 그림이 있습니다. 행호는 지금의 행주산성 앞 한강을 가리키는 말로, 그 행호에서 고기를 본다는 제목입니다. 이 그림에 등장하는 물고기와 가장 형태가 비슷한 한강에서 서식하는 물고기를 찾아보니, 어부들이 흔히 갈대고기 위어로 부르던 '웅어' 였습니다. 하지만 행주산성 주변에서 이 '웅어' 라는 고기는 지금은 거의 잡지 않습니다. 비싼 생선이 아니다 보니 잡아 봤자 이윤이 남지 않고 예전만큼의 물량이 잡히지 않기 때문이겠죠. 지금은 행주산성에서 좀 더 하구로 내려가면 종종 웅어잡는 어부를 만날 수 있다고 합니다. 초여름, 행주산성 앞 한강을 가득 메우며 밤을 밝히던 웅어잡이 고깃배들. 양천관아에서 행호를 내려다보며 한강의 풍광을 그리던 겸재의 손에 의해 웅어 이야기는 지금까지 이어지고 있습니다. 주변에서 잡히지는 않지만 고양시에는 웅어요리를 맛있게 하는 집이 곳곳에 숨어있으니 한번쯤 맛보고 가는 것도 좋을 것입니다. 웅어는 잘게 잘라 야채와 함께 초고추장에 비벼서 먹는 것이 별미인데 남는 웅어회는 따끈한 밥에 올려 비벼먹어도 아주 맛있습니다.

9. 행주산성 일대에 장어집이 많은 이유

행주산성 일대에는 장어를 파는 대형음식점들이 많은데 강변을 바라보면서 식사할 수 있어 운치가 있습니다. 그런데 왜 유독 행주산성 주위에 몸보신용으로 유명한 장어집이 많은 걸까요?

인천국제공항이 개항하기 전(2001년)에는 대부분의 국외 여행객들이 김포국제공항을 통해 한국을 빠져나갔고 신혼여행객들도 마찬가지였다고 합니다. 제주도나 해외로 떠나는 '신혼부부' 들은 결혼식을 마치고 김포공항과 가까운 이곳 행주산성에서 피로연을 가졌습니다. 장어집에 가서 장어를 먹으며 부부의 행복한 미래를 축복해 주었고, 아울러 몸보신도 시켜주면서 '다산' 을 기원하기도 했던 것입니다. 2000년대 전까지만 해도 행주산성 주위의 음식점들에서는 발바닥을 맞아서 웃으면서 비명을 지르는 새신랑의 모습을 심심치 않게 볼 수 있었다고 합니다. 특히 해외여행이 흔치 않던 시절에는 결혼식을 마치고 행주산성에서 피로연하고 제주도에 다녀오면 그게 신혼여행이었습니다. 이러한 연유로 해서 행주산성 주위에는 몸보신용 음식을 파는 대형음식점이 많이 생긴 것입니다. 한창때 장사하던 음식점 사장님은 돈을 세다가 잠이 들었다는 소문이 돌 정도였으니 얼마나 유명했는지 알만 합니다.

　　행주산성을 대표하는 또 하나의 별미는 행주산성 옆 자유로 변에 위치한 '국수'입니다. 지금은 수많은 국수집들이 들어서 있지만 과거에는 딱 한집이 운영되었는데 저렴한 가격과 푸짐한 양, 그리고 너무 맵지도 너무 달지도 않은 적당한 맛으로 언제나 북새통입니다. 먼저 계산을 하고 자리를 잡으면 국수를 가져다 주는 방식이니 점잖은 서비스는 기대하지 않는 것이 좋지만, 국수는 원하는만큼 더 먹을 수 있습니다. 요즈음에는 자전거 열풍을 타고 한강변을 따라 자전거를 타고오신 분들로 국수집이 만원인데, 국수집 앞에 쭉 늘어서 있는 자전거의 모습도 이채로울 것입니다. 얼마 전에는 인근에 분점이 생겨서 길었던 줄이 조금 짧아졌습니다.

10. 행주산성에서 내려오며

행주산성의 역사를 살펴보면 무언지 모를 자신감이 생깁니다. 생전 처음 겪어보는 공포스러운 전쟁에 맞서서 싸우는 조선인들은 명장 권율을 만나서 새로운 역사를 창조해 냈습니다. 연패의 늪에서 짜릿한 승리를 맛보고, 가족과 겨레의 죽음을 보고 그토록 열망하던 일본군에 대한 복수를 만들어 냈으며 채 1/10도 안되는 숫적 열세에도 불구하고 신무기 조총을 앞세운 잘 훈련된 일본군에 맞서서 싸운 사람들이 바로 우리의 선조인 것입니다. 행주대첩의 승전고는 역사를 읽고 있는 이들로 하여금 전략이 모든 가능성을 가지고 있다는 사실을 가장 확실하게 들려주고 있습니다.

이제 행주산성은 새로운 출발을 준비하고 있습니다. 1970년대에 정비된 노화된 시설을 교체하고 행주대첩의 위대함을 여실히 보여줄 '행주산성 종합정비계획'이 진행되고 있는 것입니다. 이 계획이 완료되면 행주산성 주변은 더욱 힘차고 역동적인 '행주대첩'의 이미지를 보여줄 것입니다. 단기간에 마무리를 짓는 졸속 정비이기 보다는 시간이 걸리더라도 정말 제대로 된 정비가 진행되어 행주산성 주변이 더욱 멋진 모습으로 변해있기를 기대해 봅니다.

마흔 번째 이야기

행주대첩에 대한 기록, **행주대첩비**(1602, 1845)

지정번호 경기도 유형문화재 제74호
소 재 지 경기도 고양시 덕양구 행주내동 산26-1

이 비는 임진왜란 때 행주산성(幸州山城)에서 권율(權慄)장군이 왜병을 격퇴한 승전을 기념하기 위하여 세운 비로서 1기는 선조 35년(1602)에 또 하나는 헌종 11년(1845)에 세운 것입니다.

덕양산(德陽山) 정상에 세워져 있는 초건 구비(舊碑)는 대리석으로 되어 있습니다. 비문은 최립(崔岦)이 짓고 글씨는 한석봉(韓石峰)이 썼으며 김상용(金尙容)이 전액(篆額)을 썼습니다. 비문 끝의 추기(追記)는 이항복(李恒福)이 지었고 김현성(金玄成)이 썼습니다. 이 비는 오래되어 마모가 심해지자 비문을 새로 새기면서 한때 방치되었으나 일제시대 때 비각을 다시 세워 보전하였습니다. 그 이후 비각이 훼손되자 1970년에 비각을 새로 개축하였습니다.

비문은 1593년 행주산성 대첩의 경과와 권율 장군의 공덕을 기리는 내용이 적혀 있습니다. 행주서원의 새로 세운 비는 헌종 11년(1845)에 종전의 비문을 그대로 옮겨 놓으면서 규모를 훨씬 크게 만들었습니다. 그리고 비문의 뒤에는 추기(追記)를 다시 새겨 넣었는데 비문은 조인영(趙寅永)이 짓고 이유원(李裕元)이 썼습니다. 그 내용은 기존의 기록에서 누락된 장군의 사적과 행주 기공사 중창기(紀功祠重創記)를 아울러 기록하였습니다.

이 비의 지대석은 장방형인데 넓고 큼직하여 안정감이 돋보입니다. 비신은 흑색이 가미된 화강암으로 '원수권공 행주대첩비'란 전자가 뚜렷이 남아 있습니다. 행주대첩비의 내용 중 일부를 보면 다

▲ 충장사앞에 있던 행주대첩비 중건비

음과 같습니다.

1. 행주대첩비 중건비

삼가 살펴보건대, 임진년 4월에 일본이 병력을 대대적으로 동원하여 우리나라를 침범해 왔다. 그리고는 미처 대비하지 못한 우리의 허점을 틈타서 잇따라 우리의 군진과 고을을 함락시켰으므로 온 나라가 모두 크게 경악하였다.

이에 상이 이르기를, "내가 들은 바에 의하면 권모(權某)의 재주를 한 번 시험해 볼 만하다고 하는데, 지금 그 사람이 어디에 있는가?"하였다. 이렇게 해서 공이 전임 의주목사(義州牧使)의 신분에서 바로 기용되어 광주목사(光州牧使)에 임명되었다.

당시에 조정의 신하들은 호남과 영남 지방을 사지(死地)로 여기고 있었는데, 공은 임명되었다는 소식을 듣자마자 곧장 단기로 달려 갔다. 그러나 광주(光州)에 도착하자마자 경성(서울)을 이미 지킬 수 없게 되어 왕의 행차가 서쪽으로 피난하게 되었다는 말을 듣고는 징집한 군사들을 이끌고 서쪽으로 들어가 호위하려는 계책을 세우게 되었다.

이 때 전라순찰사 이광(李洸)이 군사 4만 명을 징발한 다음, 방어사 곽영(郭嶸)과 함께 고개를 사이에 두고 북상하면서, 공(公)에게 방어군의 중위장(中衛將) 임무를 맡게 하였다. 이는 문관을 무인 취급하는 조치였으므로 혹 난색을 표하는 사람들도 있었으나, 공(公)은 의연히 "내가 행해야 할 직분이다."하였다. 직산(稷山)에 이르러 충청 군사와 합세, 수만의 군세를 이룬 뒤에 다시 수원으로 진군하였다.

이 때 이광(李洸)이 곽영(郭嶸)으로 하여금 용인에 있는 적의 진영을 먼저 공격하게 하였는데 공이 건의하기를, "왜적이 우리보다 먼저 험준한 지세를 점거하고 있는만큼, 우리가 습격하기에 유리한 형세가 못 된다. 그리고 지금 이것보다 큰 문제가 있으니, 그것은 경성이 이미 적의 손에 넘어가 있는 상황에서 주공(主公: 이광)이 한 지방의 군사들을 모두 이끌고 왔다는 점이다. 그러니 지금으로서는 오직 곧장 위로 올라가 조강(祖江)을 건넌 다음 임진(臨津)을 굳게 막아 적이 서쪽으로 향하지 못하게 하는 것이 합당할 것이다. 그렇게 되면 우리가 제압하기에 유리한 형세가 전개될뿐더러, 행재소(行在所)에 품달하여 명령을 받을 수 있는 길도 열리게 될 것이니, 장차 큰 계획을 실천에 옮길 수 있을 것이다. 따라서 지금 소규모의 적을 상대로 예봉을 다투어서는 안 될 것이요, 그렇게 하는 일은 또 만전을 기하는 일이 못 되는만큼 우리의 성세와 위신을 손상시키는 결과만 빚게 되고 말 것이다."하였다.

그리고 선봉장 백광언(白光彦)과 조전장(助戰將) 이지시(李之詩)가 각각 정예 군사 1천 명을 직접 이끌고 갈 때에도 그들이 경솔하게 진격하려는 뜻을 보이자, 공이 또 경계시키면서 상대가 먼저 공격해 오기를 기다리도록 하였다. 그러나 공의 이 모든 말들은 받아들여지지 않았다. 그리하여 결국에는 백광언 등이 모두 전사하는 사태에까지 이르고 말았는데, 이 날 밤에 군중이 지레 겁내며 놀라더니 아침에 적의 모습만 보고도 크게 무너지고 말았으므로, 제군이 모두 되돌아올 수밖에 없었다.

이에 공(公) 역시 부득이 광주로 되돌아오고 나서 잠을 잘 때에도 옷을 벗지 않은 채 다시금 주장(主將: 이광)을 설득해 보려고 하였으나 오래도록 조용히 있기만 하자, 곧장 분연히 일어나 말하기를, "지금은 신자가 가만히 앉아서 나라가 망하는 날만 기다리고 있을 때가 아니다."하고는, 마침내 그 지역의 자제 5백여 인을 끌어모으는 한편 이웃 고을에 격문을 돌려 또 1천여 인을 얻은 다음, 경상도와의 경계로 나아가 진을 쳤다.

이 때 남원(南原)의 백성들이 왜적이 들이닥치기도 전에 자기들끼리 소요를 일으키고 있다는 말을 듣고는 잠시 이를 진정시키고 위무하기도 하였다. 그리고 순찰사가 공의 보고를 접하고는 공에게 부절(符節 : 신표, 금이나 옥으로 만들어 둘로 나누어 가졌다가 필요시 맞춰보아 서로를 증명하는 것)을 내주어 임시로 도절제(都節制)를 맡게 하면서, 여러 고을의 관군을 지휘 감독하여

▲ 행주대첩비 구비

영남에서 호남으로 넘어오는 왜적의 길목을 차단하게 하였으므로, 공이 이치(梨峙)로 진군하여 험준한 지세를 의지하고 적을 기다렸다.

7월에 왜적을 만나 신속히 격퇴시켰으나, 그때 군중(軍中)에서 용맹을 떨치던 동복현감(同福縣監) 황진(黃進)이 적의 탄환에 맞아 퇴각하는 바람에 군사들의 사기가 크게 저하되면서, 미처 깨닫지도 못하는 사이에 왜적이 요새지 안으로 뛰어들어 형세가 매우 급하게 되었다. 이에 공이 칼을 빼어 들고 크게 소리를 지르며 앞장 서서 적의 칼날을 무릅쓰고 싸우자, 전사들이 모두 일당백의 용맹심을 발휘하게 되었으며, 그 결과 왜적들이 사상자를 돌볼 틈도 없이 군수물자를 낭자하게 내버려 둔 채 달아나고 말았다.

얼마 지나지 않아 멀리 행재소에서 공을 나주목사(羅州牧使)로 임명하였는데, 이는 나주가 광주보다도 중요하였기 때문이었다. 그러고 나서 곧이어 본도(전라도)의 순찰사에 임명되었다. 교서가 진중에 도착하자 공은 서쪽을 향하여 머리를 조아리며 눈물을 쏟자, 그 비통한 모습에 군사들 모두가 감

동되었다. 공이 방어사로 하여금 이치(梨峙)를 대신 지키게 하고, 자신은 전주(全州)로 달려가 도내의 군사 1만여 명을 수습한 뒤, 9월에 근왕(勤王)의 계책을 실행에 옮기려 하였다.

당시에 여러 왜적들은 평양과 황해와 개성을 나누어 점거하고 있었으며, 경성을 점거하고 있는 자들은 큰 진영을 갖추고 있었다. 이들이 군사들을 풀어 놓아 사방을 약탈하게 하는 바람에 서쪽 행재소로 가는 길이 끊어지자, 여러 근왕의 부대들이 모두 강화(江華)로 들어가서 그저 강을 사이에 두고 굳게 지키고만 있는 실정이었다.

공은 상이 의주(義州)에 머물러 있는 상황에서 왜적이 아직은 평양 이북을 넘어가지 못했다는 말을 듣고는, 우선 경성에 대한 공격을 도모함으로써 서쪽에 가 있는 적들로 하여금 동쪽을 돌보느라 틈이 없게끔 하는 것이 지금으로서는 최상의 방책이라고 판단을 하였다. 그리하여 마침내 수원의 독성(禿城)에 군대를 주둔시키고 상에게 보고를 올리니, 상이 검을 풀어 급히 내려주며 이르기를 "장수들 중에 군령을 따르지 않는 자가 있거든 이것으로 처단하라."하였다.

경성에 있는 왜적들로서는 공(公)이 군사상의 요충지에 버티고 있는 것이 걱정거리였다. 그래서 병력 수만 명을 세 개의 진영으로 나눈 뒤 오산(烏山) 등 지역에 분산 배치하고는 수시로 왕래하면서 도전을 해 왔다. 그러나 공은 성벽을 굳게 지키고 대응을 하지 않으면서 이따금씩 기병(奇兵)[1]을 내보내 예봉을 꺾어 놓곤 하였으므로, 왜적이 결국에는 아무런 소득도 거두지 못한 채 밤에 진영을 불사르고 떠나갔다.

계사년 2월에 공이 휘하의 정병 약 4천 명을 두 개의 부대로 나눈 뒤, 하

---

1 기병(奇兵) : 예상하지 못한 틈을 타서 공격하는 군대

나는 절도사 선거이(宣居怡)에게 주어 금주(衿州: 시흥)의 산에 진을 치고서 원조하게 하는 한편, 하나는 공이 직접 이끌고서 양천강(陽川江)을 건너 고양의 행주산성에 진을 쳤는데, 이 때의 병력이 실로 2,300인에 불과 하였다.

이 때 중국의 대장인 이여송공(李如松公)이 구원병을 총지휘하여 동쪽으로 내려와서는 벌써 평양을 탈환하는 등 그 위명을 크게 떨치고 있었다. 그래서 왜적 중에 평양에서 간신히 목숨을 건진 자, 황해 지방을 버리고 온 자, 개성에서 후퇴한 자, 함경도에서 풍문을 듣고 도망쳐 온 자들이 모두 경성에 모여들었으므로, 경성에 있는 왜적들은 오히려 그 형세가 더욱 강성해지고 있었다.

이러한 때에 공이 외로운 군대를 이끌고서 경성과 근접한 지역으로 들어갔던 것인데, 왜적은 공의 병력이 소수인 것을 알고는 아예 거들떠보지도 않으면서 그저 한번 엿보다가 발로 짓밟아 버리면 그만이라고 여기고 있었다.

그 달 12일 새벽에 척후하던 관리가 왜적의 출현을 보고하자, 공이 군중에 동요하지 말라고 경계시킨 뒤 높은 곳에 올라가 바라보니, 성으로부터 5리 떨어진 지점에 벌써 왜적이 벌판을 까맣게 뒤덮으며 밀려오고 있었다. 왜적은 먼저 1백여 기를 내보내 우리를 압박하더니, 이윽고 대대적으로 병력을 동원하여 성 주위를 포위하고 성곽을 타고 올라왔는데, 계속 증가되는 숫자가 다시 헤아릴 수도 없을 지경이었다.

이에 아군이 결사적으로 항전하면서 화살과 바윗돌을 비 오듯 아래로 쏟아 붓자, 왜적이 병력을 셋으로 나눈 뒤에 계속 교대로 휴식을 취하면서 공격을 가해 왔다. 묘시에서 유시까지 이어진 세 차례의 격전에서 왜적의 전세가 불리해지자, 이제는 갈대 단을 묶어 바람결에 불을 놓기 시작하였는데, 그 불길이 목책(木柵)에까지 번져 오자 성 안에서 물을 길어 와 끄기도

▲ 행주산성 정상

하였다.

그런데 다만 서북쪽의 자성(子城)을 지키던 승병의 기세가 약간 꺾인 틈을 타서 왜적이 함성을 지르며 쳐들어오자 군사들 모두가 그 분위기에 휩쓸려 무너지려는 조짐을 보였다. 이에 공이 칼을 빼들고 장수들을 질타하자 여러 장수들이 다투어 예봉을 막아 서며 육박전을 벌이기에 이르렀다.

그리하여 결국에는 왜적이 대패한 나머지 시체를 네 곳에 쌓아두고 불을 지른 뒤에 그 곳을 빠져 나갔는데, 우리 군대가 아직 남아 있는 왜적들을 붙잡아 목을 벤 것만도 130여 급이나 되었으며, 그들이 버리고 간 기치와 갑옷과 창칼 등을 노획한 것 역시 이루 헤아릴 수가 없었다.

당시에 이제독(이여송)이 개성에 진을 치고 있었는데, 그 선봉인 유격(游擊) 사대수(査大受)가 공의 대첩 소식을 보고하자 다음 날 부하를 보내 전쟁터를 돌아보게 하였으며, 또 며칠 지난 뒤에는 공과의 면회를 요청하기도 하였다. 이에 공이 군진을 정돈하고서 그를 맞았는데, 그가 와서는 탄식하며 말하기를 "외국에도 이런 진짜 장수가 있었구나."하였다.

얼마 지난 뒤에 공이 파주의 산성으로 군대를 이동시켰다. 왜적이 행주에서의 패배를 기필코 보복하려고 군사를 총동원하여 서쪽으로 향하다가, 공이 성벽 위에 서서 행주에서보다 더 엄하게 대비하고 있는 것을 멀리서 바라보고는, 그 곳을 공격하지 말라고 서로 경계하며 그냥 돌아간 것이 무려 세 차례나 되었다.

4월에 이 제독이 심유경(沈惟敬)의 계책을 들어 줌에 따라, 여러 왜적들이 강화의 약속을 얻어 냈다고 일컬으면서 어느 날 갑자기 경성을 버리고 떠나가기 시작하였다. 공이 이 소문을 듣고는 날랜 군사들을 이끌고 경성으로 달려 들어갔으나, 그 때는 이미 왜적이 한강을 건넌 뒤였다.

그런데 이 제독이 유격 척금(戚金)을 보내 공의 동정을 일일이 보고하게 하다가, 한강 나루에 있는 배들을 모두 거두어 추격하는 군대가 건너가지 못하게 방해하였으므로, 공이 울분을 터뜨리면서도 도저히 어떻게 할 수가 없어 군대를 해산시키고 본도로 돌아오게 되었다.

대체로 살펴보건대, 공은 처음부터 경성을 수복하려는 뜻을 품고 있었는데, 그것이 그만 전임 순찰사 때문에 좌절되고 말았었다. 그리하여 양호(兩湖: 호남과 충청)의 6만 병력이 집결했던 것을 계기로, 임진(臨津)으로 달려가서 기필코 지켜 낼 수 있는 그 좋은 기회를 무산시킨 채, 급기야는 수원에서 어처구니없는 패배를 맛보게 되기에 이르렀으니, 이치(梨峙)에서의 승리 같은 것은 불행을 당하고 나서 조금밖에 분풀이를 하지 못했던 것이라고 해야 할 것이다. 그러나 호남 지방이 몇 년 동안이나 사시(蛇豕)[2]가 엿보는 것을

---

2 사시(蛇豕) : 욕심이 많고 남을 해치는 사람, 즉 왜적.

면하게 하여 호남의 그 풍성한 곡물을 거두어 동쪽과 서쪽에 수송해서 충분히 공급하게 해 주었으니, 이것이 모두 누구의 덕분이라고 해야 하겠는가.

그러다가 순찰사의 직책을 대신 맡게 된 뒤로부터는 일도의 군사들을 마음대로 활용할 수 있는 위치에 있기는 하였으나, 당시에 그 병력을 진작부터 쓰고 있는 자들이 많았으니, 가령 절도사 최원(崔遠)이 병력을 먼저 장악하고서 근왕하는 대군이라고 일컫다가 강화에서 기세가 꺾여 버린 경우 같은 것은 그 대표적인 예라고 할 것이다. 그리고 이 밖에도 곳곳마다 의병이나 관군 등 여러 부대들이 혹은 싸우고 혹은 지키고 있는 경우가 한 둘이 아니었다.

그래서 공이 겨우 1만 명의 병력을 이끌고서 북상할 수밖에 없었는데, 이런 정도의 군세로는 곧장 승냥이와 범의 소굴을 두들겨 팰 수가 없었기 때문에 독성(禿城)에서 그들의 목을 잠시 누르고 있는 것만으로도 좌충우돌하는 적의 위세를 꺾어 놓음으로써 양호와 경기우도의 길이 막힘 없이 뚫리게 하는 효과를 거둘 수가 있었다.

그러다가 행주에 이르게 되어서는, 주인이 객을 맞는 유리한 위치에서 부족한 병력으로 엄청난 수의 왜적을 무찌르는 승리를 거두게 되었다. 대체로 보건대, 중국 장수가 평양을 탈환한 그 위세도 아직 남아 있었지만, 그뿐만이 아니라 이 행주의 대첩 역시 흉적의 간담을 서늘하게 하기에 충분한 효과가 있었다고 해야 할 것이다. 만약에 왜적을 겁나게 하는 이런 승리가 있지 않았더라면, 심유경(沈惟敬) 같은 자가 백 명이 있었다 하더라도, 하루아침에 왜적이 경성을 버리고 떠나가게 할 수는 없었을 것이다. 이쯤 되어서는 공이 당초에 경성을 수복하려고 했던 그 뜻이 어느 정도나마 풀어지게 되었다고도 할 것이다.

6월에 도원수(都元帥)에 임명되어 영남의 군대까지 모두 지휘하게 되었

▲ 행주서원으로 이전한 행주대첩비 중건비

는데, 그 뒤로 도원수의 직책을 내놓기도 하고 다시 임명되기도 하다가, 정유년 겨울에 제독 마귀(麻貴)를 따라 울산의 전역에 참가하였다.

그리고 무술년 가을에는 제독 유정(劉綎)을 따라 순천의 전역에 참여하였는데, 제독의 지휘를 받는 신분상의 제약 때문에, 선견지명을 발휘하여 건의를 올려도 채택이 되지 않고, 성곽을 먼저 타고 올라가는 용맹이 있어도 공을 세울 수가 없었으므로, 공만이 비통한 눈물을 흘렸을 뿐이 아니라 뜻 있는 인사들 모두가 이를 애석하게 여겼다.

그러나 이제는 왜적이 또다시 엿보면서 깊이 침입할 엄두를 내지 못하고, 얼마 뒤에는 또 군대를 철수하여 돌아가지 않을 수 없게 되어 일단 경성을 수복하고 지켜 낼 수가 있게 되었다. 이쯤 되어서는 공이 원래 품은 뜻이 이루어지게 되었다고 하겠으니 만약에 중흥을 이룬 공적을 세운 사람이 없다고 한다면 그만이지만, 있다고 한다면 과연 누구를 첫째로 꼽아야 하겠는가?

기해년에 공이 병으로 면직을 청하고 강화의 시골집으로 돌아갔다가 7월 6일에 경성의 집에서 세상을 하직하니 향년 63세였다. 부음이 보고되자 상이 크게 애도하며 정사를 보지 않고 조문과 제례와 부의를 특별히 더하게 하였다.

아, 공의 공적에 대해서는 본조(本朝)에서 뚜렷하게 드러났으니. 병신년에 공이 재차 도원수의 직책을 사직하자 윤허하지 않고 내구마(內廐馬)를 하사하며 교서를 내렸고, 임명에 사례하자 술을 하사하는 동시에 또 내구마와 말 안장을 주면서 교서를 내렸고, 다시 무술년에 파직을 청하는 상소를 올리자 특별히 장려하며 유시(諭示)를 내렸다. 공이 세상을 하직하자 관직을 추증하도록 하는 한편 대신에게 자문을 하며 시호(諡號)를 의논토록 하였다.

공의 소식이 중국 조정에도 알려졌으니 경략(經略) 송응창(宋應)은 본국에 상을 행하는 것과 관련하여 자문(咨文)을 보내었고, 병부상서 석성(石星)은 천자에게 보고를 올려 공의 공적을 아뢰었고, 천자의 명을 받든 홍려시(鴻?寺)의 관원은 본국에 칙지를 선유하였다.

그리고 전쟁에 임했을 당시에는 제독 마귀가 호령을 제대로 행한다고 칭찬하였고, 경리(經理) 양호(楊鎬)는 공의 장병이 힘써 싸우는 것을 훌륭하게 여겼으며, 세월이 흐른 뒤에도 중국 조정의 대소 관원들이 공의 이름만 들으면 그 사람됨이 어떠한지를 모두 가늠해 알 수 있게 되었는가 하면, 왜적의 여러 수령들조차도 권원수의 기거가 어떠한지 꼭 안부를 묻곤 하였다. 이러한 종류에 대해서는 태사씨(사관)가 역사에 모두 기록해 놓을 것인데, 비문에 구체적으로 써넣을 성격의 것도 아닌만큼 이쯤 해서 생략하기로 한다.

공(公)의 자(字)는 언신(彦愼)이요, 관향은 안동(安東)으로서 고려의 태사

행(幸)의 후예이다. 그리고 본조에 들어와서는 찬성 근(近)의 6대손이요, 영의정 철(轍)의 아들이니, 그러고 보면 공이 세운 공업 역시 본디 그 유래가 있다고 하겠다.

공은 사람을 다스리고 일을 처리함에 있어 특히 성심과 화기로 대하였을 뿐 결코 엄격함을 앞세우지 않았기 때문에, 누구든지 감복을 하여 위급한일에 사력을 다하게 되었다고 한다.

공은 46세 되던 해인 임오년 문과에 급제한 뒤 낭관을 거쳐 당상에 뛰어올랐고, 급기야는 유장(儒將)으로서 현달하게 되었다. 공은 관직을 역임한 것도 그다지 많지 않고 조정의 반열에 서 있었던 적도 드물다. 그저 어렵고 힘든 시대를 만났기 때문에 그 능력을 발휘했던 것일 뿐이니, 이렇게까지 입신양명하게 된 것은 원래 공이 추구한 것이 아니었다.

그런데 옛날 공의 대장 깃발 아래에 있었던 인사들이 공의 덕의를 사모하면서도 이를 선양할 길이 없자, 다투어 출자하여 힘을 모은 다음에 공의 형인 상호군공(上護軍公)에게 이를 알리고서 이 비석 건립에 서로들 힘을 쏟고 있으니, 이 또한 얼마나 가상한가.

마흔 한 번째 이야기

헌종의 명으로 권율도원수를 모시기위해 세워진,

행주서원(1842)

지정번호 경기도 유형문화재 제71호
소 재 지 경기도 고양시 덕양구 행주외동 162-1

행주서원(杏州書院)은 행주대첩을 이룬 명장 충장공(忠莊公) 권율(權慄, 1537~1599) 도원수의 전공을 기리고 호국충절을 추모하기 위하여 건립된 것으로 행주산성 서쪽 200m지점에 있습니다.

왕이 고양 서삼릉에 거동할 때마다 임진왜란 당시 공적이 높은 권율장군의 제향을 지낼 건물이 없음을 안타깝게 여겨 헌종 7년(1841)에 왕명에 의해 건립이 추진되고 이듬해인 헌종 8년(1842) 4월 29일에 완공되면서 바로 사액되었습니다. 사액명은 기공사(紀功祠)로 본래 사우(祠宇)로서 건립되었음을 알 수 있습니다. 정리하자면 본래 이곳은 권율장군을 모시기 위한 사우로 건립되었다가, 이후에 후학들을 가르치는 서원의 기능이 더해진 것입니다. 이러한 변화는 사우와 서원의 구분이 모호해지는 당시의 상황을 대변하는 것이라 할 수 있겠습니다. 읍지(邑誌)에 의하면 조선 후기에는 약 20명 정도의 원생들이 있었다고 하네요.

1845년 5월에는 권율장군의 후손과 여러 일가들이 영의정 조인영에게 요청하여 헌종 11년(1845) 8월 기공사 경내에 행주대첩비(중건비)를 건립하게 됩니다. 이 비석에 대한 이야기는 '행주대첩비' 편에서 확인하실 수 있습니다.

행주서원은 대원군의 서원철폐령에도 훼철되지 않은 고양시 유일의 서원이 되었는데, 그 이유는 행주서원과 관련된 사대부의 세력이 크지 않았기 때문이었던 것으로 추정되고 있습니다. 대원군의 서원철폐령이 '유생'들의 세력을 약화시키기 위한 정책이었음을 연

▲ 행주서원 기공사

▲ 행주서원(외삼문 보수 전)

관시킨다면 쉽게 이해되는 상황입니다.

　하지만 시간이 지나며 사우가 무너지고 담장이 붕괴되는 등 퇴락하였다가 일제강점기인 1930년대에 들어 전국 향교의 일반적 사례와 마찬가지로 관심있는 지방 유지 및 유림들의 노력으로 다시 복구되었습니다. 이렇게 복구된 건물은 한국전쟁을 지나며 다시 소실되었으며, 이후 사당은 터만 남은 채 문간채와 강당만으로 한동안 유지되었습니다. 당시 행주초등학교도 소실되어 서원 강당에서 학생들이 수업을 받기도 했답니다.

　1970년대 이후 또한 차례의 변화가 찾아오는데 바로 '행주산성정화사업'입니다. 행주산성 내에 권율 도원수의 새로운 사당인 '충장사'를 건립하게 되는데요. 행주서원에 있던 행주대첩비도 당시에 충장사 앞으로 옮겨지게 되었던 것입니다.

　이후 행주서원에서 올리던 제향은 충장사로 옮겨지게 되었고, 기공사는 빈 터로 유지되다가 1988년 이후 꾸준히 재건하여 현재의 모습을 갖추게 됨니다. 1999년 7월에 사당을 신축하면서 다시 기공사에서도 제향을 올리게 되었답니다.

한편 행주서원은 고양시의 역사와 관련된 재미있는 에피소드가 많이 전해집니다.

한때 6.25때 훼손된 행주서원은 마을주민들이 살림집으로도 이용했었다고 하는데요. 일대가 모두 쑥대밭이 된 상황에서 어쩔 수 없는 선택이었을 겁니다. 당시에 문간채를 개조해서 살림집으로 사용하면서 외삼문이었던 문간채는 외이문이 될 수 밖에 없었지요. 이 문간채에서 아이들이 출산되기도 했다고 합니다. 이 '외이문'은 최근까지도 그 모습을 유지하다가 2011년에 비로소 원래의 모습을 되찾게 되었답니다.

고양시
문화유산
조선시대

마흔두번째이야기

임진왜란의 숨은 영웅을 기리는

밥할머니석상(17세기)

지정번호 향토문화재 제46호
소 재 지 경기도 고양시 덕양구 동산동 10-2

삼송초등학교

고양중·고등학교

삼송역

통일로

고양대로

356

창릉동
주민센터

동산동 비석군

밥할머니석상

지축역

통일로

밥할머니석상은 동산동 창릉 모퉁이 공원에 위치하고 있습니다. 2004년 12월 정비한 이 공원 내에는 현재 이 석상 이외에도 3기의 비석이 세워져 있습니다. 총 4기의 석물 중 가장 동북쪽에 위치한 밥할머니석상은 다른 석물과는 달리 북한산을 바라보며 45° 정도 옆으로 세워져 있습니다. 석상의 옆에는 '동산동 밥할머니석상 이야기' 라는 안내판이 있어 이 석상과 관련된 전설을 기록해두고 있습니다.

석상은 최근에 만들어진 대좌를 포함하여 총 높이 155.5cm이고 현재 얼굴 부분이 소실된 상태입니다. 석상의 팔목과 어깨 등은 매우 풍만하여 전체적으로 얇은 곡선들이 몸을 휘감은 듯 보입니다. 수인의 경우 왼손은 시무외인(施無畏印)을 하고 오른손은 약함을 받치고 있습니다. 입상(立像)으로 생각되는데 무릎아래 부분이 결손되어 정확한 양상은 알 수 없네요. 석상의 뒷면은 비교적 평평하게 다듬어져 있는데, 따로 광배를 만들어 받쳤을 가능성이 있습니다. 이처럼 밥할머니석상은 제작당시에는 약사불로써 조성되었을 것으로 추정되며, 형태상 고려말에 제작된 것으로 추정됩니다.

동산동 밥 할머니의 본래 성씨는 해주오씨 (밀양박씨라는 설도 있습니다.)로 알려져 있습니다. 장성한 뒤 남평 문씨 문옥형(文玉亨)에게 출가하여 병자호란 대에 크게 활약하는 외아들 문천립을 두었습니다. 임진왜란이 일어나자 고양과 서울 은평구, 양주군 일대에서 의병과 관군에게 큰 도움을 주어 나라에 공적을 세우게 됩니다. 현재 고양지역에서는 이 밥 할머니가 행주대첩, 승리의 주역인 행주치마 부대의 여성 의병장으로 보고 있습니다. 당시 인조반정에 일부 참여하고 병자호란 전란으로 어려움에 처한 백성들을 위해 구휼에 참여한 것으로 알려져 있습니다. 특히 외아들인 문천립은 어머니인 밥 할머니를 도와 공적을 더 했으며 소현세자와 봉림대군이 연경에 볼모로 갔을 때 이들을 모신 공으로 하여 가선대부의 품계를 하사 받기도 했습니다.

전쟁이 끝난 후에도 밥 할머니는 국가로부터 받은 토지를 이용하여 많은 백성들의 빈민구제와 배고픔을 해결하는데 크게 공헌하였다고 합니다. 이러한 이유로 고양지역과 서울 은평구 지역에서는 밥 할머니란 별칭을 얻게 되었지요. 밥 할머니가 돌아가시자 그 묘소를 지금의 은평구 불광중학교 부근에 조성하였지만 지금은 이장하여 그 흔적을 찾기가 어렵다고 합니다.

여성의병장 밥 할머니의 석상은 당시의 사회적 분위기로 보았을 때 대단한 배려 속에서 유지 되었습니다. 중국의 사신들과 고위관리들이 지나는 관서대로, 한양의 입구에 세워진 이 밥 할머니의 위상은 매우 컸다고 해요. 그 후손들도 묘소 인근에 머물며 조상의 공적을 기렸다고 합니다. 그러나 나라를 일제에게 강점당한 후 밥 할머니의 목 부분이 훼손되어 얼굴과 머리 부분을 잃어버리고 말았다고 전해집니다. 마을 주민들은 이 머리부분을 새로 만들어 드리면 자꾸 마을에 좋지 않은 일이 생기고 옛 모습 그대로 있어야 민속, 문화적 가치가 높아 지금모습 그대로 모시고 있다고 하시네요. 앞으로 학술적인 연구가 좀 더 이루어지면 밥할머니에 대한 이야기도 '전설'이 아닌 '역사'로 자리매김 할 수 있을 것으로 생각됩니다.

밥할머니석상은 약사불로써 조성되었지만, 임란이후에 밥할머니로 모셔지게 됨으로써 마을을 지켜주는 수호신으로 모셔지고 있는 흥미로운 문화유산입니다. 고양지역의 역사와 전설, 우리나라 사람들의 슬기와 아픔을 간직한 이 석상은 2013년 고양600년을 기념하여 좀 더 좋은 환경으로 이전할 계획에 있습니다. 이전이 완료되고, 주변지역이 정비되면 좀 더 가까운 곳에서 밥할머니를 만나게 될 수 있을 것입니다.

마을 주민들은 밥할머니석상 이야기를 안내판으로 남겨놓았는데 안내판의 내용은 다음과 같습니다.

동산동 밥할머니석상 이야기

동산동 창릉 모퉁이 공원에 세워져 있는 이 밥 할머니는 다른 이름으로 고석 할머니, 보시 할머니, 보살 할머니 등으로 부르는 석상이다. 이 석상에 대하여 동산동 주민들은 물론 고양시 일대, 서울시 은평구 지역에서는 임진왜란 때 나라를 구한 할머니로 오래 전부터 구전되어 오고 있다. 특히 밥 할머니의 정신적인 배경이 되고 있는 북한산 노적봉 일대의 이야기가 가장 유명하여 석상의 방향을 노적봉이 보이도록 하였다.

조선조 임진왜란 당시 이곳 고양과 서울 서북쪽 일대는 연일 치열한 전투가 계속되고 있었다. 1593년 1월 27일에 치루어진 벽제관 전투에서 크게 패한 명나라군은 전의를 상실하고 개성으로 후퇴하였고 명나라 일부군사와 조선군사들도 왜군에게 포위되어 큰 어려움에 처해있던 때였다. 매일 모여 적의 포위망을 열기 위한 회의를 개최하였으나 별 소용이 없어 실의에 빠져 있을 때 한 할머니가 나타나 귓속말로 그 대책을 이야기하곤 사라졌다. 귓속말을 들은 조선, 명 연합군은 크게 기뻐하며 석회를 덕수천에 흘려 보내고 곧 전투 준비에 들어갔다.

이 포위망을 열 방도를 알려준 할머니가 바로 밥 할머니다. 밥 할머니는 노적봉에서 내료온 즉지 마을 사람들과 볏짚을 만들어 노적봉에 쌓아 마치 노적가리와 같게 만들었고 할머니 자신을 떡 장사로 변장하여 왜군이 주둔하고 있는 덕수천 부근으로 갔다. 밥 할머니를 본 왜군은 할머니에게 왜 자신들이 매일 마시던 덕수천이 뿌옇게 되었는지 그 연유를 물어보게 되었다. 이에 할머니가 노적봉을 가리키며 산에 조선·명나라 군대가 있는데 얼마나 병력이 많은지 저 큰 노적가리 아래에서 쌀을 씻어 이 물이 이렇게 혼탁하게 된 것이라 하였다. 그 말에 겁을 먹은 왜군들이 서서히 후퇴하여 포위망이 풀렸고 이때 조·명 연합군이 일시에 왜군을 공격해 무사히 탈출할 수 있었다.

이 이야기는 이 지역에서 폭넓게 전해오는 전설이다. 이 싸움 후에 이러한 할머

▲ 고양 밥할머니 석상

니의 활동을 전해들은 왕이 할머니의 공덕을 기리기 위해 그 석상을 만들도록 했다고 한다. 이 후 밥 할머니의 석상은 이 지역일대의 수호신으로 모셔져 왔으며 일제 식민지 시대에 이르러 목이 떨어지는 등의 수난을 겪다가 2004년 창릉 모퉁이 공원을 정비하고 준공하면서 이 자리에 모시게 된 것이다.

마을 주민들은 이 밥 할머니의 국난극복 정신을 후대에 널리 알리고, 민족애와 한민족의 정체성을 더욱 높이기 위해 이 안내문을 세운다.

2004. 12.

동산동 밥 할머니 보전위원회

마흔 세 번 째 이야기

임진왜란의 명장, 김명원선생 묘(1602)

지정번호 향토문화재 제10호
소 재 지 경기도 고양시 덕양구 관산동 산71-1

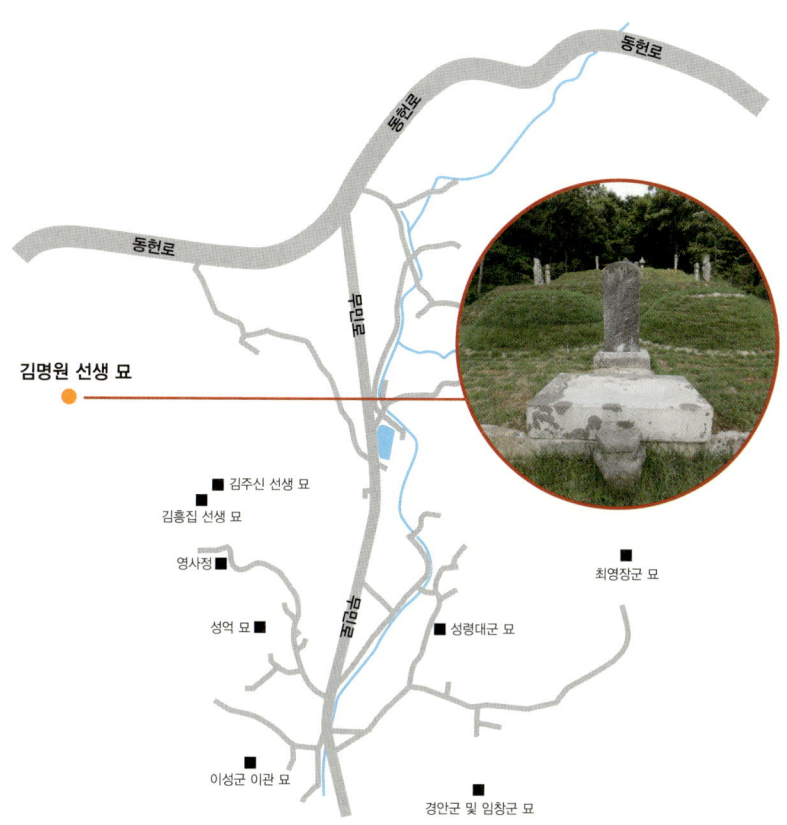

김명원선생묘(金命元先生墓)는 관산동 경주김씨 묘역에 서향(西向)으로 위치하고 있으며 정경부인 청주한씨(貞敬夫人 淸州韓氏)의 묘와 쌍분(雙墳)을 이루고 있습니다.

묘 앞에 세워져 있는 신도비는 숙종 21년(1695) 5월에 건립된 것으로 장방형 비좌와 옥개, 비신을 갖추고 있습니다. 비의 앞면에는 '평란공신 좌의정 경림부원군 증시충익 김공신도비명(平難功臣左議政慶林府院君贈諡忠翼金公神道碑銘)'이라 전자되어 있습니다. 비문은 이정구(李廷龜)가 짓고 김종연(金宗衍)이 썼으며 김창협(金昌協)이 전(篆)을 하였습니다. 비문은 대체로 판독이 가능할 정도로 보존 상태가 좋으나 곳곳에 총탄 자국이 나 있으며 훼손된 곳도 있습니다.

김명원은 조선 중기(中期)의 문신으로 중종(中宗) 29년 (1534)에 출생하여 선조(宣祖) 35년(1602)에 돌아갔습니다. 자는 응순(應順), 호는 주은(酒隱)이며 본관은 경주(慶州)로서 관찰사 김만균(金萬鈞)의 아들입니다. 퇴계(退

▲ 김명원 선생 묘

溪) 이황(李滉)의 문인으로 명종(明宗) 13년(1558) 사마시(司馬試)에 합격하고 3년 뒤 식년문과(式年文科) 갑과(甲科)로 급제했습니다. 선조 2년(1569) 종성부사(鐘城府使) 등 내외직을 역임하였고, 선조 20년(1587) 좌참찬(左參贊)으로 지의금부사(知義禁府事)를 겸임하였습니다. 선조 22년(1589) 정여립(鄭汝立)의 모반사건을 수습하는 데 공을 세워 평란공신(平難功臣) 3등에 올라 경림군(慶林君)에 봉해졌습니다. 선조 25년(1592) 임진왜란이 일어나자 순검사(巡儉司)가 되고 이어 팔도도원수(八道都元帥)로서 임진강(臨津江) 방어전을 벌여 적의 침공을 지연시켰습니다. 난중에 행재소(行在所) 경비에 전력했고 이듬해 명나라에서 원병이 오자 병으로 도원수의 자리를 내놓고 호조·예조·공조의 판서를 역임하였습니다. 선조 30년(1597) 정유재란이 일어나자 병조 판서로 유도대장(留都大將)을 겸임하여 전장에 나가 지휘하였습니다. 그 후 좌찬성, 이조판서, 우의정 등을 역임하고 선조 33년(1600)부원군에 진봉되어 좌의정에 올랐습니다. 유학에 조예가 깊고 병서, 궁마에도 능하였으며, 시호는 충익(忠翼)입니다. 신도비에는 다음과 같은 일화가 전하는데 임진왜란 때 김명원 선생이 거둔 명성은 대단한 것이었다고 합니다.

▲ 김명원 선생 묘의 석물

▲ 김명원 선생 신도비

임진년(1592) 난리가 일어나자 다시 순검사(巡檢使)가 되었으며, 얼마 되지 않아 8도 도원수(都元帥)에 제수되었다. 임금이 서쪽으로 피난가니 도성(都城)의 사람들이 크게 동요하였는데, 김명원 공은 상중(喪中)에도 종군(從軍)하여 임진강(臨津江)에 물러나 진을 치고 흩어진 병사들을 소집하여 방책(防柵)을 세우고 여울로 방어하였다. 형세가 차차 정돈되어 적(敵)이 감히 쉽게 넘보지 못하자 김명원 공이 또한 병사들을 타일러 움직이지 않게 하였다. 조정에서는 그가 출격(出擊)하지 않음을 의심하여 사람을 보내 독촉하였다. 여러 장수들이 강을 건너갔다가 적의 복병(伏兵)을 만나 크게 패하여 신길, 유극량 등이 모두 죽었다. 김명원 공은 임진강 하구로 달려가 남은 병사들을 거두어 후퇴하던 차에 적이 평양을 함락하였다. 김명원 공은 순안(順安)에 주둔하고 있었는데, 유격(遊擊) 기마병(騎馬兵)이 날마다 부현(斧峴)으로 출몰하였다. 김명원 공은 밤낮으로 진영을 떠나지 않았으며 옷을 벗지도 않았다. 요새지(要塞地)에 여러 장수들을 배치하여 적의 진로를 막아 행재소(行在所:임금이 머무는 곳)를 호휘하니 적이 감히 서쪽으로 나오지 못하였다. 중국 장수 사유(史儒)가 경솔하게 진격하였다가 패하자 한결같이 크게 놀라며 모두 적병이 곧 쳐들어온다고 말하였다. 그때 임금의 행차는 용만(龍灣:의주(義州) 근처 압록강 나루)에 머물러 있었는데 어떤 이는 김명원 공에게 빨리 행재소에 이 사실을 알리라고 청하였다. 공은 말리면서 말하기를

『조금 기다려 동태를 살펴도 늦지 않다.』

라고 하였는데 조금 뒤에 적의 움직임이 없다는 것을 듣고 군대의 부하들이 감복하였다.

방어사(防禦使) 김응서(金應瑞)가 조정에서 진병(進兵)을 경계하고 있는 줄 알면서도 여러 번 공첩을 보내 싸움을 청하여 김명원 공을 시험하자 싫으면서도 공첩대로 시행하기로 하였다. 순찰사 이원익(李元翼) 공이 곁에 있다가 놀라며 말하기를

『공은 어찌하여 조정에 품신(稟申)하지도 않고 곧바로 싸움을 허락하는가?』

라고 하였는데 공은 대답하지 않았다.

이윽고 김응서가 출병하여 배회하였으나, 적을 보지도 못하고 돌아갔고, 공도 또한 이를 묻지 않았다. 다만 이원익 공에게만 사사로이 말하기를

『저 사람은 마음이 곧지 못하니 삼가 가벼이 믿지 마시오.』

라고 하니 이원익 공은 혀를 내둘렀다.

계사년(1593)에 중국 군대가 와서 김명원 공의 계책과 대응방법을 도와주었는데 움직임의 기미와 의당함을 주선하자 중국 장수가 그 의견에 따라서 싸울 때에는 반드시 김명원 공에게 자문을 구하였다.

고양시
문화유산
조선시대

마흔 네 번 째 이야기

이순신을 이어 삼도수군통제사로, 류형장군 묘(1615)

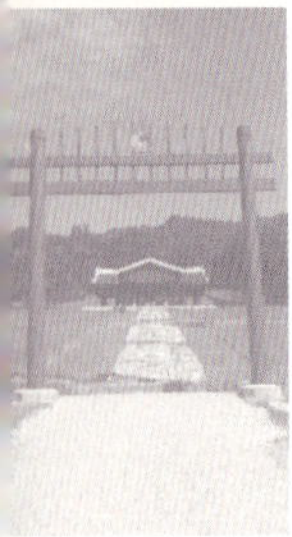

지정번호 경기도 기념물 제50호
소 재 지 경기도 고양시 덕양구 행신동 698

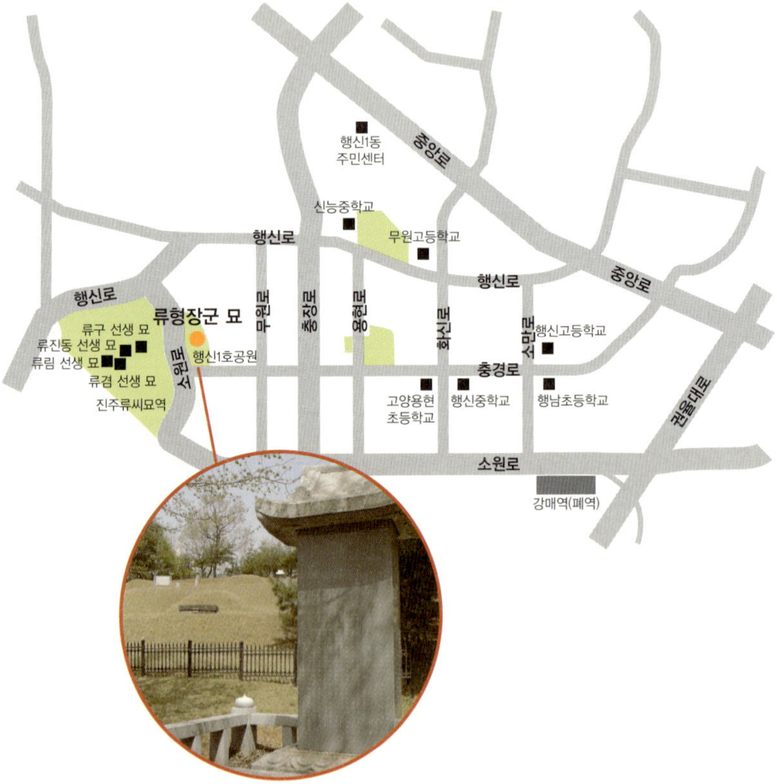

행신1동
주민센터
중앙로
신능중학교
무원고등학교
행신로
행신로
행신로
중앙로
류형장군 묘
무원로
충장로
용현로
화신로
소만로
행신고등학교
류구 선생 묘
류진동 선생 묘
류림 선생 묘
류겸 선생 묘
진주류씨묘역
소원로
행신1호공원
충경로
고양용현
초등학교
행신중학교
행남초등학교
권율대로
소원로
강매역(폐역)

임진왜란 때 크게 활약한 류형(1566~1615) 장군의 묘입니다. 봉분은 사성으로 둘러싸였으며, 봉분 우측에 묘비가 있고 봉분 앞에는 상석과 향로석이 갖추어져 있습니다. 상석 전방 좌우에는 문인석이 있습니다.

계미(癸未) 10월에 건립(建立)된 오석(烏石)의 묘표(墓表)는 옥개석(屋蓋石)이 있는 폭 42cm, 두께 21cm, 높이 132cm의 크기로「선무원종일등공신(宣武原從一等功臣) 증대광보국숭록대부(贈大匡輔國崇祿大夫) 의정부영의정(議政府領議政) 진산부원군(晋山府院君) 행가의대부삼도통제사(行嘉義大夫三道統制使) 충경유공형지묘(忠景柳公珩之墓)」라 새긴 표문(表文)은 이세찬(李世燦)이 썼습니다.

신도비는 묘소 아래 길 옆에 있는데, 원래의 비문은 이정구(李廷龜)가 짓고 김현성(金玄成)이 글을 쓰고, 김상용(金尙容)이 전액(篆額)을 썼습니다. 그러나 현재의 비는 이정구가 찬한 것을 정학교(丁學敎)가 글을 쓰고, 이남식(李南軾)이 전액하여 고종 11년(1874)에 다시 건립한 것입니다. 크기가 폭 75cm, 두께 47cm, 높이 173cm이며 옥개석(屋蓋石)이 있고, 비문(碑文)에는「증영의정보조공신(贈領議政補祚功臣) 봉진산부원군(奉晋山府院君) 시충경유공신도비명(諡忠景柳公神道碑銘)」라는 기록이 남아있습니다.

▲ 진주 류씨 재실, 사당

류형(柳珩)은 류진동(묘소가 고양시 향토문화재 제28호로 지정됨.)의 손자이자 류용(柳溶)의 아들인데, 류용 역시 정3품까지 오른 무관이었습니다.

류형은 어린 시절부터 그 호탕함이 남달랐던 것 같습니다. 안장도 없이 말을 타고 여기저기 돌아다니고 공부를 등한시하는 그를 어머니가 걱정하자

"사내로 태어나 어렸을 적에 비록 낙척(落拓)하여 지내더라도 장성하면 반드시 공업을 세워서 영화롭게 봉양할 것이니 걱정마세요." 했다고 하니 그 호탕함을 알 만합니다.

15세가 되자 드디어 학문에 관심을 가지는데, 놀기 좋아하는 습관을 한순간에 버리고 열심히 공부했다고 합니다.

이후 류형은 임진왜란이 일어나자 의병장 김천일(金千鎰)의 휘하에 들어가 강화에서 활약하였습니다. 2년 뒤인 1594년, 무과에 급제하였고 선조의 친유(親諭)에 감격하여, '진충보국(盡忠報國)'을 새기고 충성을 다하여 나라를 지킬 것을 다짐합니다. 1597년 정유재란 때 충무공 이순신 장군의 휘하에 들어가 수군을 재건하였고, 남해 앞바다의 전투에서는 명나라 제독 진린

▲ 류형장군 묘

(陳璘)과 이순신을 곤경에서 구하였습니다. 이 때문인
지 충무공 이순신은 류형을 특별히 아꼈는데, 비록 나
이는 어리지만, 성품이 청렴결백하고 애국심이 강하며
군사를 다루는데 능했기 때문입니다. 이후 이순신과
함께 여러 전투에 참가하여 한산도대첩 등에서 혁혁한
공을 올렸습니다.

정유재란의 막바지인 1598년 류형은 이순신 삼도
수군통제사와 함께 '노량해전'에 참가합니다. 노량해
전은 퇴각하는 왜군과 침략군을 응징하려는 조선군의
총력전이었는데, 양 측 모두 사력을 다해 싸운 전투였
기에, 조선군의 승리임에도 불구하고 이순신이 순직하
는 등 조선군의 피해도 만만치 않았습니다. 류형 역시

▲ 류형장군 묘비

조선군을 진두지휘하다가 5발의 총탄을 맞았지만 살아남았습니다. 류형은
깨어난 후 이순신이 사망했다는 소식을 듣고 매우 슬퍼하였으며, 그의 뒤를
이어 노량해전을 승리로 마무리 지었다고 합니다. 류형이 이순신의 뒤를 이
어 삼도수군통제사가 된 사연이 다음과 같이 전합니다.

겨울에 (류형이) 부산첨사(釜山僉使)로 탁배(擢拜)되었으나 부임하기도 전에 경
상좌도 수군절도사(慶尙左道水軍節度使)에 초수(超授)되었다. 한음 이공이 앞서 제독
유정(劉綎)의 진영에 있을 적에 일찍이 통제사 이공에게 비밀히 서신을 보내 묻기
를, 「공의 수하로서 공을 대신할만한 사람은 누가 있습니까?」라고 하니, 말하기를,
「류모(柳某)의 위에 설 자는 없습니다.」라고 하였으며, 그 후에 또 물으니 다시 말하
기를, 「충의담략(忠義膽略)이 세상에 그에 비할 자가 없으니 벼슬이 비록 낮으나 크
게 쓸만합니다.」라고 하였다.

한음이 돌아와서 조정에 아뢰어 마침내 이렇게 제수된 것이니 특별히 전공(戰功)에 대한 상으로 그런 것만은 아니었다.

경자년에 충청수사(忠淸水使)가 되었고, 신축년에 전라우도 수사(全羅右道水使)가 되었으며, 임인년에 특별히 가선대부(嘉善大夫)로 품계가 올라 통제사에 임명되었다.

이순신은 류형이 자신을 이을 장군임을 알아보고 있었던 것입니다.

류형은 임진왜란과 정유재란이 끝난 후, 현장에서 느낀 군행정의 부조리를 정비하는데 총력을 기울여 군사들이 전투력 증강에 집중할 수 있는 환경을 조성합니다. 그는 특히 용병에 능하고, 통제영(統制營)의 기계설비와 회령·경성의 축성 등 적을 방어하기 위한 군사시설의 확립에 주력하였습니다. 1615년 50세의 나이로 사망하였으며, 전라남도 해남의 민충사에 제향되었습니다.

마흔 다섯 번째 이야기

홍이상 선생 묘(1615)

지정번호 향토문화재 제13호
소 재 지 경기도 고양시 일산동구 성석동 산56-1

중산초등학교

중산중학교

고봉산

교통안전공단
고양자동차검사소

홍이상 선생 묘

연세대학교
일산축구장

정지운 선생 묘

안곡습지공원

안곡
초등학교

안곡
고등학교

성석로

고양대로

356

고양대로

98

98

▲ 홍이상 선생 묘역

묘는 성석동 고봉산(高峰山) 기슭에 남향하여 위치하고 있습니다. 배(配) 증정경부인(贈貞敬夫人) 안동 김씨(安東金氏)의 봉분과 쌍분(雙墳)을 이루었는데 봉분의 둘레는 각 15cm이고 높이는 240cm입니다. 묘 앞에는 묘비, 상석, 향로석이 있으며 그 좌우에는 망주석, 문인석이 각각 배치되어 있습니다. 봉분 앞으로 이준(李埈)이 찬(撰)한 묘비가 있는데 크기는 높이 170cm, 폭 65cm, 두께 25cm입니다.

신도비는 묘소에서 약 150cm 아래 지점에 서 있는데 인조 8년(1630)에 건립하였습니다. 현재 화강석의 귀부는 작은 평형으로 마멸이 심하며 아수는 조각이 정교하고 뚜렷하게 볼 수 있습니다. 비문은 이정구(李廷龜)가 짓고 이현(李玹)이 썼으며 김상용(金尙容)이 전(篆)을 하였습니다. 대리석 비신의 규모는 높이 200cm, 폭 115cm, 두께 29cm입니다.

홍이상은 조선 시대 중기의 문신으로 명종 4년 (1549)에 출생하여 광해군 7년(1615)에 돌아갔습니다. 처음 이름은 인상(麟祥)이며 자는 원례(元禮), 또는 군서(君瑞)입니다. 호는 모당(慕堂)이며 본관은 풍산으로 수(修)의 아들입니다. 고양팔현(高陽八賢)의 한 사람인 행촌(杏村) 민순(閔純)의 문인으로 선조 6년 (1573) 사마시(司馬試)를 거쳐 6년 뒤 식년문과에 갑과로 급제하였습니다. 예조와 호조 좌랑, 파랑을 거쳐 정언 수찬, 지제교(知製敎)를 거쳐 병조정랑(兵曹正郎)을 지냈습니다. 사가독서를 한 후에 교리, 직제학, 동부승지 등을 거쳐 이조참의가 되었습니다. 선조 25년 (1592) 임진왜란 때는 예조참의로서 왕을 평양까지 호종(扈從)하였으므로 병조참의에 전임되었

습니다. 선조 27년 (1594) 성절사(聖節使)로
명나라에 다녀온 뒤 곧 경상도 관찰사로 외직
을 맡았는데 비변사(備邊司)와 긴밀한 연락을
취하여 왜장끼리의 이간책을 강구하여 성공
시켰습니다. 전란이 끝난 뒤 대사성(大司成)
이 되었으나 영남의 유생 문경호(文景虎) 등
이 올린 성혼(成渾) 배척상소를 극구 반박하
여 성혼을 변호하다가 안동부사로 좌천되었
습니다. 이후 청주 목사가 되고 광해군 즉위
년에 대사헌이 되었으나 당파간의 계속되는
옥사에 염증을 느끼고 모든 관직을 버리고 송도에서 돌아갔습니다.

▲ 홍이상 선생 묘비

시호는 문경(文敬)이며 저서로는 [모당유고(慕堂遺稿)]가 있습니다. 고
양의 문봉서원에 제향된 고양팔현의 한사람입니다. 그의 삶을 그린 평생도
(1781년 작 : 단원 김홍도)는 유명합니다. 그의 시를 한수 옮겨 적어 봅니다.

야좌청우(夜坐聽雨) - 밤에 앉아 빗소리를 듣고
반야공당촉영사(半夜空堂燭影斜) - 밤 깊도록 빈 방에 촛불이 가물가물
홀문창외우성과(忽聞窓外雨聲過) - 언 듯 듣는 창밖에 지나가는 빗소리
행화소식응비원(杏花消息應非遠) - 살구꽃이 필 날도 얼마 남지 않았거니
욕해춘삼문주가(欲解春衫問酒家) - 봄 옷 벗어 잡히려 술집을 물어보네

마흔여섯 번째 이야기

일타홍의 연인, 심희수 묘(1622)

지정번호 향토문화재 제37호
소 재 지 경기도 고양시 덕양구 원흥동 406-1

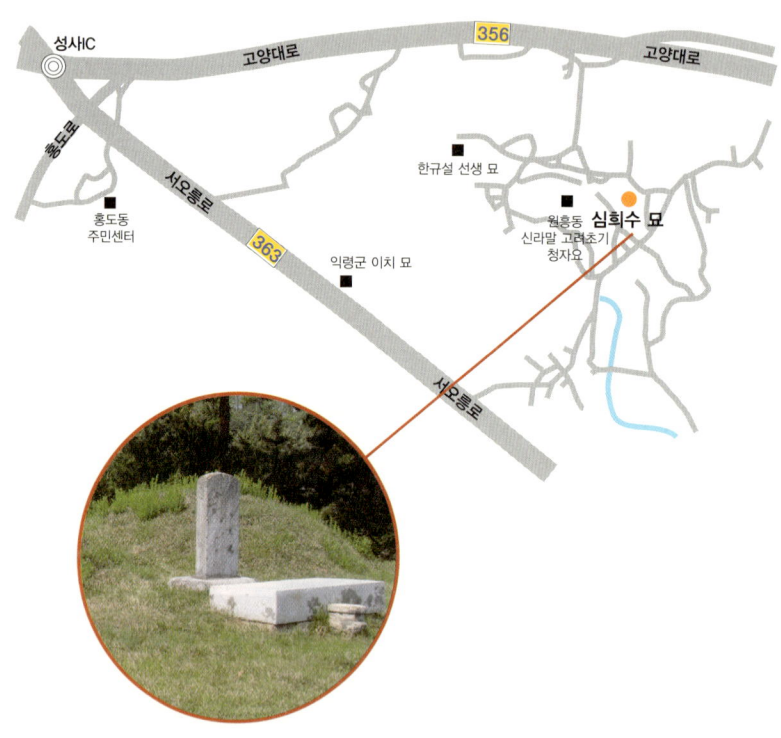

심희수(沈喜壽)는 1548년(명종 3)에 태어나 1622년(광해군 14)에 사망한 조선 중기의 문신입니다. 본관은 청송(靑松). 자는 백구(伯懼), 호는 일송(一松) 혹은 수뢰루인(水雷累人). 정자(正字) 건(鍵)의 아들이며, 인순왕후(仁順王后)의 종제이고, 이연경(李延慶)의 외손자입니다.

노수신(盧守愼)의 문인으로, 1570년(선조 3) 진사시에 합격하여 성균관에 들어갑니다. 이해 이황(李滉)이 죽자 성균관을 대표하여 장례에 참여하였고, 1572년 별시문과에 병과로 급제하여 승문원(承文院)에 보임되고 1583년 호당(湖堂)에 뽑혀 사가독서(賜暇讀書)하였습니다.

1589년 헌납으로 있을 때 정여립(鄭汝立)의 옥사가 확대되는 것을 막으려다 조정과 뜻이 맞지 않아 한때 사임하였다가 이듬해 부응교가 되었습니다.

1591년에는 응교로서 선위사(宣慰使)가 되어 동래에서 일본사신을 맞았으며, 이어 간관이 되어 여러 차례 직언을 하다가 선조의 비위에 거슬려 사성으로 전직되었습니다.

1592년 임진왜란 때는 의주로 선조를 호종하여 도승지로 승진하고, 대사헌이 되었습니다. 때마침 명나라 조사(詔使)가 오자 다시 도승지가 되어 응

▲ 심희수 묘

접하니 그가 중국어를 잘 하였기 때문입니다.

이해 겨울 형조판서를 거쳐 호조판서가 되어 명나라 경략(經略) 송응창(宋應昌)의 접반사(接伴使)가 되어 오래도록 서도(西道)에 있었으며, 송응창을 설득하여 관서의 기민구제(飢民救濟)에 진력하였습니다.

1599년 예문관제학·예조판서를 거쳐 이조판서가 되고, 홍문관·예문관의 대제학을 겸하고서 안으로는 사명(辭命)을 장악하고 밖으로는 접빈(接賓)에 힘썼습니다. 좌찬성·우찬성 등을 거쳐 우의정에 올랐으며, 청백리(淸白吏)에 뽑혔습니다.

1606년 성균관에서 익명의 투서가 나왔는데, 선조가 이를 색출하기 위하여 유생들의 심문을 고집하자 그는 불가함을 말하여 뜻을 관철시켰으며, 그해 가을에 좌의정에 올랐습니다.

이듬해 선조의 생부인 덕흥대원군(德興大院君)을 추숭하려 하자 예전(禮典)에 어긋남을 강력하게 표하여 그 논의를 중지시켰습니다.

1607년 선조가 죽고 광해군이 즉위하자 다시 좌의정으로 입상(入相)하였습니다.

그러나 권신 이이첨(李爾瞻) 등이 국정을 장악하여 임해군(臨海君)을 극형에 처하려 하자 이의 부당함을 주장하였습니다.

1613년(광해군 5) 계축옥사가 일어나 부원군 김제남(金悌男)이 죽고 이이첨 등이 영창대군(永昌大君)을 옥사의 주모자로 몰아 해치려 하자 이항복(李恒福)·이덕형(李德馨) 등과 강력하게 그 부당성을 논하였으나 뜻을 이루지 못하였습니다.

이듬해에 영창대군의 처형은 인륜에 어긋나며, 그 가해자인 강화부사 정항(鄭沆)을 참수하라고 주장하다가 광해군의 노여움을 산 정온(鄭蘊)을 적극 변호하여 귀양에 그치게 하였습니다.

1615년 영돈령부사(領敦寧府事)로 있을 때 명나라에 사신으로 다녀온 허균(許筠)과 중국 야사(野史)에 나타난 종계문제(宗系問題)로 다투다가 궐외로 축출되고 이듬해 폐모론이 다시 일자 둔지산(屯之山)에 은거하여 《주역》을 읽고 시를 읊으며 자신의 지조를 지켰습니다.

1620년 판중추부사에 임명되었으나 끝내 나가지 않았다. 문장에 능하고 글씨를 잘 썼습니다.

▲ 심희수 묘비

저서로는 《일송집》이 있습니다. 상주의 봉암사(鳳巖祠)에 제향되었다. 시호는 문정(文貞)입니다.

1613년에 만들어진 교지는 길이 298cm, 폭 37.5cm의 규모인데 재료는 한지와 무명을 사용하였습니다. 이 교지에는 1등에 5명, 2등에 14명, 3등에 28명이 녹선되어 있는데 심희수는 이산해, 이원익 등과 함께 2등에 속해 있습니다. 교지의 글은 목대흠이 만들고 심인보가 썼습니다.

묘는 원흥동 구석말 마을 청송심씨묘역에 정경부인 광주 오씨(貞敬夫人 光州 吳氏)의 묘와 쌍분으로 되어 있습니다. 묘소에는 묘비, 상석, 향로석, 혼유석 및 최근 새로 세운 장명등과 망주석, 문인석 각 1쌍이 있습니다. 봉분 앞에는 숙종 1년(1675)에 세운 묘비가 있는데 앞면에 '의정부좌의정 일송선생지묘 정경부인 광주오씨 부좌(議政府左議政 一松先生之墓 貞敬夫人 光州吳氏 祔左)'라 표기되어 있습니다.

이러한 석물 이외에 봉분의 좌측에는 단이 하나 만들어져 있는데 1983년 세워진 오석의 비 앞면에는 '일타홍 금산이씨지단'이라 표기되어 있으며 뒷면에는 유시가 새겨져 있습니다. 봉분의 좌·우에는 망주석과 문인석이 세워져 있는데 이 유적에는 심희수와 일타홍의 애틋한 사랑이야기가 전합니다. 고양시에서 문화유적을 연구하고 계신 최경순 선생님은 그의 글에서 다음과 같이 전하고 있습니다.

심희수(沈喜壽 1548~1622)는 조선 선조 때 좌의정까지 지낸 분이다.

심희수는 명문가에서 태어났지만 3세 때 아버지를 여의고, 엄한 어른이 없이 자라서 벗들과 어울려 노는 것이 일상이었다고 한다.

어느날 심희수는 역시 벗들과 함께 재상집 연회에 가서 술 마시고 노니면서 기생을 희롱하고 있었다고 한다. 이때 대부분의 기생들은 인상을 찌푸리고 이들을 피하는데, 이날 모인 기생 중 단연 뛰어난 미모와 가무를 겸비한 일타홍은 오히려 심희수의 희롱을 받아주기도 하고, 화장실을 가는 척하며 후일 만날 것을 약속하기도 하였다고 한다.

일타홍은 약속한대로 심희수를 찾아가 함께 지내게 된다. 이때 심희수의 나이 15세이고, 일타홍의 나이는 분명치 않지만 17세 전후였는가 보다. 심희수는 아직 결혼 전이었고, 이팔청춘에 일타홍과 꿈결같은 나날을 보냈다고 한다.

일타홍은 나이는 어리지만 기생으로는 이미 전국적 이름이 나 금산(錦山)에서 서울의 재상집 연회에까지 초대될 정도였다. 그녀는 미모로도 어우야담 등 여러 기록에 남아 있지만, 이미 시(詩)와 가무로도 한 경지에 올라 있었나 보다.

그녀의 시 한 수를 보자.

霖 (장림 : 장마) - 취연(翠蓮, 一朵紅)

十日長霖若未晴	십일장림약미청
鄕愁蠟蠟夢魂驚	향수납납몽혼경
中山在眼如千里	중산재안여천리
堞然危欄默數程	첩연위난묵수정

열흘 긴 장마 개일 기색 없는데
고향 그리워 꿈결에 달려갔다 놀라 깨이네.
옛 동네 눈앞에 아른거리는데 길은 먼 천리
솟은 난간에 팔 괴고 가만히 고향 가는길 헤아려보네.

이러한 일타홍이 심희수를 만나 기생 생활을 청산하고 심희수와 살게 된다. 일타홍은 관상도 잘 보았는데, 심희수의 관상이 재상이 될 관상이었다는 설도 있다. 어찌되었든 일타홍은 심희수에게 글공부에 전념할 것을 요구하였다. 심희수는 공부할 것을 결심하고 아버지의 친구이자 이모부인 노수신의 문하에 들어가 공부를 한다. 놀라운 것은 심희수의 어머니다. 명문가의 자제가 결혼도 전에 기생과 함께 사는 것을 허락했으니, 일타홍의 설득이 아무리 주효했다고 해도 어머니의 마음 씀씀이가 참으로 넓고 열려있었던 것 같다. 심희수는 노수신의 동생의 딸과 결혼을 한다. 일설에는 일타홍이 심희수에게 결혼을 할 것을 재촉하였다고 한다. 심희수가 정실부인과 혼인을 한 뒤에도 심희수는 일타홍만을 사랑했다고 한다. 이에 일타홍은 심희수에게 5일을 주기로 4일은 정실부인에게 가서 자고 자신과는 하루만 지내기로 약속을 하였다고 한다. 그러나 일타홍을 너무나 사랑한 심희수는 이런 약속을 번번이 깨고 밤이면 밤마다 일타홍을 찾았다고 한다.

일타홍은 심희수가 자신에게 너무나 빠져 있어 공부에 방해가 될까봐 '과거에 급제한 뒤에 나를 찾으라'는 편지를 두고 집을 나왔다고 한다. 이후 심희수는 공부에 더욱 정진해서 21세에 진사시에 급제하고, 25세에 문과에 급제하여 일타홍과 다시 만난다.

그 후 다시 10년이 흘러 심희수는 35세 되던 해에 죄를 얻은 허균의 형 허봉을 두둔하다가 금산(錦山)군수로 좌천된다. 금산은 일타홍의 고향이다. 그런데 일타홍이 금산에서 미미한 병에 걸리더니 고통도 느끼지 않고 숨을 거두었는데 다음과 같은 유언을 남겼다. (일설에는 자살하였다고 한다.)

'인생의 생사장단은 한가지이며 군자에게 은혜와 사랑을 받아 한이 없다. 낭군의 옆에 뼈가 묻혀 지하에서 다시 만나 모시는 게 소원이다.'

그리고 시 한 수를 남겼으니 유명한 상월(賞月-달구경)이라는 절명시이다. 이때 심희수의 나이가 36세이니 일타홍의 나이는 아마도 38세 쯤 되었을 것이다.

상월(賞月) - 일타홍(一朶紅)의 절명시

靜靜新月最分明	정정신월최분명
一片金光萬古淸	일편금광만고청
無限世界今夜望	무한세계금야망
百年憂樂幾人情	백년우락기인정

맑고 고요한 초승달 또렷하기도 한데
한 줄기 달빛은 천년만년 푸르렀겠지.
넓디넓은 세상에 오늘 밤 달을 보며

백년의 즐거움과 슬픔 느끼는 이 몇이나 될까.

심희수는 일타홍의 시신은 손수 염하여 첩을 귀장하는 예는 없으나 다른 연고를 대어 말미를 얻고 고양의 선영 안에 장사 지냈다. (일설에는 군수직을 사직하고 장례를 치뤘다고 한다.) 심희수가 일타홍의 시신을 상여수레(輀車)에 싣고 금강나루에 다다랐을 때 마침 봄비가 내렸다고 한다. 봄비가 부슬부슬 내려 일타홍의 관을 덮은 붉은 명정이 젖는 모습을 보면서 심희수는 시 한 수를 읊는다. 그 시가 유명한 '이별눈물(有悼)'이다.

이별눈물(有悼) - 沈喜壽

一朶芙蓉載柳車	일타부용재유거
香魂何處去躊躇	향혼하처거주저
錦江春雨丹旌濕	금강춘우단정습
應是佳人別淚餘	응시가인별루여

한 떨기 연꽃은 버들상여에 실려 있는데
향기로운 영혼(香魂)은 어딜 가려 머뭇거리나.
비단강(錦江) 봄비에 붉은 명정(銘旌) 젖어드니
아마도 고운 우리 님 이별 눈물인가 보다.

마흔 일곱 번 째 이야기

조선의 주요 객관, 벽제관지(1625)와 벽제관 육각정

지정번호 사적 144호
소 재 지 경기도 고양시 덕양구 고양동 55-1

1. 벽제관지

덕양구 고양동에 위치한『벽제관지(碧蹄館址)』는 고양향교, 향교골 은행나무와 함께 이 지역의 오랜 역사를 보여주는 문화유산입니다. 지명을 고양동(高陽洞)이라 하는 것도 1625년부터 1914년 까지 289년간 고양군청과 벽제관과 같은 중요한 공공기관이 있어 붙여진 것이지요.

고양동은 파주, 양주, 고양지역이 만나는 곳으로 옛부터 교통의 중심지였는데, 고려의 수도였던 개성과 조선의 수도인 한양을 연결하는 곳이었고 중국의 사신과 우리나라의 고위관리 등이 자주 지나는 경의대로(연행로, 의주로, 관서대로)의 중심 건물이 벽제관이었습니다.

벽제관은 현재의 벽제관지에서 서쪽으로 3km 가량 떨어진 웃 고골(고읍)에 지어졌습니다. 이후 임진왜란 등으로 훼손되고, 당시 고양군청(高郡廳)이 1625년 현재의 고양동으로 옮기면서 벽제관도 고양향교와 함께 현재의 자리로 이전하게 되었다고 합니다. 고양의 벽제관(碧蹄館)은 왕조실록과 같은 기록을 보면 세종 원년(1419)에 중국 사신을 효령대군, 영의정 유정현 등이 영접했다는 내용을 시작으로 수 십 차례 기록에 보이는 중요한 장소였

▲ 벽제관의 옛모습

▲ 벽제관의 현재

습니다.

그러나 벽제관(碧蹄館)은 사신영접의 기능 이외에도 고양군수가 전패(殿牌)와 궐패(闕牌)를 모시고 임금께 예를 올리는 장소였으며, 외부에서 온 관리나 손님이 머물렀던 공용의 숙박(宿泊) 장소이기도 하였습니다. 또한 중앙에서 파견된 관리가 지방 소송에 대하여 재판하는 장소로 사용하기도 했지요. 특히 벽제관(碧蹄館)은 인근에 조선시대 왕릉이 있어 이곳을 임시 궁궐인 행궁(行宮)으로 사용하기도 했다고 전해지네요.

1900년대 초반에 촬영한 사진에는 이곳 벽제관(碧蹄館)의 옛 모습이 잘 남아 있습니다. 우선 입구에는 삼문(三門)이 있는데 여기에 벽제관(碧蹄館)이란 현판이 쓰여 있고 중문(中門)에 태극무늬가 그려져 있습니다. 일설에는 명필 한호(韓濩) 한석봉의 현판 글씨라 전해집니다. 삼문(三門)안쪽 정청 건물은 현재 터만 남아 있는데 전돌과 마루의 흔적이 발견되었습니다. 정청 좌우에는 방이 딸린 동익헌(東翼軒)과 좌익헌(左翼軒)이 있었습니다. 옛 기록에는 행랑, 중대랑, 즉청방, 익랑, 하마대 등이 보여 지금보다 훨씬 넓은 면적을 차지하고 있었다고 합니다.

한편 벽제관지는 6.25전쟁을 겪으면서 폭격으로 인해서 모두 무너졌다고 합니다. 벽제관지는 1998년 경기도 박물관과 연세대학교에서 발굴조사를 실시하였는데 사진과 유사한 건축물 발굴결과가 나왔고 당시 명문기와, 도자기, 동전, 못, 등 187점의 유물이 출토되었습니다. 특히 삼문 동쪽 계단에서『벽제(碧蹄)』라 쓰여진 석물이 발견되어 관심의 대상이 되기도 하였지요.

2. 벽제관 육각정

벽제관 육각정은 벽제관지 북쪽구릉에 있었던 정자입니다. 이름그대로

육각형의 모임지붕을 가지고 있는
높이 5m, 폭 4.5m의 자그마한 건물
이죠. 건축물의 세부형태를 보아 벽
제관의 부속건물이었을 것으로 추
정됩니다.

▲ 약탈 초기의 육각정

하지만 이 건물은 지금 일본의
야마구치현 이와쿠니시에 있는 모
미지타니공원(紅葉谷公園)에 있습
니다. 조선총독부 2대 총독(1915~1919)인 하세가와 요시미치(長谷川好道)
가 임진왜란 당시 왜군이 명나라군을 상대로 싸웠던 '벽제관전투'를 기념
하여 벽제관의 정자를 뜯어서 자신의 고향마을로 옮겨버린 것이죠. 모미지
타니 공원에는 하세가와가 영웅으로 생각하던 요시가와 히로시(吉川廣家)
의 무덤도 있는데, 요시가와는 벽제관전투에서 왜군들을 이끌었던 자입니
다. 즉, 하세가와는 모미지타니 공원을 '벽제관전투 기념 공원'으로 만들고
싶었던 것 같습니다. 일제강점기의 아픈 역사를 간직한 이 공원에서 벽제관
육각정을 설명하는 '한글 안내판'을 보았을 때, 참 속상했던 기억이 납니다.

그럼 벽제관 육각정의 또 다른 특징들을 살펴보겠습니다. 이 정자는 언
급되었다시피 육각형의 모임지붕을 가지고 있으며, 기둥들 사이는 머름으
로 연결되어 있고, 기둥 밖으로 아자교란을 설치하여 회랑을 두르고 있습니
다. 또한 창방 및 마루 받침 보부재의 초각형태와 목부재 기둥에 쌍사를 두
고 있는 점 등으로 보아 상당한 격식을 갖춘 건물임이 확인되었죠. 또한 벽
제관과 관련되어 남아있는 유일한 건축물이라는 점과 상당량의 부재(기둥
및 받침목, 도리 및 장혀, 수키와 및 암키와 일부 등)가 잘 남아있다는 점 등으로
이 육각정의 문화재적인 가치는 충분하다 하겠습니다.

▲ 육각정의 현재 모습

　고양시에서는 '벽제관 육각정 환수'를 준비하고 있습니다. 2012년부터 현지조사 및 서명운동 등을 시작하고 있거든요. 벽제관 육각정을 한국에서 볼 수 있는 그날을 기대해 봅니다.

고양시
문화유산
조선시대

마흔여덟 번째 이야기

고양향교(1625)

지정번호 경기도 문화재자료 69호
소 재 지 경기도 고양시 덕양구 고양동 306

동헌로

벽제관지

39

고양향교

고양본동
우체국

고양초등학교

고양동
주민센터

고양
유스호스텔

▲ 고양향교

조선시대의 국립교육기관인 고양향교(高陽鄉校)는 1428년 현재의 서삼릉이 있는 곳에 처음 건립되었습니다. 1537년에는 중종의 계비인 장경왕후가 승하하면서 그곳이 장지로 결정되면서 대자동의 고읍마을로 이전되었습니다. 하지만 60여년 후 임진왜란이 발발하면서 모두 소실되었고 곧바로 재건되었다가 1625년에 비로소 현위치에 자리잡게 되었습니다.

그러나 6·25 전쟁때 소실되어 1980년대 이후 몇 차례 중수하여 지금에 이르고 있습니다. 향교의 정면에는 홍살문이 있고 그 뒤에 외삼문, 그 안쪽에 정면 4간, 측면 2간의 명륜당이 위치해 있습니다. 그 좌우에 동재, 서재가 있으며 정면 가장 중앙되는 곳에 공자(孔子)와 그의 제자들의 위패를 모신 대성전이 있으며 동·서무에는 송나라 2인, 우리나라 선현(先賢) 18인 등 총 20위가 봉안되어 있습니다. 대성전에는 공자를 비롯하여 총 5위가 봉안되어 있습니다. 장대석 바른층 쌓기 기단 위에 원형의 정평주추가 있으며 기둥은 나무로 만든 둥근기둥입니다. 연릉 천장에는 익공이 있으며 맞배지붕 외에 방풍판이 있습니다.

단청은 고풍스럽게 칠해져 있으며 규모는 정면 3간, 측면 2간으로 면적은 58.5m²입니다. 대성전 좌측에는 전사청 건물이 있습니다. 향교에서는 매년 음력 8월 27일 공자의 탄신일을 맞이하여 석전대제(釋奠大祭)를 봉행하고 있습니다.

향교는 서울의 사학(四學)과 마찬가지로 성균관(成均館)의 하급 관학(官學)이었습니다. 문묘(文廟)·명륜당(明倫堂), 중국·조선의 선철(先哲)·선현(先賢)을 제사하는 동무(東廡)·서무, 기숙사인 동재(東齋)와 서재가 설치되었습니다. 향교는 각 지방관청의 관할하에 두어 부(府)·대도호부(大都護府)·목(牧)에는 각 90명, 도호부에는 70명, 군(郡)에는 50명, 현(縣)에는 30명의 학생을 수용하도록 하고, 종6품의 교수와 정9품의 훈도(訓導)를 두도록《경국대전》에 규정하였습니다.

향교에는 정부에서 5~7결(結)의 학전(學田)을 지급하여 그 수세(收稅)로써 비용에 충당하도록 하고, 향교의 흥함과 쇠함에 따라 수령(守令)의 인사에 반영하였으며, 수령은 매월 교육현황을 관찰사에 보고하도록 하였습니다. 그러나 향교는 임진·병자의 양란과 서원(書院)의 발흥으로 부진하여 효종 때에는 지방 유생으로서 향교의 향교안(鄕校案)에 이름이 오르지 않은 자는 과거의 응시를 허락하지 않는 등의 부흥책을 쓰기도 하였습니다.

1894년(고종 31) 이후 과거제도가 폐지되면서 향교는 이름만 남아 문묘를 향사(享祀)할 따름이어서 1900년에는 향교재산관리규정을 정하여 그 재산을 부윤·군수 등이 관장토록 하였습니다. 1918년 조사된 바로는 당시 향교의 총수는 335, 소관토지는 150만㎡이었으며, 그 재산은 문묘의 유지와 사회교화사업의 시설에 충당하였고 합니다.

고양향교 배향인물

대성전＝정위(正位)＝공자(孔子)

서향(西享)＝안자(顔子). 자사(子思)

동향(東享)＝증자(曾子). 맹자(孟子)

동무＝홍유후 설총(弘儒侯 薛聰), 낙국공 정이(洛國公 程頤), 문성공 안유

▲ 고양향교 명륜당

(文成公 安裕) , 문경공 김굉필(文敬公 金宏弼), 문정공 조광조(文正公 趙光祖), 문순공 이황(文純公 李滉), 문성공 이이(文成公 李珥), 문원공 김장생(文元公 金長生), 문경공 김집(文敬公 金集), 문정공 송준길(文正公 宋浚吉)

서무＝문창후 최치원(文昌侯 崔致遠), 휘국공 주희(徽國公 朱熹), 문충공 정몽주(文忠公 鄭夢周), 문헌공 정여창(文獻公 鄭汝昌), 문원공 이언적, (文元公 李彦迪), 문정공 김인후(文正公 金麟厚), 문간공 성혼(文簡公 成渾), 문열공 조헌(文烈公 趙憲), 문정공 송시열(文正公 宋時烈), 문순공 박세채(文純公 朴世采)

고양시
문화유산
조선시대

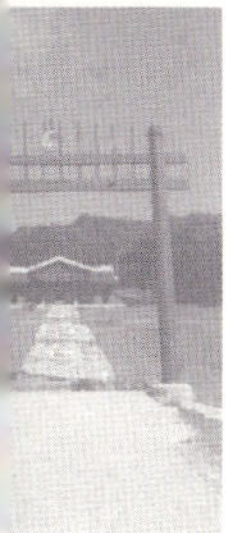

마흔아홉 번 째 이야기

고양의 대표적인 의병장, 이신의 선생 묘(1627)

지정번호 향토문화재 제14호
소 재 지 경기도 고양시 덕양구 도내동 산32

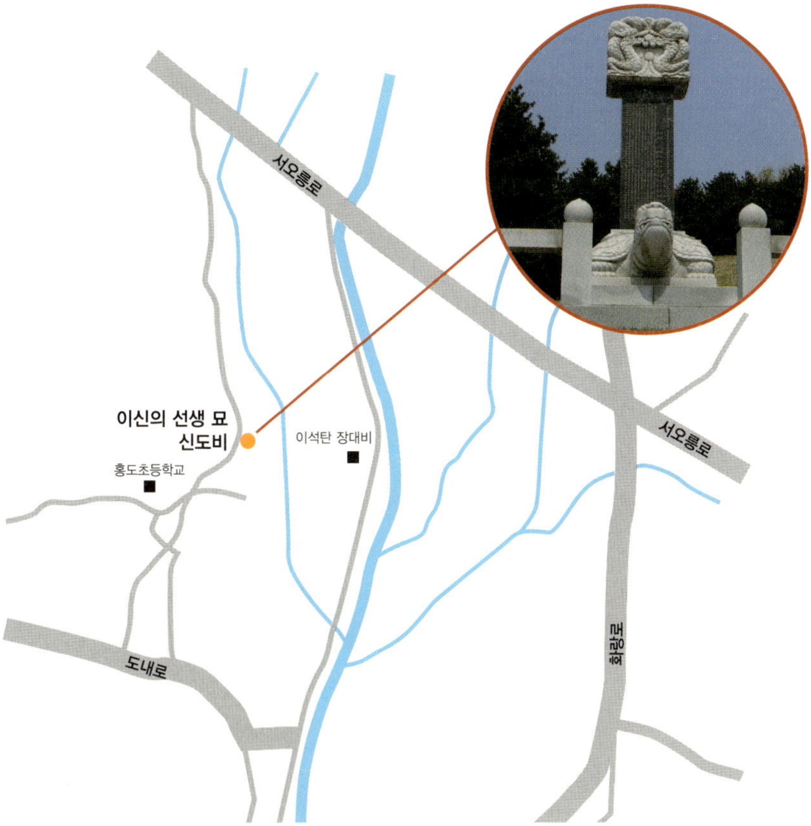

서오릉로
서오릉로
이신의 선생 묘
신도비
이석탄 장대비
홍도초등학교
도내로
화랑로

▲ 이신의 선생 묘 신도비

이신의 선생 묘(李愼儀 先生 墓)는 고양시청에서 화전방향으로 이어진 69번 지방도로(홍도로) 도내동 서촌마을 입구인 도래울 산 기슭에 위치하고 있습니다. 묘는 정부인 경주 이씨(貞夫人 慶州 李氏)의 묘와 쌍분으로 되어 있습니다.

묘소에는 묘비, 상석, 향로석과 망주석, 문인석 각 1쌍이 있는데 대부분 최근 새로 만들어진 것입니다. 묘 좌측의 대리석 묘비는 영조 25년(1749) 7월에 건립한 것으로 높이 250cm, 너비 60cm, 두께 20cm의 규모이며 비좌와 팔작지붕의 옥개를 갖추고 있습니다.

신도비는 이신의 선생 묘 앞에 위치해 있습니다. 신도비는 4면 각자(刻字)로 앞면 상당에 '증이조판서 문정공 석탄 이선생 신도비명(贈吏曹判書文貞公石石灘李先生神道碑銘)'이라 전자되어 있습니다. 비신을 꽂은 대좌는 비교적 보존 상태가 좋으며 비신은 흔히 볼 수 없는 애석으로 되어 있으며 전후좌우 4면에 비문이 새겨져 있습니다. 비문은 작은 세서로 새겨져 있으나 비교적 뚜렷이 남아 있어 판독에는 큰 어려움이 없을 정도입니다. 비의 앞면에는 증 이조판서문, 좌측에는 정공석, 후면에는 탄 이선생신도, 우측에는 비명이라 새겨져 있습니다.

이신의(李愼儀)는 1551년(명종 6)에 태어나서 1627년(인조 5)에 사망한 조선 중기의 문신입니다. 본관은 전의(全義). 자는 경칙(景則), 호는 석탄(石灘)입니다. 형조참의 원손(元孫)의 아들이기도 합니다. 민순(閔純)의 문인이며 김장생(金長生)과도 친교가 있었습니다. 일찍이 어버이를 여의고 형으로부터 학문을 배웠으며, 1582년(선조 15) 학행으로 천거되어 예빈시봉사가 되었고, 이어 참봉·종묘서봉사 등을 지냈습니다.

1592년 임진왜란이 일어나자 향군 300명을 거느리고 적과 싸워 공을 세웠는데, 행주대첩시에도 전력을 지원했다고 전합니다. 공로를 인정받아 사옹원직장에 올랐으며, 사재감주부·공조좌랑·고부군수 등을 지냈습니다.

1596년 이몽학(李夢鶴)의 난 때에는 직산현감으로 천안군수 정호인(鄭好仁)과 함께 8,000명의 군사를 거느리고 병사(兵使)에게 달려갔습니다.

1604년 괴산군수를 거쳐 광주목사(廣州牧使)·남원부사·홍주목사·해주목사 등을 역임하였습니다.

1617년(광해군 9) 광해군의 폭정으로 영창대군(永昌大君)을 죽이고 인목대비를 유폐하려는 데 대하여 이항복(李恒福)·정홍익(鄭弘翼)·김덕함(金德?) 등이 극간하여 유배되자 그도 분연히 항소를 올렸다가 이듬해 회령으로 유배, 위리안치되었습니다. 그해 가을 북로(北虜)의 경보(警報)가 있어 변경일대가 불안하여지자 홍양으로 유배지를 옮겼습니다.

1623년(인조 1) 인조반정으로 풀려나와 형조참의·광주목사(光州牧使)

▲ 이신의 선생 묘 신도비

를 역임하고, 1626년 판결사를 거쳐 이듬해 형조참판에 올랐습니다. 이해 정묘호란으로 왕을 호종하여 강화로 가던 도중 발병하여 인천에 체류하다가 수원 마정리에서 사망하였다고 합니다.

이조판서에 추증되고, 고양의 문봉서원(文峰書院)과 괴산의 화암서원(花巖書院)에 제향되었습니다.

저서로《석탄집》이 있습니다. 시호는 문정(文貞)입니다.

이신의 선생의 묘와 장대비는 2012년 현재, 원흥보금자리주택지구 내에 포함되어 인근으로 이전된 뒤 역사공원으로 조성될 예정입니다.

쉰 번 째 이야기

임진왜란 의병에 대한 기록, 이석탄 장대비(1740)

지정번호 향토문화재 제39호
소 재 지 경기도 고양시 덕양구 도내동 48-1

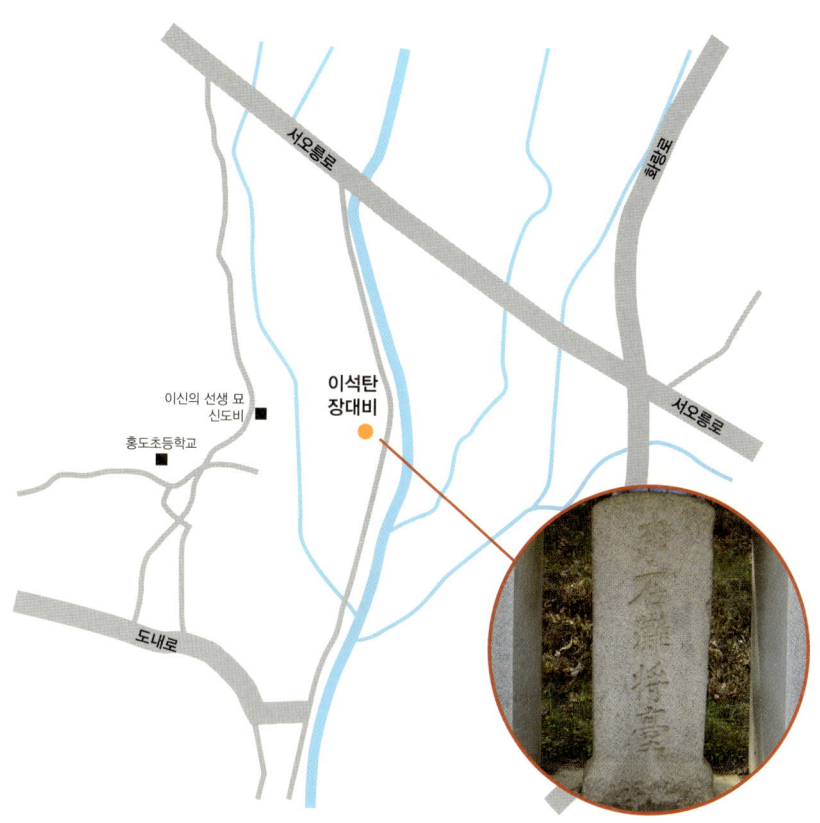

▲ 이석탄 장대비

덕양구 도내동 흥도초등학교에서 창릉천으로 연결된 도라산 기슭에 위치하고 있었던 비석입니다. 현재 장대의 주변지역은 원흥동보금자리주택지구로 개발되고 있으며, 장대비는 임시로 고양시청에서 보관하고 있습니다. 택지조성이 완료되면 다시 원위치로 이전시켜서 제위치에 놓이게 될 것입니다.

비의 앞면에는 '이석탄장대(李石灘將臺)'라 표기되어 있으며 뒷면에는 '선생임진기의병설대 후백사십구년경신동인립(先生壬辰起義兵設臺 後百四十九年庚申洞人立)'이라 기록되어 있습니다. 이 기록을 보아 이 장대가 세워진 곳이 이신의 선생이 의병을 일으켜 왜군과 접전을 벌인 장소임을 알 수 있으며, 1740년에 마을 주민들에 의해 건립된 것으로 추정됩니다. 또 1755년 영조년간의 이석희 편 고양군지에도 "임진왜란 당시 의병장으로서 왜병을 소탕했으며 그가 살던 곳에 장대가 있다"란 기록이 있습니다. 장대는 5cm의 기단과 비신이 합쳐진 1기이며 옥개석과 비두는 만들지 않고 윗부분이 아랫부분보다 약간 넓은 모양을 하고 있습니다.

한편 도내동이라는 지명은 이 비석과 관련하여 만들어졌는데, 임진왜란 때 이석탄 장군이 도내리 뒷산에서 아군이 많다는 것을 보여 주기 위해 의병 300여 명을 데리고 며칠 동안 계속해서 산을 돌았다는 전설에서 도래울이라고 하다가 훗날 도내리로 고쳐 부르게 되었다고 합니다.

이신의(李愼儀)는 1551년(명종 6)에 태어나서 1627년(인조 5)에 사망한 조선 중기의 문신입니다. 본관은 전의(全義). 자는 경칙(景則), 호는 석탄(石灘)이라고 전해집니다.

형조판서 원손(元孫)의 아들이고 민순(閔純)의 문인이며 김장생(金長生)

과도 친교가 있었습니다. 일찍이 어버이를 여의고 형으로부터 학문을 배웠으며, 1582년(선조 15) 학행으로 천거되어 예빈시봉사가 되었고, 이어 참봉·종묘서봉사 등을 지냈습니다.

1592년 임진왜란이 일어나자 향군 300명을 거느리고 적과 싸워 공을 세웠는데, 행주대첩시에도 전력을 지원했다고 전합니다. 공로를 인정받아 사옹원직장에 올랐으며, 사재감주부·공조좌랑·고부군수 등을 지냈습니다.

1596년 이몽학(李夢鶴)의 난 때에는 직산현감으로 천안군수 정호인(鄭好仁)과 함께 8,000명의 군사를 거느리고 병사(兵使)에게 달려갔습니다.

1604년 괴산군수를 거쳐 광주목사(廣州牧使)·남원부사·홍주목사·해주목사 등을 역임하였습니다.

1617년(광해군 9) 광해군의 폭정으로 영창대군(永昌大君)을 죽이고 인목대비를 유폐하려는 데 대하여 이항복(李恒福)·정홍익(鄭弘翼)·김덕함(金德諴) 등이 극간하여 유배되자 그도 분연히 항소를 올렸다가 이듬해 회령으로 유배, 위리안치되었습니다. 그해 가을 북로(北虜)의 경보(警報)가 있어 변경일대가 불안하여지자 흥양으로 유배지를 옮겼습니다.

1623년(인조 1) 인조반정으로 풀려나와 형조참의·광주목사(光州牧使)를 역임하고, 1626년 판결사를 거쳐 이듬해 형조참판에 올랐습니다. 이해 정묘호란으로 왕을 호종하여 강화로 가던 도중 발병하여 인천에 체류하다가 수원 마정리에서 사망하셨다고 합니다.

이조판서에 추증되고, 고양의 문봉서원(文峰書院)과 괴산의 화암서원(花巖書院)에 제향되었습니다.

저서로 《석탄집》이 있습니다. 시호는 문정(文貞)입니다.

이신의선생의 묘와 장대비는 2012년 현재, 원흥보금자리주택지구 내에 포함되어 인근으로 이전된 뒤 역사공원으로 조성될 예정입니다.

고양시
문화유산
조선시대

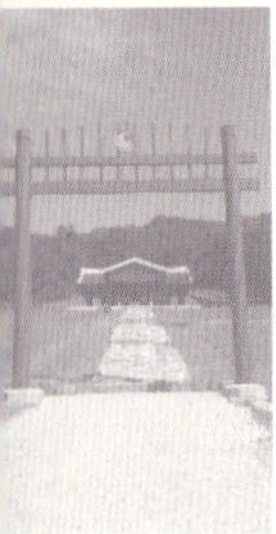

쉰한번째 이야기

류림 선생 묘(1643)

지정번호 향토문화재 제29호
소 재 지 경기도 고양시 덕양구 행신동 산106-8

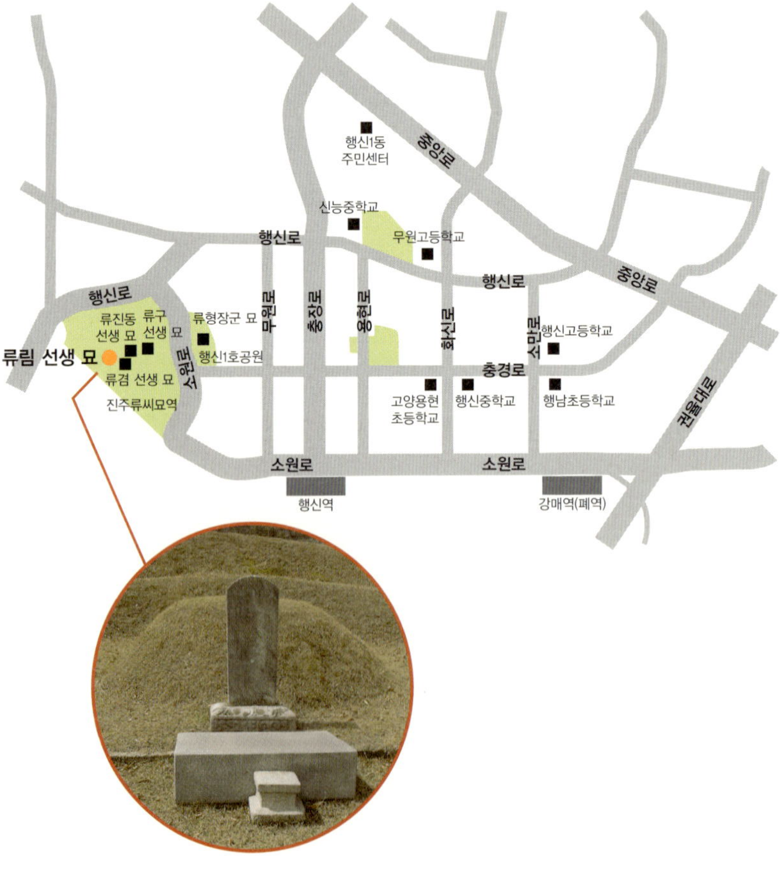

행신1동
주민센터
중앙로
신능중학교
무원고등학교
행신로
행신로
행신로
중앙로
류진동
선생 묘
류구
선생 묘
류형장군 묘
행신1호공원
무원로
충장로
용현로
화신로
소만로
행신고등학교
류림 선생 묘
류겸 선생 묘
진주류씨묘역
소원로
충경로
고양용현
초등학교
행신중학교
행남초등학교
권율대로
소원로
소원로
행신역
강매역(폐역)

류림 선생 묘(柳琳 先生 墓)는 행신동 무원 마을에 위치하며 배(配) 증정경부인 안동 김씨(安東金氏)의 묘와 합장되어 있습니다. 묘 앞에는 높이 127cm, 너비 52cm, 두께 22cm의 묘비가 있습니다.

묘소 아래 100m 지점에는 숙종 21년(1695) 8월에 건립된 신도비가 남아 있습니다. 신도비에는 옥개석이 갖추어져 있고, 비문은 남구만(南九萬)이 짓고 글씨는 아들 지발(之發)이 썼으며 전은 홍수주(洪受疇)가 하였습니다. 높이 240cm, 너비 91cm, 두께 34cm입니다.

류림은 조선조 중기의 무신 인조 21년(1643)에 돌아갔습니다. 자는 여온(汝溫)이며 본관은 진주로 공조판서 진동(辰仝)의 손자입니다. 선조 36년(1603) 무과에 급제하여 충청도 병마절도사, 전라우도 수군절도사 등을 지냈습니다. 인조 14년(1636) 병자호란 때는 평안도 병마절도사로 성을 굳게 수비하여 침입한 청군의 공격을 무사히 넘겼습니다. 강화에서 남하하는 적을 크게 무찔러 전공을 세웠습니다. 청국과의 화의가 성립된 후 다시 평안도 병마절도사에 부임하였으며 청나라의 요청으로 명나라 군대

▲ 류림 선생 묘 문인석과 묘비

▲ 류림 선생 묘

를 격퇴하였습니다. 그 전공으로 심양으로부터 초청장이 왔으나 이를 거절하여 오히려 백마성(白馬城)에 유배, 안치되기도 하였습니다. 그러나 인조 16년(1638) 풀려나와 이듬해 삼도수군통제사로 승진되었습니다. 인조 19년 (1641) 청국이 명나라를 토벌할 때 또다시 그들의 요처에 따라 영병장(領兵 將)으로 출정했으나 몸이 불편하다는 구실로 참전하지 않았습니다. 돌아간 후에 우의정에 추증되었으며 시호는 충장(忠壯)입니다.

동산동 비석군(1660)

지정번호 향토문화재 제47호
소 재 지 경기도 고양시 덕양구 동산동 10-2

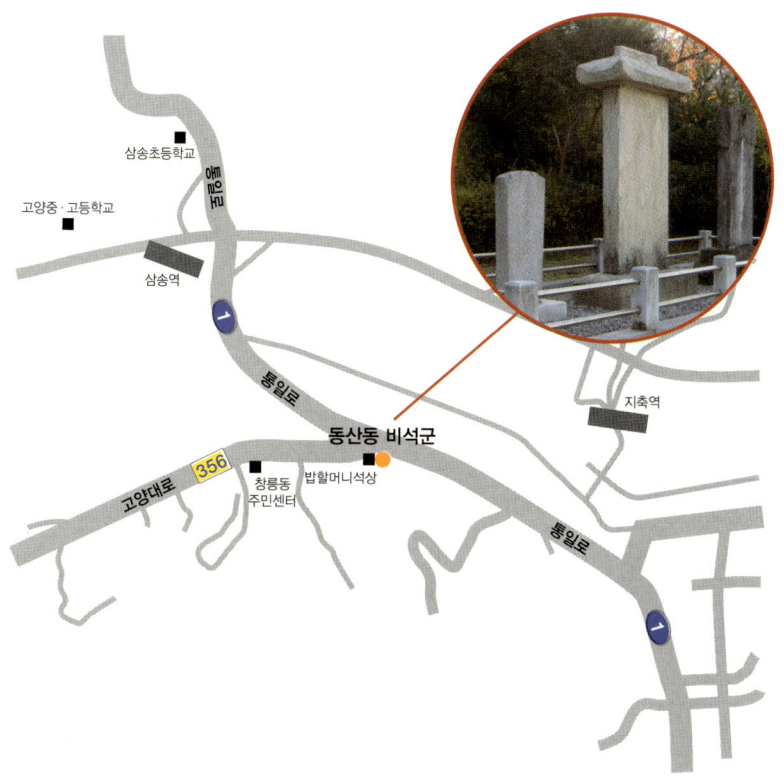

고양 동산동 비석군(高陽 東山洞 碑石群)은 고양 밥 할머니 석상과 함께 통일로변 창릉 모퉁이 공원 내에 자리잡고 있습니다. 비석군은 오른쪽으로부터 차례로 오정일 선정비, 덕수 자씨 교비명, 엄찬 선정비 순으로 세워져 있습니다. 이 비석들은 350년 전 고양지역의 인물과 역사적 상황, 주요 유적, 도로의 현황 등을 알 수 있고 특히 이두 표기의 기록이 많아 고양지역의 향토사 연구 및 국문학적으로도 그 가치가 인정되어 보호하고 있습니다.

2013년에는 밥할머니석상과 함께 삼송지구 공원지역으로 이전될 예정입니다.

방백 오후정일 청덕 휼민 선정비
方伯 吳侯挺一 淸德 恤民 善政碑

총 높이가 3m에 이르는 큰 비석으로 아랫부분의 귀부(龜趺)와 중간의 비신(碑身), 윗 부분의 이수(螭首)로 나뉘어져 있습니다. 이 비석은 서기 1660년 고양군 덕수천(현재의 창릉천)에 새롭게 석교(돌다리)를 만들면서 당시 경기도 관찰사인 오정일(吳挺一)의 공덕을 기리기 위해 세운 것입니다. 앞면과 뒷면에 비문이 잘 남아 있어 건립 연도를 정확히 알 수 있습니다.

▲ 동산동 비석군

오정일(1610-1670)은 조선조의 문신으로 본관은 동복(同福)이며 호는 귀사(龜砂)입니다. 1639년 문과에 급제한 뒤 황해도 및 경기도 관찰사를 비롯하여 도승지를 거쳐 호조판서 등을 역임한 인물입니다.

고양 덕수 자씨 교비명
高陽 德水 慈氏 橋碑銘

총 높이 3.4m의 비석으로 직사각형의 비좌에 비신과 옥개(屋蓋)가 있는 모양을 하고 있습니다. 비문은 앞쪽 윗부분에 제목 글씨인 두전(頭篆)이 있고 그 아래로 비문이 세로로 새겨져 있습니다. 비석은 조선 현종1년(1660)에 조선남(趙善男)과 고양지역의 주민들이 서로 힘을 모아 덕수천(현 창릉천)에 돌다리를 만들고 그 내력을 상세히 적은 것입니다. 비문에 의하면 석교를 만들어 홍수에 대비하고 임금과 백성들을 편안히 다닐 수 있도록 한다는 내용이 있어 축조 목적을 알 수 있습니다. 비의 앞·뒷면에는 약 800명의 사람 이름이 이두문자(吏讀文字)로 적혀 있어 학술적·문화재적 가치를 인정받고 있습니다.

고양군수 엄찬 선정비
高陽郡守 嚴纘 善政碑

좌측 끝에 있는 작은 비석입니다.
엄찬은 조선 숙종 16년(1690) 12월 22일부터 숙종 17년 11월 2일까지 고양군수를 지낸 인물입니다. 이 비석은 당시 군수의 공적을 기리기 위해 세운 화강석 비문이며 엄찬 군수는 충주목사로 자리를 옮겼습니다.

쉰 세 번 째 이야기

외아들에 대한 슬픔을 기록한

이규령 묘비문(1666)

지정번호 향토문화재 제45호
소 재 지 경기도 고양시 덕양구 벽제동 산42-4

벽제동 목암마을 건너편 영성군 묘역 아래에 자리해 있습니다. 묘소는 향토문화재로 지정된 묘비문 이외에 별도의 석물이 세워져 있지 않아 소규모입니다. 묘비문은 봉분 정면에 세워져 있는데 규모는 높이 99cm, 폭 66cm 입니다. 돌은 단단하기로 유명한 경기도 양주 지역의 애석(艾石)입니다. 일반적인 묘비와는 달리 비석의 좌대(座臺)와 비신(碑身)이 분리되지 않은 통째로 깎아 만든 비석입니다. 비문은 중앙에 조선국 왕손 회원군 자 이규령 묘라 쓰고 좌·우로 나누어 가로로 썼으며, 전후좌우 4면에 비문이 새겨졌습니다.

비석은 1666년경에 세워졌으며 설립자는 이규령의 아버지이고 선조대왕의 손자인 회원군입니다. 비문의 내용을 살펴보면 어린 나이에 죽은 외아들에 대한 아버지의 사랑이 담겨져 있습니다. 우리나라에서도 보기 드문 금석문으로 당시 왕실의 재산, 민속, 진설법과 후손들의 제사상 차림 등에 있어 중요한 단서를 담고 있는 역사적 가치가 큰 향토문화재입니다.

▲ 이규령 묘비

쉰 네 번 째 이야기

정자각이 특히 멋있는 서오릉 익릉(1680)

지정번호 세계문화유산, 사적 제198호
소 재 지 경기도 고양시 덕양구 용두동 산30-1

1. 서오릉

고양시 덕양구 용두동에 위치하며 경릉, 창릉, 익릉, 명릉, 홍릉이 모여 있어 서오릉이라고 합니다. 서북방향으로 서삼릉이 위치하는데 불과 2.5km정도 떨어져 있어요. 구리시의 동구릉 다음으로 큰 조선왕조의 왕실 묘역이며, 동남쪽으로 서울 은평구와 붙어 있습니다.

1457년(세조3) 세조는 원자였던 장(暲, 추존왕 덕종-예종의 형)이 죽자 길지를 물색케 했습니다. 서오릉터가 길지로 간택되자 세조가 직접 답사하여 경릉터로 정하여 서오릉의 조성이 시작되었다고 해요.

2. 익릉

19대 숙종의 정비 인경왕후(1661~1680)의 능입니다. 상대적으로 높은 곳에 위치하여 홍살문에서 시작되는 참도가 큰 계단식으로 되어 있습니다. 천연두 발병 8일 만에 사망합니다. 20세에 사망하였지만 세 딸의 어머니였으며, 두 딸은 그녀보다 먼저 사망하였고, 마지막 남은 딸도 곧 사망하였습니다.

▲ 서오릉 익릉

▲ 서오릉 익릉의 정자각

　능의 형태는 숙종 연간의 것이면서도 석물을 간소화하라는 명 이전의 일이어서 기본적으로『국조오례의』의 제도를 따르면서 부분적으로 임진왜란 이후의 양식을 그대로 지니고 있습니다. 왕조실록에 보면 숭릉의 양식을 따라 조성하였다고 하네요. 따라서 정자각은 당시 유행하던 익실이 딸려 측면 전면으로 한 칸이 늘어난 전면 5칸 측면 5칸의 것으로 세웠고 장명등과 망주의 대석에 꽃무늬를 새긴다든가 망주의 귀에 구멍이 사라지고 상향하는 세호를 새겨 넣은 점은 임진왜란 이후의 양식적인 특징을 잘 나타내고 있다고 합니다.

쉰 다섯 번째 이야기

숙종과 인현왕후, 서오릉 명릉(1700)

지정번호 세계문화유산, 사적 제198호
소 재 지 경기도 고양시 덕양구 용두동 산30-1

1. 서오릉

　고양시 덕양구 용두동에 위치하며 경릉, 창릉, 익릉, 명릉, 홍릉이 모여 있어 서오릉이라고 합니다. 서북방향으로 서삼릉이 위치하는데 불과 2.5*km*정도 떨어져 있어요. 구리시의 동구릉 다음으로 큰 조선왕조의 왕실 묘역이며, 동남쪽으로 서울 은평구와 붙어 있습니다.

　1457년(세조3) 세조는 원자였던 장(暲, 추존왕 덕종-예종의 형)이 죽자 길지를 물색케 했습니다. 서오릉터가 길지로 간택되자 세조가 직접 답사하여 경릉터로 정하여 서오릉의 조성이 시작되었다고 해요.

2. 명릉

　19대 숙종과 계비 인현왕후, 2계비 인원왕후의 능입니다(원비인 인경왕후 김씨의 능은 익릉).

　숙종(1674~1720)은 18대 현종과 명성왕후의 장남입니다. 열네살에 즉위하여 45년간 장기집권하였습니다. 숙종이 집권하던 시기는 당쟁이 가장 심

▲ 서오릉 명릉

했던 시기로서 남인과 서인 노론과 소론의 붕당과 정쟁이 심화되어 나라가 파탄에 이를 지경이었다. 하지만 숙종은 대동법의 실시, 상평통보 주조를 통한 상업활동의 지원 등을 실시하여 많은 치적을 남겼다. 또한 북한산성을 1711년 축조하여 현재의 모습을 만들고 같은 시기 북한산성행궁지를 조성한 왕이기도 합니다.

▲ 서오릉 명릉

인현왕후(1667~1700)는 인경왕후의 뒤를 이은 숙종의 두 번째부인입니다. 후사가 없는 죄로 희빈 장씨에게 왕비자리를 빼앗겼다가 갑술환국으로 서인이 정권을 잡으면서 복귀되었습니다. 하지만 건강악화로 7년만에 사망하였는데, 희빈 장씨의 저주 때문이라는 설도 있습니다. 희빈 장씨는 인현왕후 덕분에 사사(賜死)되었습니다.

인원왕후(1687~1757)는 숙종의 제2계비이며 경은부원군 김주신의 딸입니다. 김주신묘 및 신도비는 대자동에 있습니다. 원래 인원왕후는 명릉에서 400여 보 떨어진 언덕에 자신의 자리를 잡아두었는데 영조가 현재의 위치에 능을 썼다고 합니다.

쉰 여섯 번 째 이야기

이두문, 이두로 기록된 신원동 덕명교비(1685)

지정번호 향토문화재 제52호

소 재 지 경기도 고양시 덕양구 신원동 1685

덕명교비

이 교량비는 신원동 해방촌 마을의 중소기업은행 축구연습장 안에 위치하고 있습니다. 현재 비는 대좌의 거의 전부가 땅에 묻혀 있는데 비 전체의 재질은 화강석이며 옥개석의 일부는 마모되어 있는 상태입니다.

▲ 신원동 덕명교비

비의 앞면에는 전자(篆字)로 '경기도 고양군 덕명교(京畿道高陽郡德明橋)' 라 기록되어 있습니다.

앞면에는 전자 이외에도 가는 글씨로 된 비문이 전면(全面)에 새겨져 있습니다. 비의 뒷면에도 비의 중간 부분부터 비문이 기록되어 있는데 '고양 신원 덕명교량명(高陽新院德明橋梁銘)'이라 기록되어 있습니다. 그리고 그 아래로는 수십 명의 인명(人名)이 이두문자(吏讀文字)로 기록되어 있습니다.

이 비의 내용은 한양과 북부 지방을 연결하는 관서로(關西路) 구간 중 신원동 공릉천(恭陵川) 위에 다리를 놓으면서 그 자세한 사항을 기록으로 표기해 둔 것입니다. 비문에 의하면 이비의 건립자는 이한(李瀚)과 당시 고양군수(高揚郡守)인 통정 대부 유후성(通政大夫 柳後聖), 그리고 정헌대부 윤면지(正憲大夫 尹勉之), 이상식(李尙植), 홍시우(洪時雨)를 대표로 한 760여 명의 주민으로 되어 있습니다. 즉 앞면은 비의 서문(序文)으로 주민 760여 명이 힘을 합쳐 공릉천 위에 돌다리를 건립했고 그 명단을 자세하게 표기해 둔 것입니다. 이 교량비의 건립년대는 효종 9년(1658)입니다.

고양시 공릉천 일대의 역사가 기록된 비석으로서 문화재자료로서의 가치가 높다고 하겠습니다.

쉰 일곱 번 째 이야기

숙종의 장인 경은부원군의 영사정(1709)

지정번호 경기도 문화재자료 제157호
소 재 지 경기도 고양시 덕양구 대자동 958

영사정은 경주김씨의정공파종중의 재사(齋舍)건축물입니다. 서울에서 파주로 넘어가는 1번 국도인 통일로 인근에 접해있으며 파주삼릉으로 가는 길목에 위치합니다. 영사정의 뒷산인 주산이 좌청룡, 우백호로 감싸고 있고 남쪽으로 열려있습니다. 영사정은 동향을 하고 있으며 영사정의 안산은 동쪽에 있는 최영장군묘가 있는 곳이 됩니다. 그 전면으로 삼각산이 아득히 펼쳐져 있어서 풍광도 아주 좋습니다.

조선조 숙종의 제2계비인 인원왕후의 아버지인 경은부원군 김주신의 묘역 아래에 있는 재실로서 숙종년간에 지었다고 전하며, 건물 우측에는 김주신신도비가 있습니다. 대청 대들보에는 '대자동재사세기축사월초일일개묘 팔월이십이일상량(大慈洞齋舍歲己丑四月初一日開墓 八月二十二日上樑)'이라 쓰인 편액이 걸려 있었습니다. 숙종연간의 기축년은 1709년(숙종 35년)이므로 이 건물이 해당시기에 건축된 건물이라는 사실을 알 수 있습니다. 영사정은 한동안 감나무집이라는 음식점으로 사용되기도 하였습니다.

영사정은 고양시 덕양구 대자산의 남쪽능선에 자리하고 있습니다. 재실 주변으로 전면에는 문간채가 서있고, 양측면과 후면은 토석담을 구성하였는데 회칠로 마감을 했었지요. 경사지에 위치하여 재실의 전면은 축대가 높게 구성되어 있었습니다. 묘역과 재실 앞쪽으로는 인공적으로 축조된 연못이 있습니다.

영사정은 'ㄷ' 자형의 본채와 'ㅡ' 자형의 문행랑채가 나란히 놓여 튼 'ㅁ' 자 배치를 하고 있으며 유좌묘향(酉坐卯向-서쪽에서 동쪽을 바라보는)의 형태를 하고 있습니다.

2011년 해체공사시 대청 종보 위의 대공단혀에서

▲ 김주신 신도비

▲ 사라진 영사정현판

발견된 상량묵서는 단혀위면에 먹으로 쓴 것인데, 기존에 대청 대들보이 있던 내용과 대체로 일치합니다. 이 상량묵서에서는 집을 짓는 도편수를 주인편수라고 불렀고 이름이 오태광이라는 사람이라고 적혀있습니다. 부편수로 보이는 이차영이라는 분과 제자로 보이는 신두남이라는 분도 적혀 있어서 영사정의 건축과 관련된 자세한 사항을 말해주고 있습니다.

전통건축분야의 전문가이신 명지대학교 김왕직교수는 영사정을 다음과 같이 평가하셨습니다.

"영사정은 재사건축 중에 건립연대(1709년)가 명확한 건축물로 매우 보기 드문 사례이며 살림집의 형태를 취하였다는 것이 특징이다. 또 재사 성격의 사당방과 행랑채 성격의 아랫방이 우측익각으로 같이 붙어있다는 것도 영사정이 갖는 특징이며 건축적 의미라고 할 수 있다."

"영사정은 숙종의 장인인 김주신 및 숙종의 계비인 인원왕후와 관련된 유적이라는 역사적 의미 이외에 건축의 완성도가 높으며 령쌍창과 심벽의 외엮기 방식 등이 전통적이며 원형이 잘 보존되어 있어서 교과서적인 보존가치를 지니고 있다."

일반인들이 보기에는 쓰러져 가는 폐가로 보이는 집도 자세히 살펴보면 우리민족의 살림살이를 말해주는 소중한 문화재라는 것을 '영사정'은 말해주고 있었던 것입니다. 이 건물이 2010년 문화재로 지정될 수 있었던 것은 문화재를 더없이 사랑하는 이들의 노력이 있었기 때문입니다. 경주김씨의

정공파의 '김순경' 어르신과 문화재수리기술자인 '최우성' 선생님이 그 분들인데요. 최우성 선생은 우연히 들른 영사정에서 문화재적 가치가 높다는 것을 발견한 뒤, 물심양면으로 영사정이 문화재자료로서 가치를 인정받는 데 노력하였고, 김순경 어르신은 오래된 영사정을 허물고 깔끔한 새 건물로 사당을 짓자는 종중내 의견을 적극적으로 설득하셔서 영사정을 지켜오신 것입니다. 이 분들이 없었다면 영사정은 역사속으로 사라졌을 것입니다. 여러 가지 개인적인 불이익을 감내하고라도 우리의 소중한 문화유산을 지키고자 노력하신 이런 분들이 계셨기에 우리나라의 문화유산이 이렇게 전해지고 있는 건지도 모르겠습니다.

하지만 지금은 더 이상 영사정을 볼 수 없습니다. 300년의 세월을 버텼던 영사정은 더 이상 사람들의 손길이 닿지 않았던 10년 전부터 급속히 퇴락하여 더 이상 버틸 수 없게 되어 버렸지요. 그래서 고양시에서는 2010년 경기도 문화재자료로 지정된 이후, 해체보수공사를 통하여 영사정의 부재를 잘 정리해 보관하고 있습니다. 목조건축물의 특성상 쓸 수 있는 자재를 활용하면 다시 옛 모습으로 재건이 가능하기 때문입니다. 2012년에는 이 건물의 재건을 위해 설계하고 복원하는 작업이 진행될 예정입니다. 다행히도 많은 부재가 다시 사용될 수 있을 것 같다고 하네요.

▲ 영사정의 옛모습

▲ 전면의 영사정터와 후면의 신 영사재

화려한 사찰건축, 흥국사 약사전(1710)

지정번호 경기도 문화재자료 제57호
소 재 지 경기도 고양시 덕양구 지축동 203

흥국사는 북한산성 입구 건너편에 위치한 사찰입니다. 고양시에서는 가장 오래된 전통사찰 건축물을 볼 수 있는 곳이지요.

▲ 흥국사 약사전

『봉은본말사지(奉恩本末寺誌)』를 보면 흥국사가 신라 문무왕 원년(661)에 원효대사가 창건하였다고 나오는데, 사찰 주변에서 신라시대의 유적은 확인되지 않습니다. 이후 조선 숙종 12년(1686)에 중창하였고, 영조 46년 (1770)에 영조가 친히 한미산에 행차하여 원래 흥서사였던 이 사찰의 이름을 흥국사(興國寺)라 고쳤다고 기록되어 있습니다.

흥국사의 연혁과 관련하여 주목할 만한 자료로는 흥국사 일주문 옆에 세워져 있는 「흥국사 만일회비(興國寺萬日會碑)」가 있습니다. 만일회는 백련사(白蓮社)의 다른 이름으로 1929년 흥국사를 중심으로 한 대중이 만일 결사를 맺으면서 그 내력을 기록하여 세운 기념비입니다. 비교적 근래에 세워진 것이지만 그 내용이 상당히 상세하지요. 이 비석에 기록된 내용에 의하면 영조는 생모 숙빈 최씨의 묘원(廟院)인 소령원(昭寧園)에 행차하다가 대설(大雪)을 만나 이곳에 들러 하루를 머물게 되었고 이때 자신이 지은 시구를 편액으로 만들어 하사하면서 사찰의 이름을 흥국사(興國寺)로 바꾸도록 하였다고 합니다. 영조는 약사전(藥師殿)의 현판도 써주었다고 합니다. 이때 영조가 내린 시는 다음과 같습니다.

朝來有心喜 아침이 돌아오니 마음이 매우 기쁘구나

▲ 흥국사 약사전의 공포

▲ 흥국사 약사전의 현판

▲ 흥국사 약사전의 포벽

▲ 흥국사 약사전의 내부

尺雪驗豐徵 흰눈이 수북이 쌓였으니 올해
도 풍년이 들 징조로다

흥국사는 이후 왕실의 원찰기도처(願刹
祈禱處)로서 발전하게 되었고, 약사전과 나
한전같은 멋진 전통건축물들도 잘 남아있
어 고양시에서 가장 문화유산이 풍부한 전
통사찰로 보존되어 있습니다.

약사전(1770)

1985년 7월 29일 경기문화재 자료 제57
호로 지정된 한미산 흥국사 약사전은 흥국
사의 주불전입니다. 조선 숙종 12년(1686)
절을 중창하였고, 영조 46년(1770)에는 왕
이 행차하였다가 약사전 편액을 내렸다하
는데 현재의 현판이 영조의 어필로 전하
고 있습니다. 이후 조선 후기인 고종 4년
(1867) 승려 뇌응(雷應)이 약사전을 중건하
였고, 오늘날까지 몇 차례 더 수리해 온 것
으로 보입니다.

약사전 건물은 정면 3칸 측면 2칸의 규
모로 다포계 팔작지붕입니다. 장대석을 5
단으로 쌓아서 기단을 만들고 초석을 놓았
는데, 초석은 잘 다듬은 사각형의 방주 초

석을 사용하였습니다. 기둥은 흘림이 거의 없는 원주를 사용하였으며 기둥 머리에서 창방과 평방을 돌리고 그 위에 다포식의 공포를 4면 모두 같은 모습으로 배치하였으며, 주간포는 전후면 및 양측면 매칸마다 2구씩 일정하게 놓았습니다. 다만 후면 어칸의 주간에는 주두만 놓고 포작을 생략하였는데, 이는 내부 후불벽과 불단 구성과 관련이 있어 보인다고 합니다.

전면 어칸 좌우의 평주 위에는 멋있게 만들어진 용두를 사용하여 장식하였습니다. 용은 여의주를 물고 있고 몸체 일부와 꼬리가 건물 내부로 까지 연결되어 건물 내외부를 장식하고 있습니다. 전면 어칸 이외의 기둥 상부에는 창방 하단부터 초제공 살미 하단에 이르는 파련형 안초공을 설치하였습니다. 우주에도 안초공을 설치하였으나 귀포의 귀방은 생략하였습니다. 전면 귀포의 귀한대 역시 용두를 조각하여 매우 장식적입니다.

포작은 내2출목 외1출목이며 보머리는 초각형으로 하여 외부로 노출하였습니다. 살미 외단은 앙서형이며 그 상부를 연꽃으로 장식하였는데 전체적으로 거의 수평을 유지하고 있습니다. 전통건축의 전문가이신 선문대학교의 여상진교수는 '대체로 19세기 서울·경기 지역 불전에서는 공포 형식을 막론하고 앙서형 살미 윗부분에는 연꽃, 수서형 살미 아랫부분에는 연봉을 조각하였다.'고 말합니다.

살미 내단은 운궁형식으로 처리하여 조선후기의 의장수법을 따르고 있으며, 내외 첨차는 마구리를 사절하고 바닥은 원호를 그리게 처리한 일반적인 다포계 첨차입니다.

창호는 전면 전체와 좌측면의 전면쪽 칸에만 설치하였는데, 모두 궁판을 단 솟을빗살문으로 전면에는 4분합 들어얼개로 좌측면에는 외짝으로 설치하였습니다. 벽체는 양측면과 배면의 벽이 모두 흙벽이 아닌 두터운 나무널로 막아댄 판장벽을 설치하였습니다. 판벽의 구성은 기둥 사이에 방재를 가로질러 크게 상하로 나누고 이를 다시 이등분하는 중방을 가로지른 다음 각 방재 사이에 판재를 끼운 방식인데, 고종년간 서울·경기 일원에 건립된 사찰 내 전각에서는 판벽이 널리 활용된 특징이 있습니다.

가구는 무고주 5량으로 하였으며 측면 평주에서 대들보 위로 충량을 걸고 충량 단부는 용머리로 장엄하였습니다. 대들보 상부는 동자주를 놓아 종보를 지탱하였습니다. 내부는 전체에 우물마루를 깔았으며 천장은 종보와 외기부분에만 우물반자를 설치하고 그 주변에는 빗천장을 대었습니다. 처마는 겹처마에 지붕은 팔작 지붕이며 단청은 금단청을 하였습니다.

약사전은 조선후기의 화려한 장식적 성향과 19세기 후반의 건축 특징과 함께 서울·경기 지역의 지역적 특징까지 고루 반영하고 있는 멋진 건물로 평가받고 있습니다.

쉰아홉 번째 이야기

원래부터 맞배지붕이었을까?

흥국사 나한전(1710)

지정번호 향토문화재 제34호
소 재 지 경기도 고양시 덕양구 지축동 203

흥국사
나한전
● 흥국사

효자동
박태성 정려비 및 묘

효자치안센터

효자4통
마을회관

북한산성
입구

황치신 묘
황윤길 묘

북한산
국립공원

북한산로

북한산로

북한산로

북한산로

한미산 흥국사 나한전은 약사전 서쪽에 있는 건물로 1999년 2월 1일 고양시 향토문화재 제34호로 지정되었습니다. 내부에는 길이 389cm, 너비 38cm 높이 37cm의 괘불함이 상부에 매달려 있고 그 안에 아미타삼존불화가 모셔져 있지요. 1996년까지 칠성각으로 사용되다가 삼성각이 새롭게 건립되면서 옮겨 모시게 되었는데, 칠성각을 건립한 뇌응당이 광무 임인년(1902)에 나한전을 세웠다는 기록이 있음을 참고하여 나한전으로 개칭한 것입니다.

나한전 건물은 정면 3칸 측면 2칸 규모의 맞배지붕 건물로 주불전인 약사전에 비해 규모가 약간 작습니다. 기단은 약사전과 기단을 직교되게 꺾어 연장하여 같은 높이로 하여 대지 경사를 처리하였고 4단의 장대석을 바른층 쌓기하여 기단을 만들었으며 기단 앞에 장대석으로 된 4단의 계단을 놓았습니다. 주초는 약사전과 같이 정평주초 형식으로 잘 다듬어진 방형초석을 사용하였는데 그 중 우측면 중간 평기 기둥 하부 초석만 거칠게 다듬어진 원주입니다. 기둥은 흘림이 거의 없는 원주를 사용하였으며 공포는 주두 아래에서 시작하여 외부에 앙서형 초가지를 내민 익공을 두겹으로 구성하고 내부는 파련형으로 일체화된 이익공 삼포식으로 건물의 전후면은 같은 모양의 공포로 구성하였습니다. 두공첨차와 출목첨차는 모두 화각첨차를 사용하여 살미의 형태와도 조화되도록 하였습니다. 외부로 노출된 보머리에는 봉두(鳳頭)를 꽂아 장식하였는데 봉두는 고종년간 건립된 사찰 전각 입면에 주요한 의장요소가 되는 경우가 많다고 합니다. 전술한 흥국사 약사전에서는 주간포에 봉두조각이 결구되어 있는데 이와 같이 19세기 불교건축에서 주불전은 팔작지붕에 다포형식으로 결구되어 간포에는 봉두조각이 결구되지만 보뺄목에는 봉두가 없는 것이 대부분이며, 부불전에 해당하는 건물은 대체로 맞배지붕에 익공형식으로 결구되면서 본 나한전과 같이 보뺄목에 봉두조각이 끼워져 있는 경우가 많습니다. 귀포에서 창방 뺄목은 가공하지 않고 그대로 내밀었으나 그 하부에 초엽낙양을 길게 달았습니다. 주간에는 화반은 별도로 구성하지 않고 긴 장판재를 사용하여 초각하였는데 이는 고종년간 서울·경기 일원에 건립된 사찰 내 전각에서 널리 사용된 판벽과 함께 나타나기도 하는 하나의 특징이기도 합니다. 주간 출목도리 하부에는 궁궐이나 관아건축에서 많이 쓰이는 운공(雲工)을 두었습니다. 전체적으로 공포는 단정한 구조미 보다는 화려한 의장을 중시한 형식입니다. 창호는 정면 3칸 전체에만 설치하였는데 모두 궁판을 단 세살문으로 4분합 들어열개로 하였습니다. 그 외의 벽체는 판장벽으로 하였는데 고종년간 서울·경기 일원에 건립된 사찰에서 널리 활용된 특징입니다.

가구는 무고주 5량으로 하였는데 맞배지붕 건물임에도 불구하고 측면 평주에서 대들보 위로 충량을 걸고 충량 단부는 용머리로 장엄하였습니다. 대들보 상단에는 단면이 상당히 큰 뜬창방을 올려놓은 것이 특징적이고 그 위로 직교되게 종보를 설치하고 중도리를 놓았으며 충량 위에서는 외기를 돌렸습니다. 충량과 외기를 설치한 가구 방식은 내부에서만 판단한다면 팔작지붕을

▲ 흥국사나한전

구성하기 위한 것인데 건물 양측면의 천정 속 가구에서는 팔작지붕을 개수한 것으로 판단할 만한 근거를 찾기 어렵습니다.

전통건축 전문가이신 선문대학교 여상진교수는 다음과 같이 말합니다.

"화계사 명부전, 봉은사 판전, 흥천사 명부전 등 19세기 서울·경기지역의 맞배지붕 불전에서는 충량이 종종 나타나며 이에 대해서는 팔작지붕을 보수하여 맞배지붕으로 바뀐 것으로 보는 시각이 있고 충량은 본래부터 설치된 것으로 구조재가 아닌 장엄재로 보는 시각도 있다. 이와 관련된 흥국사 나한전의 가구방식의 특징은 건물 내부의 천장을 해체하고 부재 상태를 보다 면밀하게 검토하여야 보다 명확한 판단을 할 수 있을 것이다."

양측면의 중앙 평주에는 충량이 걸리므로 측면 가구는 대들보 위로 양측 1/3위치에 화반을 설치하여 종보를 받쳤습니다. 종보 부분에 설치된 우물마루는 이곳 측면의 종보까지 연장되어 설치되었고 이를 중심으로 전후면에는 빗천장을 대었습니다. 내부는 전체에 우물마루를 깔았으며, 처마는 겹처마에 지붕은 전술한 바와 같이 맞배지붕으로 양측면에 풍판을 달았습니다. 용마루 양측에는 용두를 두어 장식하였는데 이렇게 용두(龍頭), 취두(鷲頭) 등의 장식부재를 사용하는 것은 고종조 이래 일제강점기까지의 특징이라고 합니다. 단청은 금단청을 하였습니다.

나한전은 조선후기의 장식적 성향과 여러 건축 형식이 혼재되는 19세기 후반 불전의 건축 특징을 서울·경기 지역의 지역적 특징과 함께 보여주는 의미있는 건물로 평가받고 있습니다.

※ 흥국사의 건축물에 대한 내용은 고양시에서 출간된 「도지정문화재실측조사보고서」를 바탕으로 정리되었습니다.

예순 번 째 이야기

흥국사 괘불(1710)

지정번호 경기도 유형문화재 제189호
소 재 지 경기도 고양시 덕양구 지축동 203

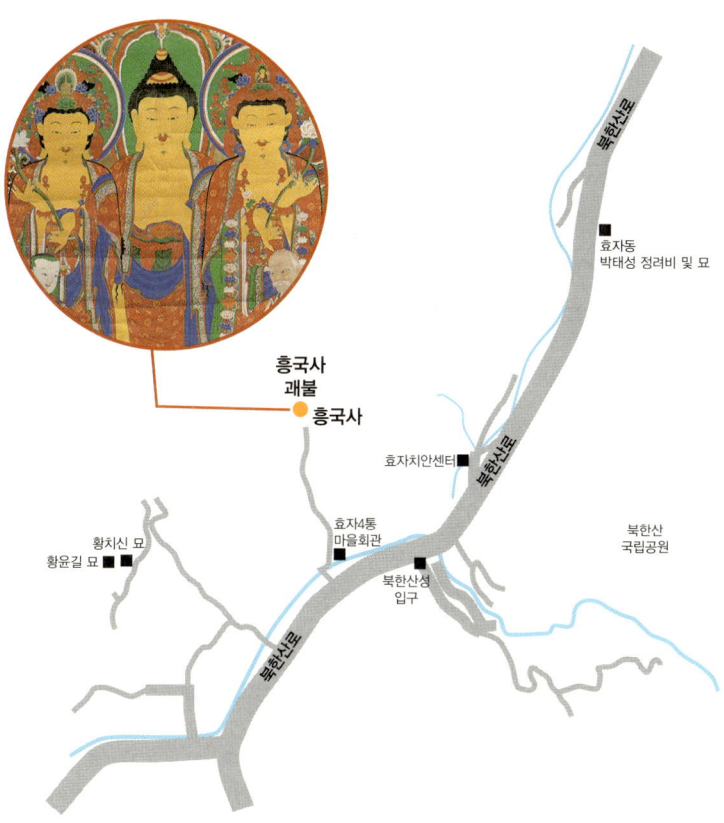

흥국사
괘불

흥국사

효자치안센터

효자동
박태성 정려비 및 묘

북한산도

북한산
국립공원

황치신 묘

황윤길 묘

효자4통
마을회관

북한산성
입구

북한산도

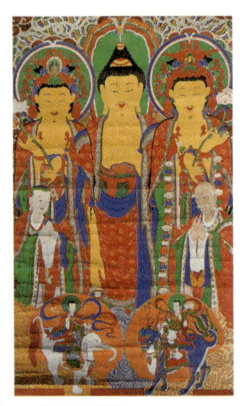

▲ 흥국사괘불

1902년(광무 6)에 봉안된 아미타삼존불화로서 크기는 가로 358cm, 세로 600cm입니다. 현재 나한전(칠성각)의 괘불함 안에 모셔져 있으며 법회 등의 행사에만 공개되고 있습니다.

아미타삼존불화는 서방정토를 주재하는 아미타부처님을 중심으로 좌우에 관음보살과 대세지보살이 협시하는 것을 기본구도로 하는데, 수명장수와 극락왕생을 기원하는 뜻이 담겨있습니다. 이 괘불에는 아미타삼존불 외에 가섭·아난과 문수동자·보현동자가 배치되었습니다. 그림 가운데의 아미타부처님은 초생달 모양의 눈썹과 가는 눈, 그리고 두툼한 입술 등 전체적으로 원만한 얼굴을 하고 있습니다. 불의는 양쪽이 두 협시보살에 의해 가려지고 가슴 아래의 띠매듭과 그 밑의 옷주름이 선명한 색채로 화려하게 표현되었습니다.

수인은 오른손은 내리고 왼손은 가슴께에서 첫째와 셋째손가락을 맞댄 아미타구품인(阿彌陀九品印)을 짓고 있습니다. 관음보살과 대세지보살은 본존불과 같이 정면을 향하고 있으며, 얼굴모습은 본존불과 매우 비슷하고 단지 조금 더 둥근 편입니다. 그림 오른편의 관음보살은 화불(化佛)이 있는 보관(寶冠)을 썼는데, 연꽃이 아닌 모란꽃을 든 것이 다소 색다릅니다. 대세지보살은 정병(淨瓶)이 얹혀진 보관을 썼으며 두 손으로 연꽃을 들고 있습니다. 두 보살 밑에는 아난과 가섭존자가 본존을 향해 합장하고 있는데, 가섭은 둘째손가락을 서로 맞댄 채 있습니다. 또한 아난과 가섭 아래에는 문수동자와 보현동자가 사자와 코끼리를 타고 있는데 문수동자는 연꽃을, 보현동자는 여의(如意)를 들고 있습니다.

예순 한 번 째 이야기

흥국사 목조아미타여래좌상(1710)

지정번호 경기도 문화재자료 제104호
소 재 지 경기도 고양시 덕양구 지축동 203

흥국사
목조아미타여래좌상
● 흥국사

효자동
박태성 정려비 및 묘

효자치안센터

북한산로

북한산
국립공원

효자4통
마을회관

황치신 묘
황윤길 묘

북한산성
입구

북한산로

▲ 흥국사 목조아미타여래좌상

　　흥국사 미타전에 모셔진 아미타여래좌상입니다. 이 불상은 자그마한 몸
집을 하고 있으며 얼굴은 편평하게 깎은 후 눈, 코, 입 등을 조각하여 다소 평
면적이지만 입가에 미소를 머금어 부드러운 인상을 풍깁니다. 두 손은 엄지
와 중지를 맞대어 양 무릎위에 올려놓고 다리는 결가부좌한 모습입니다. 양
어깨를 모두 감싼 옷은 자연스럽게 흘러내려 차례로 계단식 주름을 만들고
있습니다. 이 목조여래좌상은 얼굴의 표현이나 옷주름, 조각수법 등에서 전
형적인 조선 후기의 불상양식을 보이고 있고 1758년에 보수한 기록으로 보
아 18세기를 전후한 불상으로 여겨집니다. 비록 규모는 작으나 매우 부드러
운 느낌의 이 불상은 조선 후기 불상양식을 보여주는 빼어난 작품입니다.

예순 두 번째 이야기

흥국사 극락구품도(1710)

지정번호 경기도 유형문화재 제143호
소 재 지 경기도 고양시 덕양구 지축동 203

흥국사
극락구품도
● 흥국사

효자동
박태성 정려비 및 묘

효자치안센터

효자4통
마을회관

북한산성
입구

북한산
국립공원

황치신 묘
황윤길 묘

북한산로

북한산로

북한산로

북한산로

▲ 흥국사극락구품도

　한미산흥국사극락구품도는 전체화면을 상하좌우 각각3등분하여 총 9
면에 아미타불에 의한 극락정토의 아미타화상장면과 왕생장면을 상품, 중
품,하품으로 나누어 그린 그림으로 흥국사 마타전에 봉안되어 있습니다. 본
래 극락구품도는 구품왕생 장면을 그려야하나 여기서는 5품의 왕생장면만
을 묘사하였다고 합니다.

예순 세 번 째 이야기

북한산의 자랑, 북한산성(1711)

지정번호 사적 제162호
소 재 지 경기도 고양시 덕양구 북한동 산1-1

북한산성

백운대

북한산
3.1운동 암각문

북한산 상운사
목조아미타삼존불

북한산
탐방지원센터

북한산
서암사지

북한산성

중흥사지

북한산 태고사
원증국사탑과 탑비

북한산 산영루

봉성암
전성능대사부도

북한산성
행궁지

북한산성
금위영이건기비

북한산성

1. 들어가면서

북한산성은 언제나 그 자리에 있었습니다. 삼국의 격전장으로, 고려의 대몽항쟁의 증거로, 조선의 수도방어 기지로, 아름다운 풍광을 자랑하는 명승지로 우리의 수도 서울을 지키고 있었지요. 하지만 아름다운 삼각산의 경치에 묻혀 빛을 보지 못하였습니다. 단위면적당 가장 많은 사람들이 찾는다고 기네스북에 오르고, 전세계에서 수도와 가장 가까운 국립공원이라고 알려져 있지만, 정작 그곳의 300년 된 산성은 그 존재조차 정확히 파악되지 않았던 것이 현실입니다.

그런 북한산성이 최근 들어 사람들의 입방아에 오르내리고 있습니다. 이유는 여러 가지가 있을 겁니다. 잠재되어 있던 이유와 갑자기 생긴 이유가 있을 것입니다. 저는 북한산성이 주목받는 이유 중 잠재되어 있던 부분에 대해서 생각해 보고자 합니다. 어쩌면 너무 늦었을지 모르지만, 지금이라도 이렇게 주목받게 된 사연은 과연 무엇일까요?

▲ 북한산성

2. 북한산성 개요

북한산성은 현재 사적 제162호로 지정되어 있습니다. 1711년에 숙종의 명에 의해 축조된 현재의 산성은 고양시와 서울시에 걸려 있습니다. 총 둘레는 12.7㎞이며, 자연암만을 제외하면 8.4㎞입니다. 성곽 안 지역의 면적은 약 6.2㎢인데 여의도의 3/4정도 크기입니다. 북한산성의 동북쪽에 자리잡은 삼각산은 명승 제10호로 지정되어 있으며 총면적은 274,143㎡ 인데, 대부분이 고양시이지요.

북한산에는 백제시대부터 산성이 있었다고 전해지는데요. 백제 개로왕 5년(132)에 세워 백제가 수도를 하남 위례성으로 정했을 때 북방을 지키기 위해 북한산에 북한산성을 축성(築城)했다고 하는데, 현재로서는 정확한 위치를 파악하지 못하고 있습니다. 고려 고종 19년(1232)에 북한산에서 몽고군과의 격전이 있었고, 우왕 13년(1387)에 성을 다시 고쳐지었다고 하는데, 중흥산성이라 불리기도 하는 고려시대의 '북한산성' 역시 현재로서는 정확한 위치를 확인하지 못하고 있지요. 결론적으로 조선시대에 임진왜란과 병자호란 이후 숙종 37년(1711)에 왕명으로 석성을 축성한 것이 현재의 북한산성입니다.

북한산성은 200개소가 넘는 문화유산을 포함하고 있는데요. 그 중 현황이 파악되어 있는 문화재는 총 71개소입니다. 그중 국가지정문화재가 5건이며, 도지정문화재가 6건이 있지요. 아직도 찾아야할 문화유산이 산재되어 있는 곳이 바로 북한산성입니다. 현재까지 파악된 북한산성 관련 문화유산은 다음과 같습니다.

◆북한산성 관련 문화유산(2012)

종 별	번호	명 칭	소유자 (보유자)	소 재 지	지정연월일
보물(國)	611	태고사원증국사탑비	국유	덕양구 북한동 산15	'77.8.22
보물(國)	749	태고사원증국사탑	태고사	덕양구 북한동 산1-1	'83.12.27
사적(國)	162	북한산성	국유	덕양구 북한동 산1-1외	'68.12.5
사적(國)	479	북한산성행궁지	국유	덕양구 북한동 169	'07.6.8
명승(國)	10	삼각산	국유	덕양구 북한동 산1-1	'03.10.31
유형문화재(道)	87	북한산성금위영이건기비	국유	덕양구 북한동 132	'79.9.3
유형문화재(道)	188	고양봉성암전성능대사부도	봉성암	덕양구 북한동 204	'03.9.8
유형문화재(道)	190	고양상운사목조아미타삼존불	상운사	덕양구 북한동 370	'03.9.8
유형문화재(道)	246	고양덕암사목조보살입상	덕암사	덕양구 북한동 515-1	'10.12.8
문화재자료(道)	140	고양북한산서암사지	서암사	덕양구 북한동 509	'07.8.13
기념물(道)	136	고양북한산중흥사지	중흥사	덕양구 북한동 259	'92.12.31

성곽 관련 시설	성 내부 시설	사찰 관련	기타
북한산성	북한산성행궁지	북한산중흥사지	삼각산
북한산3·1운동암각문	고양북한산서암사지	태고사	고양북한동귀룽나무
북한산성내성성벽	북한산성금위영이건기비	태고사원증국사탑	고양북한동향나무
북한산성대동문	북한산성금위영유영지	태고사원증국사탑비	고양북한동 8월산제터
북한산성대서문	북한산성어영청유영지	태고사부도군	고양북한동 10월산제터
북한산성대남문	북한산성훈련도감유영지	상운사	북한동도당굿터
북한산성대성문	북한산산영루지	고양상운사목조마이타삼존불	백운동문명문
북한산성보국문	북한산성경리청상창지	상운사마애불	청하동문명문
북한산성북문	북한산성중창지	상운사삼층석탑	북한산승도절목명문
북한산성중성문	북한산성하창지	상운사석조약사여래좌상	
북한산성가사당암문	북한산성동장대	노적사	
북한산성부왕동암문	북한산성남장대지	노적사석사자상	
북한산성청수동암문	북한산성북장대지	봉성암	
북한산성서암문	북한산원효대	고양봉성암전성능대사부도	
북한산성용암문	북한산성선정비군	국녕사	
북한산성수구문		국녕사한월당대선사부도탑	
북한산성수문		덕암사	
북한산성위문		무량사	
		용암사지	
		용암사지석탑	
		용학사암각신장상	
		원각사지	
		원효암	
		나암사지	
		대동사	
		보광사지	
		보국사지	
		보련당부도	
		부황사지부도	
18	15	29	9
71			

3. 북한산성에서 본 조선의 관방체계

조선의 관방체계를 북한산성의 입장에서 살펴보도록 하겠습니다.

먼저 테뫼식산성과 포곡식산성에 대해서 알아보겠습니다. 산성을 구분하는 방법은 매우 다양하지만, 성곽과 봉우리의 관계를 중심으로 살펴보면 테뫼식 산성과 포곡식산성으로 구분할 수 있습니다.

테뫼식은 산정식(山頂式)이라고도 하는데요. 산성이 산꼭대기를 둘러싸고 있는 형태입니다. 가까운데서 예를 찾아보면 행주산성이 있지요.

두 번째로 포곡식(包谷式)은 산성이 골짜기를 둘러싸고 있는 형태입니다. 바꿔 말하면 이어져있는 여러 산들을 한꺼번에 둘러싼 형태이지요. 북한산성은 포곡식산성입니다. 그렇다면 테뫼식과 포곡식의 차이는 뭘까요? 포곡식은 산꼭대기 하나만 사수하는 테뫼식에 비해 규모가 월등히 크고, 만들기도 어렵습니다. 규모가 크니 사람들도 훨씬 많이 수용할 수 있을 것입니다.

임진왜란 당시 조선의 수도인 서울(당시의 한양, 한성)은 인근에 주민들을 대피시킬 만한 대규모 성곽이 없었습니다. 남한산성이 있었지만 한양도성과 이어져 있지 않았고 주변으로 더 높은 봉우리가 있어 쉽게 노출될 우려가 있었거든요. 결국 임진왜란 당시의 선조는 남쪽에서 왜군이 밀려오자 의주로 피난을 갔던 것이지요.

서울을 수복하기 위해 일본군과 격전을 치른 곳 중의 하나가 행주산성입니다. 겨우 3,000명 정도를 수용할 수 있는 규모를 가지고 있는 작은 테뫼식 산성이지요. 결국 일본군을 조선땅에서 내보냈지만 조선의 입장에서는 고민을 할 수 밖에 없었습니다. 조선왕조는 수도 한양을 지킬 수 있는 방도를 마련해야 했지요.

결국 한성에 사는 주민들을 대부분 수용할 수 있을 만한 크기의 성곽을 인근에 만들기로 하였습니다. 이러한 논의는 효종 때 시작되었지만, 여러 가지 이유로 실현되지 못하다가 왕권이 강력해진 숙종대에 현실화되었고, 그 결과물이 바로 북한산성입니다.

북한산성은 서울성곽과 탕춘대성으로 이어져 있는 성으로 서울성곽보다 작기는

▲ 복원된 북한산성의 여장

하지만 대부분의 한성주민들을 수용할 수 있을 만한 크기로 축성되었습니다. 유사시에 방어력이 떨어지는 평지성인 한양성곽을 떠나 쉽게 넘보지 못하는 북한산성으로 수도를 옮겨 항전하자는 계획을 세운 겁니다.

이렇게 평지성과 산성이 이어져 있는 것을 이성체계라고 합니다. 물론 이성체계가 서울성곽과 북한산성에만 있었던 것은 아닙니다. 고대시대부터 평지에 수도를 정한 많은 국가는 이성체계를 채택하고 있었던 것으로 보여집니다.

그렇다면 숙종은 수도인 한성의 이성체계를 위해서만 북한산성을 축조한 것일까요?

4. 숙종이 북한산성을 축조한 또 다른 이유는?

북한산성의 축조에 대해서 다시 생각해보겠습니다. 이번 주제의 주인공은 바로 조선의 토목왕 '숙종'입니다. 주인공에 대해 알아보겠습니다.

숙종은 1674년에 집권하여 1720년에 사망한 왕입니다. 모두들 잘 알고 계시다시피 숙종이 집권하던 시기는 붕당정치가 절정에 이르렀던 때입니다. 집권당이 수도 없이 바뀌었어요. 남인(예론)에서 서인으로, 또다시 남인

▲ 북한산성 중성문

▲ 북한산성 대서문

▲ 북한산성 북문

이 잡았다가 다시 서인으로, 서인이 다시 노론과 소론으로 나뉘어졌다가 다시 노론에서 정권을 잡는 등 다 외우기도 힘들 정도입니다.

붕당정치와 함께 생각할 수 있는 것이 바로 숙종의 왕비들인데요. 숙종의 왕비는 다 합해서 4명이었습니다. 순서대로 보자면 인경왕후, 인현왕후, 희빈장씨, 인원왕후 인데요. 특히 인현왕후와 희빈장씨의 대립구도는 다들 잘 알고 계시죠? 이 왕비들 뒤에는 따르는 신하들이 있었고, 그들은 왕비가 바뀔 때마다 목숨이 왔다 갔다 했었지요. 왕비가 지속적으로 바뀐 것도 붕당정치의 한 장면을 장식한다고 봐도 무방할 것입니다.

결론적으로 숙종은 그 치열한 붕당정치 속에서 서로 싸우다 지쳐서 힘이 빠진 신하들 위에 군림하면서 강력한 왕권을 휘둘렀다는 것을 알 수 있지요.

그렇다면 다시 북한산성을 쌓은 또 다른 이유에 대해 생각해 봅시다. 앞서 말씀드린 첫 번째 이유는 바로 관방체계의 정비입니다.

두 번째 이유는 바로 앞에서 엄청 뜸을

들인 바로 그 이유인데요. 토목공사의 정치적 활용입니다. 토목공사가 어떻게 정치에 관여되냐고 생각하는 분들이 혹시 계신가요? 최근에도 수많은 토목공사가 중앙정부에 의해서 추진되고 있는 모습을 보면 쉽게 이해가 되시리라 생각이 됩니다.

세 번째 이유는 운만 띄우겠습니다. 유사시의 적이 외부에서 올까요? 내부에서 올까요? 숙종이 만든 북한산성의 주적은 누구였을까요?

마무리로 숙종이 북한산성의 축성을 결정할 때 뱉은 말을 곱씹어 보겠습니다.

"모계는 비록 많더라도 결정은 혼자 하려고 한다. 북한산은 곧 온조의 옛 도읍이며, 또 도성과 지극히 가깝다. 염려되는 것은 단지 물이 부족한 것인데, 지금 들으니 물 또한 넉넉하다고 하니, 축성을 결의하는 것이 옳다."

너희들이 회의하는 것 잘 들었고, 내가 보기에 축성하는게 좋은거 같으니까 축성해라! 그런 말이죠.

5. 어떻게 축조하였을까?

북한산성은 성능스님의 「북한지」같은 관련 자료를 살펴보면 8.4km의 성벽 외에도 행궁, 성문 16개소, 장대 3개소, 성랑 143개소, 유영지 3개소, 창고 터 3개소, 사찰 18개소, 암자 3개소, 누각 3개소, 교량 7개소, 저수지 26개소, 우물 99개소가 포함된 아주 포괄적인 시설이었다고 하며 대부분의 시설은 현재에도 확인이 가능합니다. 놀라운 것은 대부분의 시설들이 6개월(1711년 4월 3일 ~ 10월 25일)만에 완공된 것이라는 점이죠. 어떻게 이런일들이 가능했을까요? 한번 따져봅시다.

누가?

앞서 말씀드렸다시피 북한산성은 숙종의 명에 의해 만든 것입니다. 하지만 숙종은 돌맹이 하나 움직이지 않았을 것이고, 민초들이 고생했겠죠.

숙종의 명을 받은 기관은 훈련도감, 금위영, 어영청이라는 곳들인데, 모두 지금의 수도방위사령부 비슷한 곳입니다. 북한산성을 3부분으로 구분해서 각자 담당한 것이죠. 다음 표를 보면 북한산성 축성에 대한 이런 저런 정보를 이해할 수 있으실 겁니다.

◆북한산성 축성에 대한 정보

담당군문	구간	축성규모 및 방법	부대시설
훈련도감	수문북~용암봉 (2,292보)	• 고축: 1,052보, • 반축: 771보, • 지축여장: 469보 (합: 704첩)	수문, 북문, 서암문, 백운봉암문, 성랑: 41개
금위영	용암봉~보현봉 (2,821보)	• 고축: 474보 • 반축: 1,836보 • 반반축: 511보 (합: 1,107첩)	용암봉 암문, 대동문, 보국문, 대성문, 성랑 60개
어영청	수문남~보현봉 (2,507보)	• 고축: 1,220보 • 반축: 299보 • 지축여장: 988보 (합: 986첩)	대서문, 청수동암문, 부왕동암문, 가사당 암문, 대남문, 성랑 42개
합계	7,620보	• 고축: 2,746보, • 반축: 2,906보, • 반반축: 511보, • 지축여장: 1,457보 (합: 2,797첩)	

담당은 이 군부대에서 했다고 치고, 실제로 일은 누가 했을까요? 자료를 살펴보면 각 지역별로 책임감독관이 있었고 그 아래 패장같은 전문분야 감독관, 편수 같은 현장책임자가 있었답니다.

북한산성 축성과 관련해서 절대로 빼놓을 수 없는 사람들이 승려들인데요. 전라도 화엄사의 성능스님을 중심으로 많은 승병들이 축성에 참여했다고 합니다. 중흥사가 그들의 중심사찰이었다고 하네요.

이렇게 북한산성 축성에는 군인, 승려, 민초들이 참여하였는데요. 다른 산성들과 비슷합니다. 총동원인력은 4만명 내외라고 파악되고 있습니다.

어떻게?

북한산성의 축조방법에 대해 전해지는 바는 없지만, 성곽분야의 전문가이신 심광주 선생님은 조선시대 다른 성곽과 마찬가지로 입지선정 → 측량 및 축성계획도 작성 → 축성계획 수립 → 터닦기 → 채석 및 치석 → 운반 → 내탁부 조성 → 체성벽 쌓기 → 여장 쌓기 → 하단부 보축의 순서로 만들어 졌을 것으로 추정하고 계십니다.

북한산성의 축조에서 주목할 만한 점을 들자면,

첫째, 북한산에는 돌이 많아서 성곽재료가 굉장히 풍부했습니다.

둘째, 당시의 조선은 남한산성, 성흥산성, 강화산성, 문수산성 등 당시의 조선은 풍부한 산성 축조경험을 가지고 있었습니다.

셋째, 아직 확인된 바는 없지만, 고려시대에 축조되어 조선 숙종시기까지 그 위치가 확인되었던 중흥산성의 성곽일부를 재활용했다는 의견도 있습니다.

결론적으로 북한산성이 이렇게 단기간에 축성된 이유는 많은 인력이 풍부한 재와 토목기술을 가지고 기존의 시설을 충분히 활용해서였다고 생각하면 크게 틀리지 않을 것 같습니다.

6. 다른 성곽들은 어떤가요?

조선이 건국되면서 가장 먼저 축조된 성은 한양도성입니다. 수도를 개성에서 한양으로 이전하면서 성곽이 꼭 필요했겠지요. 우리가 잘 아는 숭례문, 흥인지문 모두 한양도성의 일부분입니다.

한양도성은 여러 차례에 걸쳐서 만들어 지는데, 초기에는 자연석을 최소한으로만 다듬어서 만들다가 세종시기에 이르면 흡사 고구려의 성곽과 비슷한 모양의 석재를 사용해서 축조되게 됩니다. 남한산성과 강화도성, 문수산성 등 북한산성이 축조되기 이전에 완성된 성들도 유사한 형태를 띄고 있습니다. 18세기 초에 다시 축조된 북한산성은 다양한 크기의 장방형 석재들의 틈들을 꼼꼼히 매워가며 축조되어 있는데, 성곽주의의 자연석을 최대한 활용했다는 특징이 있습니다. 같은 시기에 축조된 한양도성은 깍두기 자르듯이 반듯반듯한 석재들을 활용하지만 북한산성은 상대적으로 매우 다양한 크기의 석재를 활용하여 성벽을 축조합니다. 아마 석재가 풍부한 지형적 특성이 반영되어 그런 것이 아닐까 합니다. 18세기 말에 축조된 세계문화유산 수원화성은 이전시기의 성곽들에 비해 다양한 시설들이 설치되고 여장이 전돌로 사용되는 등 발전된 형태를 보여주는 것이지요. 물론 전돌로 된 여장은 남한산성 등 선대의 성곽에도 활용은 되고 있습니다.

북한산성 주위의 다양한 성곽을 보면

▲ 북한산성의 성곽

조선시대 성곽축조기술이 어떻게 발전하였는지 재미있게 공부할 수 있답니다.

7. 북한산성의 특징

- 최고의 접근성 : 북한산성 인근을 그린 옛 지도와 그림들을 보면 서울성곽과 북한산성이 탕춘대성으로 이어져 있는 것을 확인할 수 있습니다. 기존에 남한산성이 있었지만, 유사시에 최대한 빨리 철옹성으로 많은 백성들을 이주시킬 수 있는 곳으로 북한산성이 선택된 것이죠.

- 비교될 수 없는 방어력 : 북한산을 등반해 보신 분들은 누구나 북한산의 능선에 올라가는 길이 얼마나 험한지 공감하실 겁니다. 어느 문화유산 전문기자님은 저에게 '북한산성 만큼 험한 곳에 만들어진 산성은 우리나라에는 없다.'라고 하시더군요.

- 최고의 명승을 끼고 : 북한산성은 국가지정문화재 명승10호인 삼각산을 끼고 있습니다. '서울 인근에 북한산같은 좋은 산이 있다는 것은 축복이다.'라는 말 들어보신 분 많으실 겁니다. 북한산의 한가운데이자 북한산성의 동북쪽에는 북한산의 중심 삼각산이 있습니다. 백운대, 인수봉, 만경대가 세봉우리를 이루고 있지요. 북한산성의 1시 방향을 책임지고 있는 험한 산봉우리들이랍니다. 경치하나는 끝내주는 곳이죠.

- 아직도 옛모습 그대로 : 북한산성은 정조와 순조 때, 일부분이 수축되었다고 전해지지만, 대부분의 성곽은 1711년 숙종시기에 축조되었습니다. 최근까지 보수도 거의 이루어지지 않았고 산속에 숨어있으니, 자연히 보존도 잘 되었지요. 답사하면서 느낀 개인적인 생각이지만 여장부분이 많이 파괴된 시기는 아마도 1970년대 이후, 군사정권이 북한산 인근에 진입로를 정비하고 벙커를 만들면서가 아닌가 생각이 듭니다. 진입로를 걷다

보면 성벽의 자재가 바닥에 많이 깔려있거든요.

- 축성기술사적인 측면 : 1711년 축조된 형태를 그대로 볼 수 있어서 토목 건축기술의 면모를 이해하는데 중요한 자료입니다.
- 관방체계의 변화를 보여줌 : 테뫼식산성을 활용한 수도방어형태에서 포곡식산성을 활용한 수도방어 형태로 변형되는 모습을 보여주는 중요한 자료입니다.
- 풍부한 문헌자료를 보유 :『북한지』,『비변사등록』,『승정원일기』,『조선왕조실록』,『신증동국여지승람』,『증보문헌비고』,『만기요람』,『임하필기』,『동사강목 』등 당시의 상황을 말해주는 많은 문헌자료가 있습니다. 하지만 최근의 연구성과는 극히 미약합니다. 앞으로 할 일이 참 많은 유적지이지요.

8. 마무리하겠습니다.

북한산성은 다른 문화유적에 비하여 잘못 알려진 부분이 상당히 많은 특이한 사례에 속합니다. '북한산' 과 '삼각산' 의 명칭문제, 가보지도 않고 북한산성에 성곽이 없다는 의견, 복원된 부분이 성곽의 전체인 것처럼 알고 있는 사람들. 아직도 북한산성의 갈 길은 많이 먼 듯합니다.

이제 북한산성은 조금씩 움직이고 있습니다. 먼저 지표조사와 문헌조사가 선행되고 측량과 발굴조사가 이루어져야 할 것입니다. 종합정비계획도 추진되어야 할테지요. 그 계획을 근거로 문화재를 최대한 보존하는 범위 내에서 활용할 수 있는 방법을 찾아야 할 것입니다. 무절제한 복원은 지양되어야 할 것이라는 생각도 듭니다. 북한산성은 알려진 것보다 훨씬 더 잘 남겨져 있으니까요.

고양시
문화유산
조선시대

예순 네 번째 이야기

북한산성 행궁지(1712)

지정번호 사적 제479호
소 재 지 경기도 고양시 덕양구 북한동 169

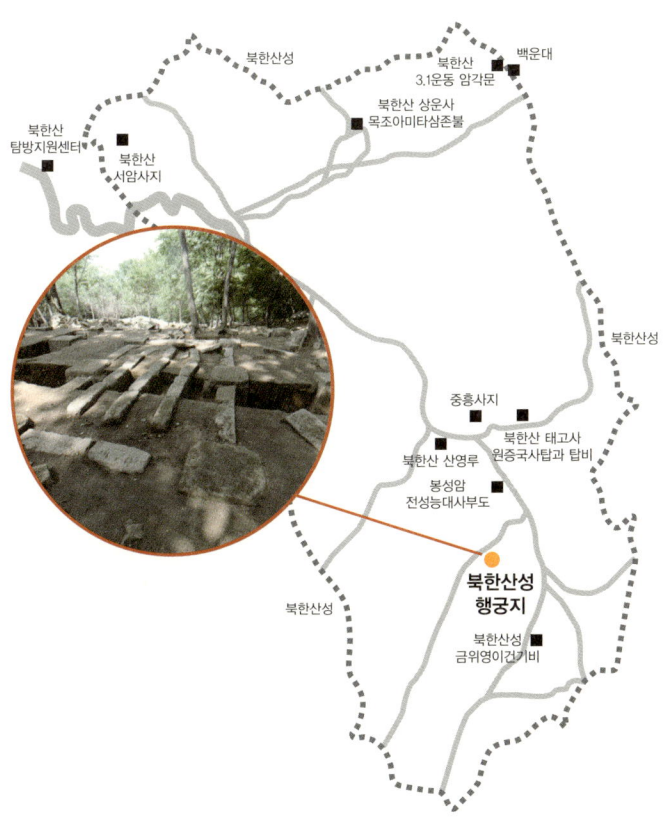

북한산성

북한산
3.1운동 암각문

백운대

북한산
탐방지원센터

북한산
서암사지

북한산 상운사
목조아미타삼존불

북한산성

중흥사지

북한산 태고사
원증국사탑과 탑비

북한산 산영루

봉성암
전성능대사부도

북한산성
행궁지

북한산성

북한산성
금위영이건기비

▲ 북한산 행궁도

행궁은 유사시 왕의 행재소가 되는 곳으로 북한산성이 축성을 시작하기 1달 전인 숙종 37년 5월 25일에 당시 산성의 공사를 주관하던 감동당상인 김우항에 의해 건립이 처음 제기되었습니다.

동왕 5월 왕의 윤허를 얻어 8월부터 본격적인 공사에 들어갔습니다. 그러나 바위가 많고 지세가 험하여 공사에 큰 어려움을 겪자 조정에서는 영건청을 두고 호조판서 김수항과 공조판서 이언강을 주관당상으로 하여 공사를 진행하였다고 합니다.

목재는 산성 밖의 삼천동에서 얻어서 지었는데 동왕 37년 10월 까지는 내전의 기와, 외전의 정초가 공사에 들어갔습니다. 그리고 다음해 2월부터는 다시 내전의 창호·청판·토역 등의 수장공사와 외전의 입주상량 등 일이 순서대로 진행되어 숙종 38년 5월에 낙성을 보게 되었습니다.

《북한지(北漢誌)》에 의하면, 행궁 규모는 내전이 좌·우 상방 각 2칸, 대청이 6칸, 사면퇴 18칸을 합한 총 28칸이었습니다. 이 정전 외에 또 좌·우 각방·청·대문·수라소 등의 부속건물이 35칸이나 되었습니다. 외전 역시 내전과 같은 규모의 정전 28칸, 내행각방 12칸을 위시한 루(樓)·청·고간(庫間)·대문 등 총 33칸의 부속 건물이 있었습니다.

그 후 일제 시대까지 그 건물이 보존되어 있었으나 언제 지금과 같은 모습의 터만 남게 되었는지는 정확히 알 수 없습니다.

다행히 일제 시대에 찍힌 사진이 남아 있어 당시의 모습을 알 수 있을 뿐이며 단국대학교에서 실시한 발굴조사를 통해 정확한 규모와 성격을 알 수 있게 되었습니다.

동 행궁지는 경기도 기념물 제160호(1996.07.22)로 지정되었다가 사적 제
479호(2007.06.08)로 변경 지정되었으며, 2009년에 북한산성행궁지 종합정
비계획을 수립하였고 2011년 4월에 시굴조사를 실시하였습니다.

북한산성행궁지 시굴조사의 성과
(※북한산성행궁지 시굴조사 지도위원회 보고 자료의 내용입니다)

금번 조사는 고양시 덕양구 북한동 169번지 일원에 위치하는 북한산성
행궁지에 대한 시굴조사이다. 북한산성행궁지는 현재 사적 제479호로 지
정되어 있고 국립북한산공원에 위치하고 있어 발굴(시굴)조사를 실시하기
위한 행정절차가 쉽지 않았다. 특히 국립공원으로 지정되어 있어 수목 등을
함부로 벨 수 없고, 해발고도 500m 고지에 위치하여 장비의 접근이 불가능
하여 모든 작업을 인력 수작업으로 실시해야 하며, 이동거리 또한 왕복 2시
간이 소요되어 시굴작업이 매우 더디게 진행되었다. 더욱이 홍수 등으로 인
하여 상부에서 쓸려내려온 자연석과 유구들이 계획된 시굴갱 내에 자리하
고 있어서 계획대로 시굴갱을 시
굴하지 못하였다.

북한산성행궁지는 조선 숙종
37년(1711) 5월 북한산성 성곽
공사의 감독을 맡았던 김우항(金
宇杭)이 산성 내에 행궁을 지어
야 한다고 진청(秦請)하여 8월에

▲ 북한산성 행궁지

▲ 북한산성 행궁지 시굴조사

공역(工役)을 시작해서 다음해인 1712년(숙종38) 5월에 완공하였다. 행궁은
내전과 외전으로 이루어져 전체 규모가 124칸에 달했던 것으로 기록되어
있다.

　행궁의 규모는 내전이 28칸으로 좌우 상방(上房)이 각각 2칸, 대청이 4칸,
사면(四面) 퇴(退)가 18칸이었고, 좌우 행각방이 9칸, 청(廳)이 5칸, 중문이 1
칸 그리고 변소(厠所)가 2칸이었다. 외전도 28칸으로 모든 체제는 내전과 같
았다. 그리고 대문 3칸, 북협문 1칸, 외북담 중문 1칸, 외행각방 12칸, 루(樓) 4
칸, 청(廳) 4칸이고, 허칸(虛間)이 2칸, 중문 2칸, 외대문 3칸, 북변 외대문 1칸
으로 내·외전과 부속 건물을 모두 합하면 120여 칸의 많은 건물이 있었다.

　그러나 행궁은 제대로 사용되지 못했고 왕의 행차도 영조가 유일했던 것
으로, 영조 36년 8월 20일과 영조 48년 4월에 행궁에 행행하였다는 기록이
있을 뿐이다. 이후 고종대에 서양의 침탈 등으로 국방에 대한 관심이 커지
면서 도성 방어를 위한 북한산성의 중요성이 높아졌고 이에 따른 북한산성
과 행궁에 대한 수리 문제가 대두되었다. 고종 16년(1879) 8월 홍수로 북한
산성 행궁과 공해가 기울어지고 무너져 이에 대한 수축이 논의되었고, 동년
11월 21일 북한산성 행궁을 개건하라는 왕의 명이 있어 무위소에서 11월
24일부터 개건하겠다는 기록이 있다. 고종 29년 12월 12일에도 북한산성

행궁에 대한 보수 건의가 있었고, 이듬해 고종 30년 5월 18일 경리청에서 북한산성 행궁과 공해를 중수하고 보축하였다는 보고가 있었다. 이후 관련 기록이 없으나, 1904년 간행된 일인 관야정의 〈한국건축조사보고〉에 수록된 1902년경에 촬영된 행궁의 사진을 보면 당시까지 양호한 상태로 남아 있음을 알 수 있다. 그러나 1915년 홍수로 인해 완전히 파괴되어 현재는 내전터가 비교적 양호하게 잔존해 있으나 대부분의 다른 건물지는 파괴되어 그 흔적을 찾을 수 없고, 일부 건물지들은 흙속에 묻혀 있는 상태이며, 외곽에는 담장 일부가 잔존해 있는 상태이다.

조사 결과를 정리하면 다음과 같다.

현재까지 조사에서 확인된 건물지는 내전지, 내전 행각지 그리고 외전지 정도이다. 특히 내전지는 문헌 기록과 동일하게 그 규모나 내부 사용 용도가 동일하게 확인되었다. 그리고 전면 기단에서 계단시설 1개소를 확인하였고 기단 후면에서 가로방향으로 조성된 암거시설을 확인할 수 있었다.

내전 전면에서는 삼문이 포함되어 있는 가로방향의 내전 행각 건물지를 찾을 수 있었는데, 삼문은 거대한 긴 석재를 이용하여 기초시설를 조성하였고 그 전면에는 삼문과 동일한 폭으로 계단을 길게 놓은 것이 확인되었으며 후면에는 가로방향으로 배수로를 기단을 따라서 조성하였다. 다만, 좌우 끝을 확인하지 못하여 전체적인 규모를 파악하지 못했다.

외전지는 내전 행각 건물지 전면에서 노출되었는데 세로방향 축을 내전과 같은 방향인 동북축으로 설정했으나 같은 선상에 두지 않고 약간 좌측으로 옮겨 같은 선상에서 볼 때 내전을 가리지 않도록 하였다. 그 규모는 문헌에 기록되어 있는 것처럼 내전과 마찬가지로 28칸으로 구성되었을 것으로 판단되는데 미약하게나마 관련 기단석과 초석 등이 확인되었다. 외전지 전면 동북측에서는 초석들이 확인되었는데 그 주칸이 8자 내외로 외행각방 건물지로 추정된다. 그리고 외전지 전면에서는 아직까지 이렇다할 유구가 확인되지 않고 있는데 아마도 마당 공간이어서 그런 것이 아닌가 한다.

외대문 행각 건물지 일원에서는 아직까지 뚜렷한 유구가 확인되지 않고 있으나, 기존에 노출되어 있는 축대 상부에 부분적으로 초석 등이 확인되고 있어서 남은 조사기간 동안에 관련 건물지가 확인될 가능성이 높다. 이밖에 향후 조사기간 동안에 외전 행각 건물지와 내전 좌우 행각방도 확인될 가능성이 있다.

기타 보각지는 근대에 다른 용도의 건물이 들어섰던 것으로, 현재 온돌 시설이 조성되어 있는데 옛 시설로는 보이지 않고 근대에 조성된 것으로 판단된다.

예순 다섯 번 째 이야기

북한산성 금위영이건기비(1715)

지정번호 경기도 유형문화재 제87호
소 재 지 경기도 고양시 덕양구 북한동 132

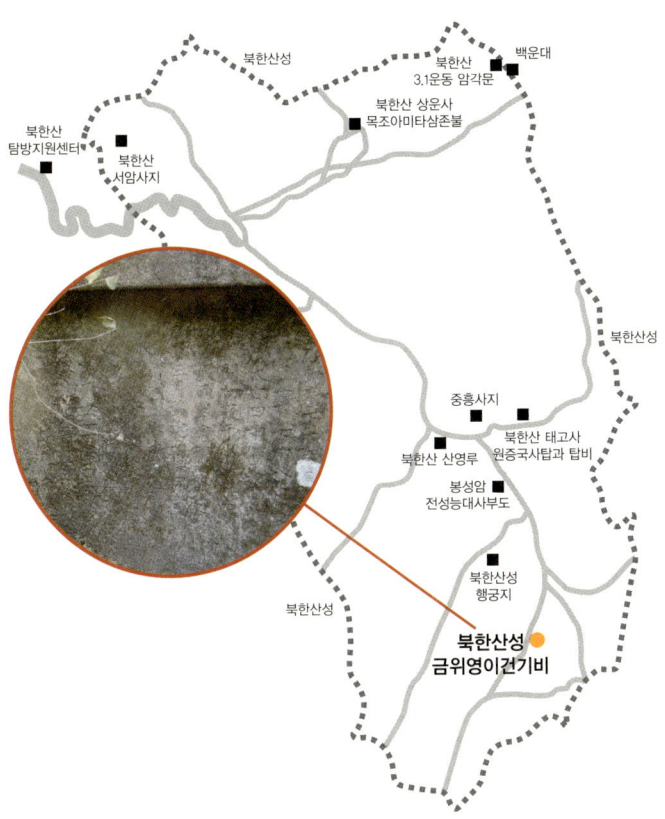

북한산성

북한산
3.1운동 암각문

백운대

북한산 상운사
목조아미타삼존불

북한산
탐방지원센터

북한산
서암사지

북한산성

중흥사지

북한산 태고사
원증국사탑과 탑비

북한산 산영루

봉성암
전성능대사부도

북한산성
행궁지

북한산성

북한산성
금위영이건기비

▲ 북한산성 금위영이건기비

금위영이건기비는 북한산성 내 대성암(大成庵) 아래 옛 금위영 자리에 위치하고 있습니다. 원래 금위영은 소동문(小東門) 안에 있었으나 그 지세가 높아 비바람이 몰아치면 무너지기 쉬우므로 보국사(輔國寺)아래로 옮기게 되었다고 기록되어 있습니다. 금위영 이건기비는 이것을 기념하기 위하여 세운 것이지요.

비의 재료는 화강암으로 뒷면은 땅에 묻혀있고, 옥개는 장대석(長臺石)의 앞쪽에만 낙수면(落水面)을 새겼습니다. 즉, 와비(臥碑)의 형식으로 비문의 끝 부분에 '을미즉 대명숭정 갑신 후 칠십이년야 도제조이이명 지(乙未卽大明崇禎甲申後七十二年也都提調李頤命識)'라는 명문으로 보아 숙종41년(1715)에 도제조 이이명이 세운 것임을 알 수 있습니다. 비문에는 초록의 짙은 이끼가 있어 판독에 어려움이 있으나 비문이 소실된 것으로 보이지는 않습니다.

비문의 내용은 다음과 같습니다.

우리 임금(숙종 37년, 1711) 신묘년(新卯) 4월에 훈국(訓局, 훈련도감(訓練都監))과 어영청(御營廳) 및 본영(本營, 금위영)에 나누어 명(命)하기를-『백제(百濟)의 옛 성(城)을 다시 쌓고 각각 군영(軍營)의 목적지마다 군량(軍糧)을 저장하고 무기(武器)를 준비하여 국가(國家)가 변란을 맞아 완급이 필요할 때에 장차 백성들과 함께 이 천험(천험)의 지역을 지키도록 하라.』고 하였다.

그 해 10월에 성(城) 쌓는 일이 완성되고 본 금위영이 쌓아졌다. 용암(龍巖) 동남쪽으로부터 보현봉(普賢峯) 아래에 이르기 까지 2821보(步)에 1,065개(個)의 살밭이가 있다. 성문(城門)은 둘인데 대동문(大東門)과 소동문(小東門)으로서 모두 문(門) 위에 초루(譙樓)와 암문(暗門) 두 개 소(所)를 설치하였다. 시단봉(柴丹峯)에 장대(將臺)를 짓고 그 아래 방옥(房屋) 10여 간(間)을 두었는데 성랑(城廊)이 61채에 모두 178간(間)으로서 보국사(保國寺) 보광사(普光寺) 용암사(龍巖寺) 태고사(太古寺) 네 절에 귀속(歸屬)시켰다.

군대(軍隊)의 영사(營舍)와 창고(倉庫)는 90여 간(間)으로서 처음에는 소동문(小東門) 안에 세웠는데 그 지세(地勢)가 높고 비바람이 거세며 모퉁이에 물길이 나서 무너지기 쉬우므로 을미년(1715) 3월에 보국사(保國寺) 아래로 옮겨 세웠다.

초관(哨官) 곽의빈(郭義賓)은 재력(財力)을 잘 다스리고 파총(把摠) 장우진(張友軫)은 공사(工事) 감독을 잘하여 8월에 낙성(落成)을 고(告)하게 되었다. 돌계단 120보(步)쯤 쌓고 중당(中堂)은 손방(巽方, 동남(東南))을 뒤로 하여 지었는데 중군(中軍) 이하 거처할 곳과 창고 행랑 등이 모두 145간(間)이다. 산(山)이 깊은 물을 끌어 당겨서 맺은 것이 더욱 굳으니 가히 영원토록 보호할 만한 곳이라고 한다. 을미년(乙未, 1715)은 곧 대명(大明) 숭정(崇禎) 갑신(甲申) 후 72년이다. 도제조(都諸調) 이이명(李頤命)이 기록한다.-

비문의 내용을 요약해 보면 「숙종 37년 4월에 훈련도감(訓練都監), 어영청(御營廳), 금위영(禁衛營)으로 하여금 백제의 고성(古城)인 북한산성을 나누어 개축하게 하고 각 군영을 설치하도록 하여 군량을 저장하고 유사시에 대케 하였으니 그 해 10월에 석곽의 보수가 완료되었다. 금위영은 능암(能岩)동남쪽에서 보현봉(普賢峯) 아래까지 2,821보(步)를 쌓았. 1,065개의 살밭이와 2개의 성문(대성문, 소동문)이 있는데 그 위에 누각을 설치하였다. 이외에 장대(將臺), 방실(房室), 성곽 들을 축조하였다. 태고(太古) 위 4개 사찰이 성내에 있으며 군영의 막사와 창고 90여 간은 3개월에 4개 사찰중 하나인 보국사로 옮겼다. 공사는 8월에 준공하였다」는 내용이 있다.

예순여섯 번째 이야기

북한산성 축성에 기여한 성능스님

관련유적, 봉성암 전성능대사부도(18세기 중반)

지정번호 경기도 유형문화재 제188호
소 재 지 경기도 고양시 덕양구 북한동 204

북한산 태고사 뒤편의 봉성암 경내에 있습니다. 승탑의 구조는 4개의 판석을 짜맞춘 방형 지대석(方形 地臺石)위에 방형 하대석과 중대석, 팔각모양의 상대석이 안치되어 있으며, 그 위로 팔각의 탑신석 팔각의 옥개석, 상륜부로 구성되어 있습니다. 팔각의 옥개석 일부는 현재 파괴되어 있으며 전체 규모는 280cm입니다. 탑의 기단부 앞에는 74×70×59cm의 불규칙한 육면체 석재가 놓여져 있는데 승탑에서 떨어져 나온 것으로 추정되고 있습니다. 현재의 승탑은 6.25당시 폭격으로 일부 파괴된 것을 복원한 것인데, 완전한 상태는 아니며 탑신부의 부재는 소실된 상태입니다.

한국역대인물종합정보시스템(http://people.aks.ac.kr)의 성능대사에 대한 내용을 정리해 보면 다음과 같습니다.

성능(性能)은 생졸년이 미상인 조선 중기의 고승으로서 호는 계파(桂坡)입니다. 본래 경상북도 학가산(鶴駕山)의 승려이었으나 화엄사(華嚴寺) 각성(覺性)의 문하에서 3년 동안 수행하여 도를 이루었습니다. 화엄사의 장륙전(丈六殿)은 그의 원력(願力)에 의하여 1699년(숙종 25)에 공사를 시작하여 3년 만에 완공을 보았는데, 이에 얽힌 다음과 같은 설화가 전해지고 있습니다.

▲ 봉성암 전성능대사부도

장륙전 중건을 위하여 100인의 승려들이 대웅전에서 백일기도를 올렸는데, 그는 기도의 원만한 성취를 위하여 공양주(供養主)를 자원하였다. 백일기도가 끝나는 회향일(廻向日)에 한 노승의 꿈에 문수보살이 나타나 "물 묻은 손으로 밀가루를 만져서 밀가루가 묻지 않는 사람으로 화주승(化主僧)을 삼아야 불사를 이룰 수 있다."고 하였다. 이에 100인의 대중이 모두 시험한 결과 성능(性能)만 밀가루가 손에 묻지 않아 화주승이 되었다. 성능은 화주할 걱정에 대웅전에서 기도를 올리는데 "다음날 처음 만나는 사람에게 시주를 권하라."는 문수보살의 말씀이 들렸다.

그러나 다음날 처음 만난 사람은 절에 자주 들르는 거지노파이었다. 그 노파는 성능에게 시주를 요구받자 "이 몸이 죽어 왕궁에 환생하여 큰 불사를 이루겠나이다."하며 서원을 세운 뒤 연못에 몸을 던져 죽었다.

그뒤 성능은 5, 6년을 걸식하여 사방을 돌아다니다가 한양 창덕궁에 이르러 마침 유모와 함께 궁 밖을 소요하던 공주와 마주쳤는데, 공주는 우리 스님이라면서 반가워하였다.

그런데 공주는 태어나면서부터 한 손을 펴지 않는데 성능이 이를 펴보니 손바닥에 '장륙전' 3자가 쓰여 있었다. 이 소식을 들은 숙종은 성능을 도와 장륙전을 완성하게 하였고, 사액을 내려 각황전(覺皇殿)이라 하였다 한다.

그뒤 숙종은 북한산성 축성을 성능에게 위임하고 팔도도총섭(八道都摠攝)의 직위를 내렸는데 6개월 만에 축성을 완료하였습니다. 다시 화엄사로 돌아온 그는 수행의 여가에《북한지(北漢誌)》를 집필하였고, 판각하여 1745년(영조 21) 신임 도총섭인 서봉(瑞鳳)에게 인계하였습니다. 이후 화엄사에서《화엄경》을 판각하는 불사를 이루었으며, 다시 통도사로 옮겨 통도사 석가여래영골사리탑비를 세우고 계단탑(戒壇塔)을 증축하였다고 하네요.

성능스님이 언제 사망하시고 어떠한 연유로 북한산에 부도가 있는지는 잘 모르겠지만, 그가 얼마나 북한산성에 애착을 가지고 있었는지 그의 승탑이 말해주고 있는 것은 아닐까 합니다.

예순 일곱 번 째 이야기

북한산성의 수문을 지켜라.

북한산 서암사지

지정번호 경기도 문화재자료 제140호
소 재 지 경기도 고양시 덕양구 북한동 509

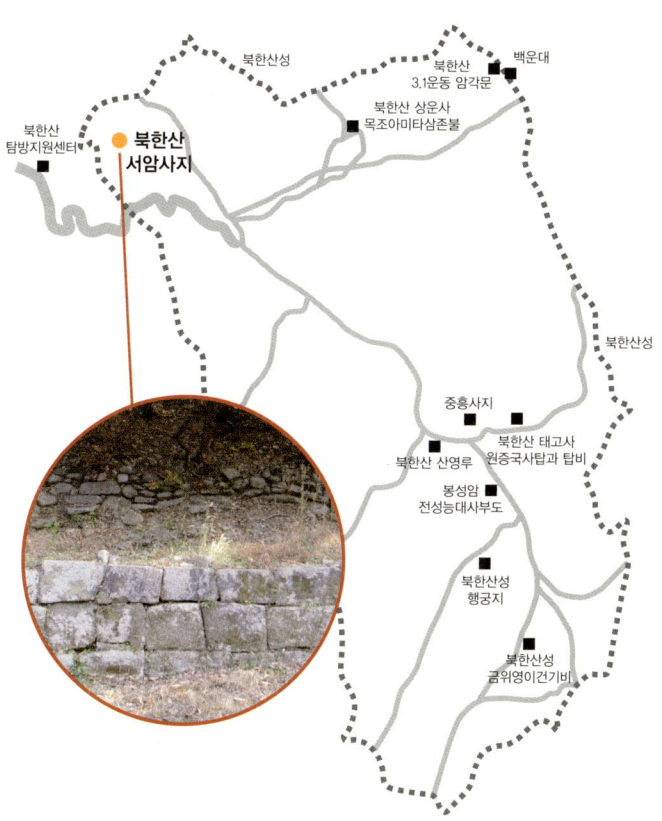

북한산성
북한산
3.1운동 암각문
백운대
북한산 상운사
목조아미타삼존불
북한산
탐방지원센터
● 북한산
서암사지
북한산성
중흥사지
북한산 태고사
원증국사탑과 탑비
북한산 산영루
봉성암
전성능대사부도
북한산성
행궁지
북한산성
금위영이건기비

▲ 북한산 서암사지

　서암사는 북한산성 축성 이후 승병을 유치하기 위하여 건립한 13개 사찰 가운데 하나입니다.

　『北漢誌』에 의하면 승려 광헌(廣軒)에 의하여 133칸 규모로 창건되었으며 고려 문인공 민지(閔漬, 1248~1326)가 살았던 유지가 그 옆에 있었기 때문에 민지사(閔漬寺)로 불리었으나 후에 사명을 고쳐 서암사라 불렀다고 합니다. 서암사는 수문일대의 산성 수비 역할을 담당하다가 19세기 말에 폐사된 것으로 추정됩니다. 북한산성의 각 문에는 이렇게 문을 지키는 사찰을 건립해서 경비하는 업무를 담당케 했다고 하네요.

예순 여덟 번 째 이야기

북한산 상운사 목조아미타삼존불(1713)

지정번호 경기도 유형문화재 제190호
소 재 지 경기도 고양시 덕양구 북한동 370

▲ 상운사

▲ 상운사 목조아미타삼존불

상운사 극락전에는 아미타불을 중심으로 관음과 대세지보살을 배치한 목조아미타삼존불이 봉안되어 있습니다. 삼존불의 대좌에는 묵서(墨書)로 발원문이 적혀 있는데, '강희 53년(1713) 7월 5일 시작하여 8월 6일 일을 완성하여 노적사 극락보전(露積寺 極樂寶殿) 아미타연대에 봉안하였다.'는 기록을 통하여 아미타불과 대세지보살이 1713년에 제작되었음을 알 수 있습니다. 그러나 관음보살은 크기나 조각수법에서 아미타불과 현격한 차이를 보여 따로 제작된 보살상을 배치한 것으로 추정된다고 하네요. 관음보살 밑바닥에 '1800년 4월 15일 관음보살을 개금(蓋金)하여' 라는 기록을 통하여 관음보살 역시 19세기 이전에 제작되었음을 알 수 있습니다.

예순아홉 번째 이야기

숙종의 장인, 김주신 선생 묘(1721)

지정번호 향토문화재 제18호
소 재 지 경기도 고양시 덕양구 대자동 산26-1

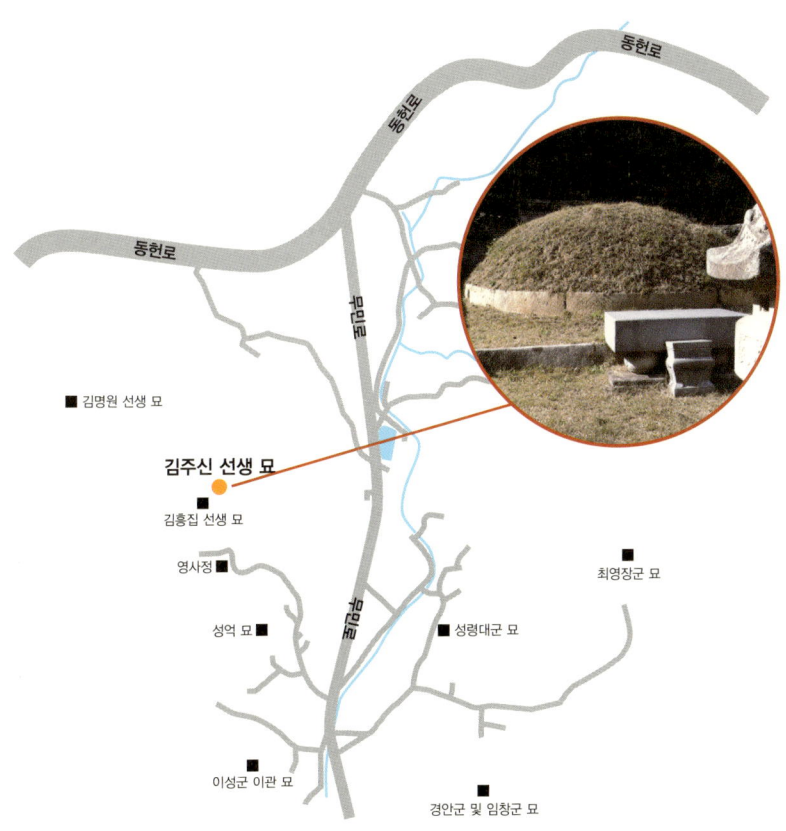

▲ 김주신 선생 묘

김주신(金柱臣)은 조선 후기의 문신입니다. 본관은 경주(慶州). 자는 하경(廈卿), 호는 수곡(壽谷)·세심재(洗心齋). 할아버지는 예조판서 남중(南重)이고, 아버지는 생원 일진(一振)입니다. 숙종의 장인이며, 박세당(朴世堂)의 문인입니다.

1686년(숙종 12) 생원시에 장원으로 합격하였고, 이듬해 장원서별검(掌苑署別檢), 1699년 귀후서별제(歸厚署別提)에 이어 사헌부감찰·호조좌랑을 역임하였습니다. 1700년 순안현령(順安縣令)으로서 명관으로 이름이 높았다고 하네요.

1720년 그의 딸이 숙종의 제2계비(繼妃仁元王后)가 되자 돈녕부도정(敦寧府都正)이 되고, 이어 영돈녕부사(領敦寧府事)로 경은부원군(慶恩府院君)에 봉해졌으며, 오위도총부도총관(五衛都總府都總管)으로서 상의원(尚衣院)·장악원(掌樂院)의 제조(提調) 및 호위대장(扈衛大將)을 겸임하였습니다.

효성이 지극하고 지조가 굳었으며, 문장은 깊고 무게가 있었습니다. 당대의 문사 최석정(崔錫鼎)·김창협(金昌協)·서종태(徐宗泰) 등과 교유하였다. 저서로는 ≪거가기문 居家紀聞≫·≪수사차록 隨事箚錄≫·≪산언 散言≫·≪수곡집 壽谷集≫ 등이 있습니다. 시호는 효간(孝簡)입니다.

어려서 부친을 잃고 숙부에게 글을 배웠으며, 이어서 당대의 대표적 재야 학자인 서계(西溪) 박세당(朴世堂)의 문하에서 수학했습니다. 36세에 생원시에 합격했고 이듬해 봄 시험관이던 최석정(崔錫鼎)의 추천으로 벼슬에 나가 39세에 사헌부 감찰, 호조좌랑 등을 맡았습니다.

42세(숙종28, 1702년) 9월 딸이 숙종의 제2계비가 되고 돈녕부 도정, 돈녕부사, 오위도총부 도총관 등을 지냈고, 사후에는 영의정에 추증되었습니다.

조선왕조실록에 보면 그의 사후에 국왕들의 쉼 없이 이어진 '사제(賜祭)'가 주목되는데요. 이는 그가 세상을 떠난 직후에 단행된 왕대비(仁元王后)에 의한 왕세제(王世弟: 왕위를 이를 임금의 아우) 책봉과 밀접한 관련이 있다고 합니다. 그 왕세제가 후일의 영조이며 조선왕조의 왕통은 그렇게 이어졌습니다. 왕대비 자신은 슬하에 왕자를 두지 못했지만 영조를 세제로 옹립한 공이 부원군인 그에게 있었던 것입니다.

그래서 '일세의 완인(一世完人)'이란 관점에서 역대 국왕들이 격을 갖춰 추모하였으니 영조29년(1753) 국왕이 친히 제문을 지어 치제(致祭: 임금이 제물과 제문을 내려 죽은 공신을 제사지냄)한 이래 그것은 영조45 · 47년, 정조 5 · 12년 순조11 · 25년, 고종30년(1893)에 이어졌습니다. 불천위 중의 불천

▲ 김주신 선생 묘

▲ 김주신선생묘의 담장기와

▲ 김주신 선생 신도비

위에 해당하는 인물인 셈이죠.

수곡의 집은 원래 순화방(현재 서울시 중구 순화동) 대은암동(大隱巖洞) 연우궁(延祐宮) 곁에 있었습니다. 그 집의 양정재(養正齋)에서 인원왕후가 태어났다고 합니다. 본래 있던 집은 누워서 보면 하늘의 별이 보였을 정도로 검소했고 그 규모도 단출했다고 전해집니다. 부원군이 된 이후 숙종이 아주 넓은 집을 하사했는데 지금의 서울 종로구 조계사 터라고 합니다.

경기도 고양에 있는 묘소는 손향(巽向)으로 모셔져 있습니다. 부원군의 묘소답게 격조가 있으며 절제된 느낌입니다. 묘소는 묘비와 호석(護石: 묘소 봉분을 보호하기 위해 두른 돌)과 곡장(曲墻: 묘소를 보호할 목적으로 만든 담)으로 아담하게 꾸며져 있습니다. 묘비는 최규서(崔奎瑞)가 짓고 서명균(徐命均)이 글씨를 썼습니다. 폭 65cm, 높이 1m입니다.

신도비는 국왕의 명을 받들어 이조판서 박종훈(朴宗薰)이 글을, 이조판서 김이교(金履喬)가 글씨를, 그리고 대제학 김조순(金祖淳)이 전자(篆字)를 써서 순조26년(1826)에 건립했습니다. 폭 96cm, 높이 2m53cm 입니다.

일흔 번 째 이야기

소현세자의 아들과 손자,

경안군 및 임창군 묘(1724)

지정번호 향토문화재 제5호
소 재 지 경기도 고양시 덕양구 대자동 산65-2

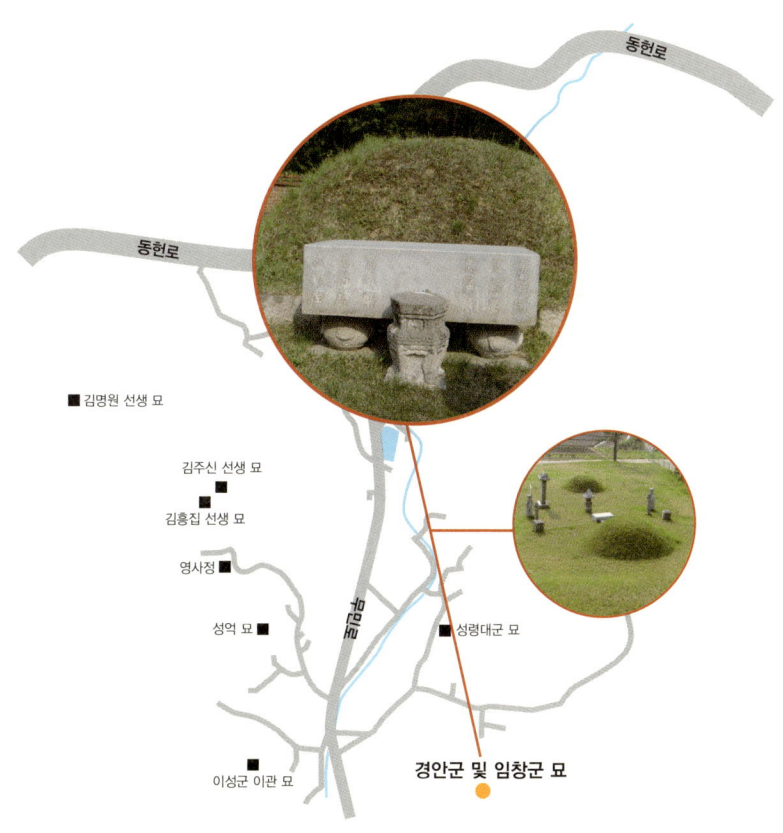

▲ 경안군묘와 임창군묘

경안군 및 임창군묘(慶安君 및 臨昌君墓)는 최영장군 묘역 입구 우측에 위치하고 있는데 뒤쪽 언덕에 경안군묘소가 있고 언덕 아래쪽 30m 지점에 임창군묘소가 있습니다. 경안군의 묘소에는 묘비, 상석, 향로석과 망주석, 동자상, 문인석이 1쌍씩 있습니다.

현재 경안군의 묘는 분성군부인 허씨(盆城郡夫人 許氏)의 묘와 합장되어 있는데 다른 묘에 비해 높은 묘역을 만들었습니다. 묘 둘레의 뒤편은 후대에 증축된 것으로 보이는 붉은 벽돌의 곡장으로 조성되어 있습니다. 묘 앞 우측에는 '조선국 왕손 증현록대부 경안군 겸오도위도부총관 행승헌대부 경안군 휘회지묘 분성군부인 허씨부좌(朝鮮國 王孫 贈顯祿大夫 慶安君 兼五都衛都府總官 行承憲大夫 慶安君 諱檜之墓 盆城郡夫人 許氏祔左)' 라 새겨진 묘비가 있습니다. 묘비는 숙종 30년(1704) 3월 건립한 것으로 이수와 장방형 비좌를 갖추었고, 총 높이는 196cm, 두께는 26cm의 규모입니다. 임창군의 묘는 응천군부인 박씨(凝川郡夫人 朴氏)와 합부되어 있습니다. 봉분의 주위에는 묘비, 상석, 향로석과 망주석, 문인석이 1쌍씩 있습니다.

경안군은 조선 중기의 왕족으로 본관은 전주, 휘는 회(檜), 초명은 석견(石堅)입니다. 소현세자와 민회빈 강씨의 3남으로 1644년에 태어났습니다.

아버지 소현세자가 청나라에서 귀국 후 의문의 죽음을 당하고, 어머니 민회빈 강씨는 1646년 인조의 수라에 독을 넣었다는 혐의로 사약을 받아 죽고, 이후 두 형 석철, 석린과 함께 4세의 어린 나이로 제주에서 유배생활을 합니다. 1650년(효종 즉위년) 강화도로 이배되었다가, 1656년 귀양에서 풀려났습니다. 1659년 윤 3월 4일에 경안군에 봉해졌습니다.

차남 임성군은 소현세자의 장남인 경선군의 뒤를 이었으나 후사가 없어 임창군의 차남 밀남군(密南君) 감(堪)이 뒤를 이었습니다. 임창군의 장남 밀풍군(密豊君) 탄(坦)은 이인좌의 난 때 임금으로 추대되어 난이 진압된 후 자결하였습니다. 밀풍군의 차남 상대(尙大)는 연령군의 후사를 잇게 되었다가 파양되었습니다. 후일 영조 때 상원군(商原君)으로 봉해졌습니다.

임창군 이혼(李焜)은 1665년에 태어나 1724년(경종 4)에 사망한 조선 후기의 문신입니다. 인조의 맏아들 소현세자(昭顯世子)의 손자로 임창군(臨昌君)에 봉해졌습니다. 사은정사(謝恩正使)가 되어 네 차례 청나라에 다녀왔다고 합니다.

1차는 1696년(숙종 22) 부사 홍만조(洪萬朝), 서장관 임봉원(任鳳元)을 대동하였으며, 2차는 1703년 부사 심평(沈枰), 서장관 이세석(李世奭)과 같이, 3차는 1713년 부사 권상유(權尙游), 서장관 한중희(韓重熙)를 대동하였으며, 4차는 부사 예조판서 민진원(閔鎭遠)과 같이 가서 어씨(魚氏)를 세자빈에 책봉한 사실을 보고하고 돌아왔습니다.

한편, 1679년 그를 임금으로 추대하려 한다는 무고가 있어, 아우인 황(煌)과 같이 체포되어 제주도에 귀양갔다가, 그 억울함이 밝혀져 귀양에서 풀려났습니다.

1720년(숙종 46) 종척과 제신을 거느리고 숙종에게 왕위계승을 정할 것을 간청하였으나 거부당하였습니다. 숙종은 만년에 그에 대한 권애(眷愛)가 두터웠다고 전해집니다.

고양시
문화유산
조선시대

일흔 한번 째 이야기

백두산정계비의 기록, 김지남 선생 묘(1735)

지정번호 향토문화재 제51호
소 재 지 경기도 고양시 덕양구 오금동 산195-5

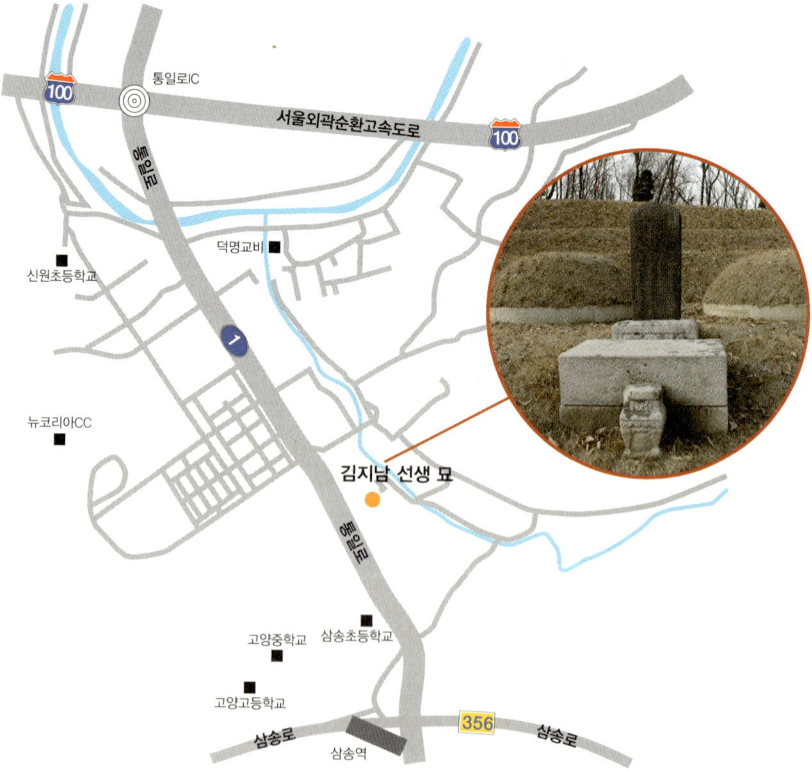

김지남(1654~?)은 조선 후기의 역관입니다. 본관은 우봉(牛蜂), 자는 계명(季明)이며 호는 광천(廣川)입니다. 1671년(현종 12) 역과에 급제하여 역관으로 활동하였습니다. 자초법(煮硝法 : 화약을 만드는 흙을 달이는 법)을 중국으로부터 들여와 "신전자초방(新傳煮硝方)"을 저술하였는데, 이 책은 정조로부터 금석(金石)과 같은 성헌이라고 높이 평가받았다고 합니다. 1712년 청나라와 국경선을 확정짓기 위해 양국대표가 회동하는데, 아들 경문과 함께 수행하여 청나라 대표 목극 등을 상대로 하여 백두산정계비를 세우는 데 참여하였다고 합니다. 김지남의 묘비에 적혀있는 내용을 옮겨보면 다음과 같습니다.

임진년(1712)에 강희황제가 목극등을 보내 북변을 조사하게 하였는데 조야가 의심하고 두려워하며 걱정이 많았다. 접반사 박권 공이 임금께 아뢰어 공을 대행하게 하였는데 불초도 수행하였다. 목극등이 공에게 일러 말하기를 '압록강 동쪽과 두만강 서쪽 6,7백리는 경계가 분명하지 않아서 백성들이 서로 국경을 넘기 때문에 심사해서 정하라는 조칙을 내리셨다' 라고 하였다. 공이 대답하여 말하길 '두 강은 참으로 한계가 되고 그 남상의 근원지로부터는 이미 강역의 아래가 되어 이것 역시 물길이 된 것이니 그 흐름이 비록 크지만 논하기엔 부족하다.' 라고 하였다. 분별함이 매우 확실하므로 목극등이 따랐다. 드디어 백두산 정상의 담수가 나오는

▲ 김지남 묘비

▲ 우봉 김씨 묘역

곳에 돌을 세워 경계를 정하였으니 그 배척함이 대개 멀었다.

위의 내용과 같이 김지남의 비갈에는 숙종 대에 백두산에 올라 중국 청나라 사신들과 담판을 져서 그 영토를 명확히 한 백두산정계비를 세웠다는 내용이 포함되어 있습니다. 왕조실록과 같은 문헌기록에는 백두산 정계비와 관련한 기록을 다수 볼 수 있으나 무덤의 비석 중 정계비를 세웠다는 내용은 매우 드문 예라고 하네요.

또한 김지남은 문사(文詞)와 중국어에 유창하여 1714년에는 역관으로 사신을 수행하면서 보고들은 사실들을 참고로 하여 사대와 교린의 외교에 관한 연혁 · 역사 · 행사 · 제도 등을 체계화한 "통문관지(通文館志)"를 아들과 함께 편찬하였습니다. 이는 당시 외교에 종사하던 중신 · 사절 · 역관 등 실무진의 편람 및 사서의 구실을 하는 필수서가 되었고, 국내뿐만 아니라 청나라와 일본에까지 유포되어 그곳 외교관에게도 우리나라에 관한 지침서가 되었습니다.

일흔 두번째 이야기

서오릉, 홍릉(1757), 순창원, 수경원
그리고 대빈(장희빈)묘

지정번호 세계문화유산, 사적 제198호
소 재 지 경기도 고양시 덕양구 용두동 산30-1

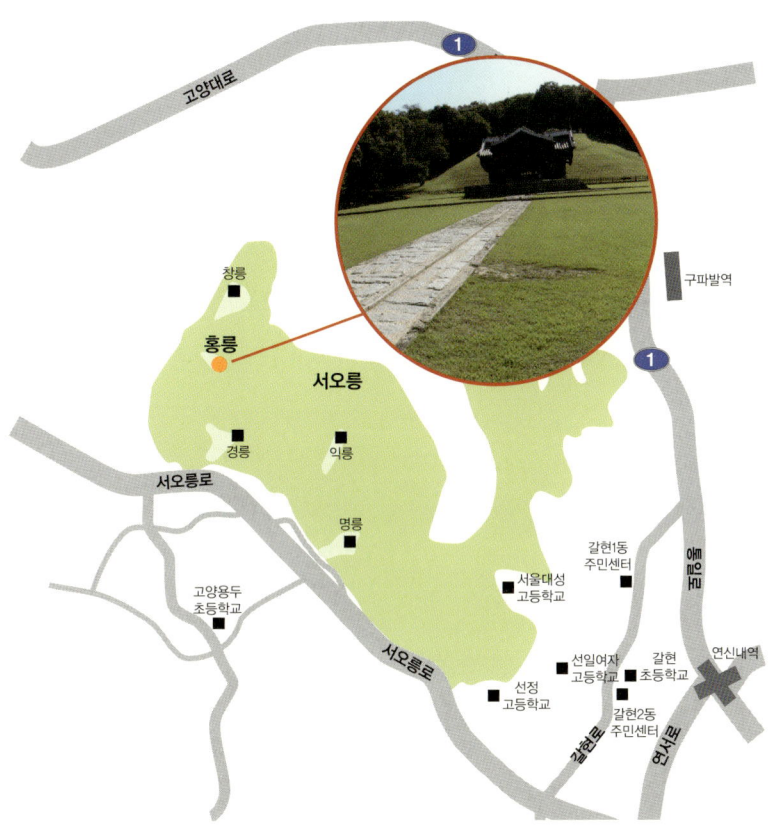

1. 서오릉

고양시 덕양구 용두동에 위치하며 경릉, 창릉, 익릉, 명릉, 홍릉이 모여 있어 서오릉이라고 합니다. 서북방향으로 서삼릉이 위치하는데 불과 2.5㎞정도 떨어져 있어요. 구리시의 동구릉 다음으로 큰 조선왕조의 왕실 묘역이며, 동남쪽으로 서울 은평구와 붙어 있습니다.

1457년(세조3) 세조는 원자였던 장(暲, 추존왕 덕종-예종의 형)이 죽자 길지를 물색케 했습니다. 서오릉터가 길지로 간택되자 세조가 직접 답사하여 경릉터로 정하여 서오릉의 조성이 시작되었다고 해요.

2. 홍릉

정성왕후 서씨(1692~1757)의 능입니다. 영조는 그녀를 무척 좋아했는데 생전에 옆자리에 누울 예정으로 자신이 안치될 정혈에 십자를 새긴 돌을 묻어두었다고 합니다. 하지만 손자인 정조는 구리시의 동구릉에 있는 원릉에 할아버지를 묻었지요. 그래서 정성왕후 서씨의 오른편은 영영 비어있게 되었습니다. 홍릉의 묘표에는 다음과 같이 써 있습니다.

〈앞면〉
朝鮮國
貞聖王后弘陵
〈뒷면〉
惠敬莊愼庚宣恭翼仁徽昭獻端穆章和貞聖王后徐氏 英宗大王元妃壬申十二月七日 誕生甲申行嘉禮辛丑册封 世弟嬪甲辰進封 王妃丁丑二月十伍日昇遐六月四日葬于高陽 昌陵左岡乙坐之原春秋六十六

▲ 서오릉 홍릉에서 본 경관

小孫卽位之九年乙巳十月 日謹書

〈번역문〉

〈앞면〉

조선국 정성왕후 홍릉

〈뒷면〉

혜경장신경선공익인휘소헌단목장화정성왕후 서씨. 영종(英宗 1725~1776) 대왕의 원비(元妃). 임신(1692)년 12월 7일 탄생. 갑진(1704)에 가례(嘉禮)를 거행하였다. 신축(1721)에 세자빈으로 책봉되었고 갑신(1724)에 왕비로 책봉되었으며 정축(1757) 2월 15일에 승하하였다. 6월 4일 고양 창릉 왼쪽 을좌(乙坐)에 장사지냈으며 수는 66세.

손자가 임금 자리에 오른지 9년(1785) 을사 10월에 삼가 쓴다.

서오릉에는 다섯릉 외에 다음과 같은 유적들이 보호되고 있습니다.

3. 순창원

13대 명종의 장자인 순회세자와 공회빈 윤씨의 원입니다.

순회세자(1551~1563,13)는 13대 명종의 장자로 태어나 1557년(명종 12) 7세의 나이로 세자에 책봉되었으나 13세에 요절하였습니다. 공회빈 윤씨 (?~1592)는 윤옥의 딸로 1559년에 세자빈에 책봉되었으나 순회세자가 요절하자 30년을 홀로 지내다가 세상을 떠났습니다.

4. 수경원

제21대 영조의 후궁 영빈 이씨(?~1764)의 원입니다. 사적 제198호인 서오릉(西五陵) 내 명릉(明陵)과 익릉(翼陵) 사이에 자리 잡고 있습니다. 원래 연세대학교 내에 있었으나 1968년 현재의 자리로 이장하였습니다. 1899년 (고종 36)에 정자각과 비각을 새로 신축하고 비석도 새로 세웠는데 정자각과 비각은 연세대학교 내에 그대로 남아 있어 비각과 비석이 서로 떨어져

▲ 수경원

있습니다. 영빈 이씨는 영조의 후궁 가운데 가장 총애를 받은 후궁으로 세상을 떠나자 영조는 후궁 가운데 으뜸의 격식으로 성대하게 장례를 치르도록 명하였습니다.

5. 대빈묘

원래는 경기도 광주군 오포면 문형리에 있었으나 1970년에 지금의 자리로 이전하였습니다. 희빈 장씨(?~1701)는 조선 역사상 유일하게 궁녀의 신분으로 왕비 자리까지 오른 입지전적인 인물입니다.

서오릉 내 경릉에서 밑으로 내려와 옆으로 조금 돌아가면 나오는 서오릉에서 가장 후미진 곳에 작은 규모로 조성되어 있습니다. 위치나 묘의 전체적인 꾸밈새, 석물 등이 일반 사대부 집안 묘보다도 초라한 것을 통해 희빈 장씨에 대한 후대 역사가들의 평가를 짐작할 수 있습니다. 그러나 이장할 때 인수대비의 경릉 옆 현재의 위치에 자리 잡게 하였습니다.

▲ 대빈묘

교과서에도 나오는 효자.

효자동 박태성 정려비 및 묘(1778)

지정번호 향토문화재 제35호
소 재 지 경기도 고양시 덕양구 효자동 산15-1

박태성 정려비(효자비)는 북한산에서 의정부로 이어진 북한산로 인근에 세워져 있습니다. 주변으로는 굿당이 있으며 대로변으로 내려오면 식당이 위치합니다.

오석의 비에는 '조선효자 박공태성 정려지비(朝鮮孝子 朴公泰星 旌閭之碑)'라 표기되어 있습니다. 대좌까지 갖추어진 이 비는 조선시대 후기 효자로 널리 알려진 박태성의 효행을 기리기 위한 것으로 조선시대 고종 30년(1893)에 세워졌습니다. 효자비 뒤편 250m 지점에 위치한 박태성의 묘는 좌우에 선인 완산이씨와 선인 김해 김씨의 봉분이 있어 모두 3기입니다. 봉분 앞으로는 상석 1기, 망주석 1쌍 그리고 작은 문인석 1쌍이 있으며 정조 2년(1778) 5월에 건립된 묘비에는 '有明朝鮮孝子通德郎密陽朴公泰星字景淑之墓(유명조선효자통덕랑밀양박공태성자경숙지묘)'라 새겨져 있습니다. 봉분 옆에는 호랑이의 묘라고 전해오는 민무덤이 남아 있으며 그 옆에는 최근 만들어진 호랑이상이 있습니다. 박태성의 묘 50m 아래에는 효자 박태성이 매일 참배하던 아버지 박세걸(朴世傑)의 묘가 위치해 있습니다.

▲ 박태성 정려비

효자 박태성과 호랑이 이야기

(※고양문화원 홈페이지)

옛날 한국 호랑이가 존재하던 때 사람들은 호랑이를 아주 두려워하였다 한다. 우는 아이도 뚝 그쳤다는 말이 나올 정도였다. 그런데 한편으론 호랑이를

▲ 박태성 묘 호랑이상

영적인 동물로 생각했다 한다. 산신령을 따라다니기도 하며 효자, 열녀 등 의로운 사람을 돕는다고 한다. 이런 점에 관한 한 이야기가 있는데, 때는 조선시대 한양에 아버지를 모시는 박태성이란 사람이 있었다.

그는 소문난 효자였다. 그래서 아버지가 살아 계셨을 때는 물론이고 돌아가신 후에도 삼년상을 하루도 거르지 않고 묘를 찾았다. 그러던 어느 겨울날이었다. 그 날 따라 눈보라가 매우 휘날렸는데 그는 그런 날씨도 아랑곳하지 않고는 여전히 묘를 향했다. 눈보라는 굉장히 심하게 몰아쳤다.한 걸음 한 걸음 나아가던 그는 그만 쓰러지고 말았다.

"으… 여기서 쓰러지면 안 돼."

자신의 몸 보다는 아버지의 효를 먼저 떠올린 그였다. 그렇게 점점 의식이 흐려질 때였다."어흥" 설상가상이었는지 커다란 호랑이가 그의 앞에 나타났다. 그런데 박태성은 겁은 커녕 큰 소리로 꾸짖었다.

"이놈! 아버지의 묘에 문안 드리러 가는 이를 먹으려 왔느냐!"

그러자 호랑이는 말을 알아 들었는지 자기의 등에 타라는 시늉을 하였다. 그걸 알아챈 그는 호랑이의 등에 올랐다. 그러자 호랑이는 쏜살같이 뛰더니 묘까지 안내 하는 것이었다. 그리고는 돌아올 때까지 기다려 그를 태워 마을까지 데려 주었다.이후 호랑이는 매일 박태성을 태우고 묘를 왔다 갔다 하였다. 그래서 3년상이 끝나는 날이 왔다. 박태성은 호랑이를 안고 울면서 아쉬운 작별을 해야 했다.

"그동안 고마웠다. 훗날 나도 여기에 묻힐 진데 죽는 날까지 널 잊지 않으마."

호랑이도 눈물을 흘렸다. 몇달 후 박태성은 건강이 나빠졌던지 그만 세상을 떠났다. 유언대로 그는 아버지의 묘 옆에 묻혔다. 그 후 어느 날 한 마을 사람이 박태성 묘 옆에 죽은 호랑이를 발견했다.바로 박태성을 태워주던 호랑이었다. 소식을 들은 사람들이 모이더니 저마다 가죽을 벗기자고 말했는데 한 노인이 조용히 읊조렸다.

"이 호랑이는 박태성을 태우고 다녔던 호랑이야. 그를 그리워한 나머지 스스로 목숨을 끊은 모양이야……"

말을 마치자 사람들은 박태성 묘 옆에 호랑이를 묻었다. 그 박태성으로 인하여 마을이 효자리로 되었다고 하고 지금도 세 개의 무덤이 나란히 있다고 한다.

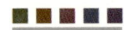

고양시
문화유산
조선시대

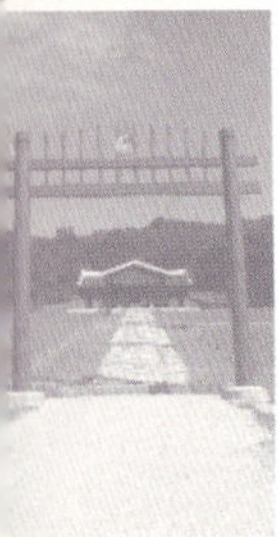

일흔 네번 째 이야기

고양의 마지막 초가집 문화유산

일산밤가시초가(19세기 중반)

지정번호 경기도 민속자료 제8호
소 재 지 경기도 고양시 일산동구 정발산동 1313

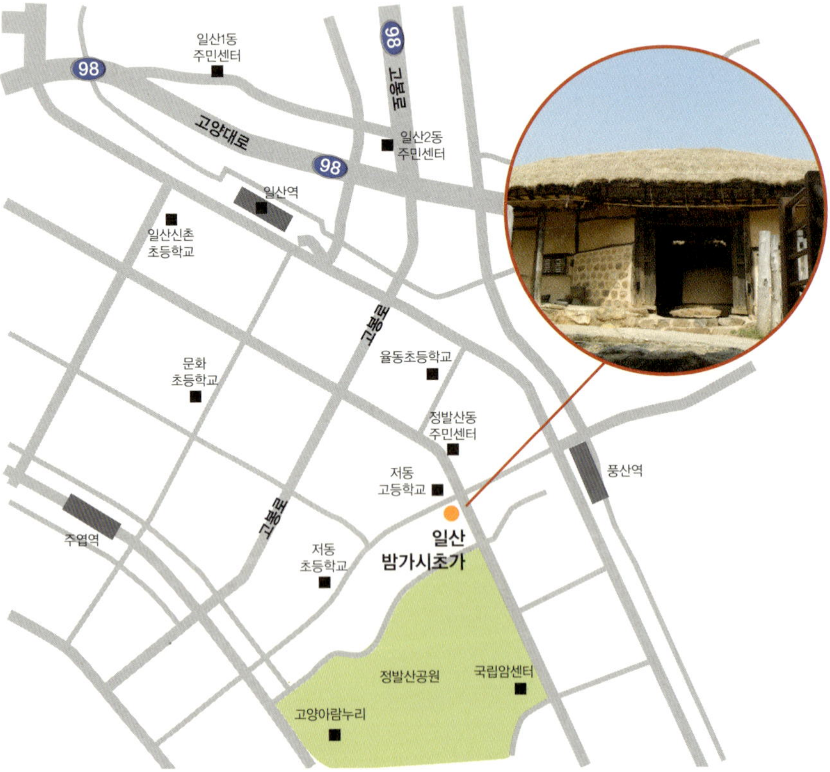

초가는 기와집에 비해 집의 구조가 간편하고 경제적으로 부담이 없으며, 집짓기가 간편하기 때문에 조선시대에 접어들면서 특정한 건물과 지체가 높거나 살림이 넉넉한 중인들을 제외하고는 대다수의 백성들이 초가를 지어 살아왔습니다. 논농사를 많이 지었던 우리 지역도 예외는 아니어서 많은 집들이 초가로 지붕을 이엇는데요. 새마을 사업이 시작되면서 대부분 사라지고 마지막으로 남겨진 초가집 문화재가 바로 일산동구 정발산동 밤가시마을에 위치한 일산밤가시초가입니다. 이 마을이 밤가시마을로 불리게 된 것은 주변지역에 밤이 많아서 였다고 하네요. '밤가시마을에 있는 초가집'이라는 뜻으로 이 집이 밤가시초가라 불리게 되었습니다.

일산밤가시초가에 대한 실측조사보고서를 만들면서 관련 자료를 조사해본 결과, 밤가시초가는 지금으로부터 약150여년 전에 지어진 건축물로 추정할 수 있습니다. 현재 밤가시초가의 문패에 적혀 있는 '이경상'이라는 분의 선조가 지은 건물이지요.

지금의 밤가시초가는 주변지역에 비해 상대적으로 높은 언덕같은 곳에 위치하고 있지만 원래는 밤가시초가 주변이 전부 평평한 평지였다고 합니다. 일산신도시를 만들면서 밤가시초가가 있는 곳만 남겨놓고 주변의 땅을 몽땅 파서 사용했다고 하지요. 지금의 주엽동과 장항동, 대화동 일대는 매우 지대가 낮아서 흙으로 메워야 했다고 합니다. 그래서 지금과 같이 우뚝솟은 곳에 밤가시초가만 남겨진 것이지요.

밤가시초가의 평면은 집

▲ 밤가시초가

▲ 밤가시초가

자체가 'ㅁ'자형의 폐쇄적인 공간으로, 남측의 대문을 들어서면 중앙에 움푹 파진 웅덩이 모양의 안마당이 있고 안마당의 주변에는 'ㄱ'자형 안채와 'ㄴ'자형의 문간채가 동측과 서측에서 각각 구성되어 'ㅁ'자형의 평면이 되었습니다. 안마당 상부에는 초가지붕으로 만든 또아리를 하고 있고요. 안마당은 비나 눈이 올 때 처마에서 떨어지는 낙수물이 안마당에 모여 부엌이나 다른 곳으로 흘러넘쳐 들어가지 않도록 배수로 역할을 하였습니다. 기단석 동측부분에 배출구가 설치되어 있지요.

밤가시초가는 지역에서 많이 나는 밤나무로 만들어져 있으며, 거주할 사람이 늘어나면서 집도 커지는 등 고양지역에 살았던 민초들의 삶이 그대로 남겨져있는 집입니다. 이제 한 채밖에 남지 않은 고양지역의 초가집 문화유산이니, 우리 모두가 아끼고 잘 보존해야 하겠지요?

밤가시초가와 부속건물은 1995년부터 '민속전시관'이라는 이름으로 공개되고 있습니다. 하지만 전통가옥에 농기구와 생활용품 등을 진열해 놓은 현재의 모습으로는 밤가시초가의 가치를 일깨우기에 부족하다는 판단을 한 고양시는 2012년 밤가시초가의 활용계획을 수립하고 있습니다. 2013년부터는 밤가시초가의 업그레이드된 모습을 기대하셔도 좋을 듯 하네요.

고양시
문화유산
조선시대

일흔 다섯 번째 이야기

제가 왕이라고요? 서삼릉 예릉(1863)

지정번호 세계문화유산, 사적 제200호
소 재 지 경기도 고양시 덕양구 원당동 산38-4

호국로

1

원신동
주민센터

39

월산대군사당

서울외곽순환고속도로

통일로IC

39 호국로

월산대군 묘

신원초등학교

서삼릉

효릉

예릉

뉴코리아CC

한양CC

1

1. 서삼릉

중종의 계비 장경왕후 윤씨의 희릉을 조성하면서 서삼릉의 역사가 시작되었습니다. 중종의 정릉이 조성되었으나 서울 삼성동 선릉 곁으로 옮겨갔고, 중종의 아들인 인종과 비 인성왕후 박씨의 효릉, 철종과 비 철인왕후 김씨의 예릉이 있습니다. 그밖에 소경원 · 의령원 · 효창원 등 세자의 원(園) 3기와 폐비 윤씨의 회묘를 비롯한 49기의 묘가 조성되어 있기도 합니다.

2. 예릉

25대 철종(1831~1863)과 철인왕후 김씨(1837~1878)의 쌍릉입니다. '강화도령'으로 널리 알려진 철종은 강화도에 살던 중 1848년 24대 헌종이 후사 없이 승하하자 뒤를 이어 왕위에 올랐습니다. 당시 영조의 유일한 혈손이었기 때문입니다. 철종의 조부인 은언군은 그 아들 상계군 담이 반역을 꾀했다고 하여 1786년 강화도에 유배되었습니다. 1801년에는 천주교인이라 하여 은언군의 처 송씨와 며느리 신씨도 사사되었습니다. 게다가 철종의

▲ 서삼릉 예릉의 정자각

형 원경은 모반을 꾸미다 발각되어 사사되었으니 철종 주위 사람들은 대부분 죽어나간 것입니다.

그렇게 왕이 된 철종은 힘든 생활을 이어가다가 14년만에 사망하게 됩니다.

예릉은 이러한 철종과 철인왕후의 쌍능으로 조선왕조의 상설제도를 따른 마지막 능입니다.

예릉의 묘표에는 다음과 같이 기록되어 있습니다.

〈앞면〉

大韓

哲宗章皇帝睿陵

哲仁章皇后祔左

〈뒷면〉

哲宗熙倫正極粹德順聖欽命光道敦元彰化文顯武城獻仁英孝章皇帝 純祖辛卯六月十七日誕生己酉六月八日封德完君九日 卽位癸亥十二月八日 昇遐在位十四年壽三十三甲子四月七日葬于高陽禧陵右岡子坐之原隆熙二年戊申七月追 尊爲章皇帝

后明純徽聖正元粹寧敬獻莊穆哲仁章皇后金氏憲宗丁酉三月二十三日 誕生辛亥册封王妃癸亥 太皇帝嗣位 尊爲大妃戊寅伍月十二日 昇遐壽四十二是年九月十八日葬同原里封隆熙二年戊申七月 追尊爲章皇后

隆熙二年 月 日

〈번역문〉

〈앞면〉

▲ 서삼릉 예릉의 석마

▲ 서삼릉 예릉의 무인석

▲ 서삼릉 예릉의 석양

▲ 서삼릉 예릉의 석호

대한 철종 장황제 예릉

철인 장황후 부좌

〈뒷면〉

철종희윤정극덕순성흠명광도돈원창화문현무성헌인영효장황제. 순조 신묘(1831) 6월 17일 탄생. 기유(1849) 6월 8일 덕종군으로 책봉. 9일 즉위. 계해(1863) 12월 8일 승하하였다. 재위 14년. 수는 33세. 갑자(1864) 4월 7일 고양 희릉 오른쪽 자좌(子坐)에 장사지냈다. 융희 2년(1908) 무신년에 추존하여 황제로 되었다.

후명순휘성왕원수영경헌장목철인장황후 김씨. 헌종 정유년(1837) 3월 23일 탄생. 신해년(1851)에 왕비로 책봉됨. 계해년(1863) 태황제가 자리를 물려받자 대비로 추존되었다. 무인년(1878) 5월 12일 승하하였다. 수는 42세. 이해 9월 18일 같은 마을에 장사지냈다. 융희 2년(1908) 무신년 7월에 장황후로 추존되었다.

융희 2년(1908) 월 일.

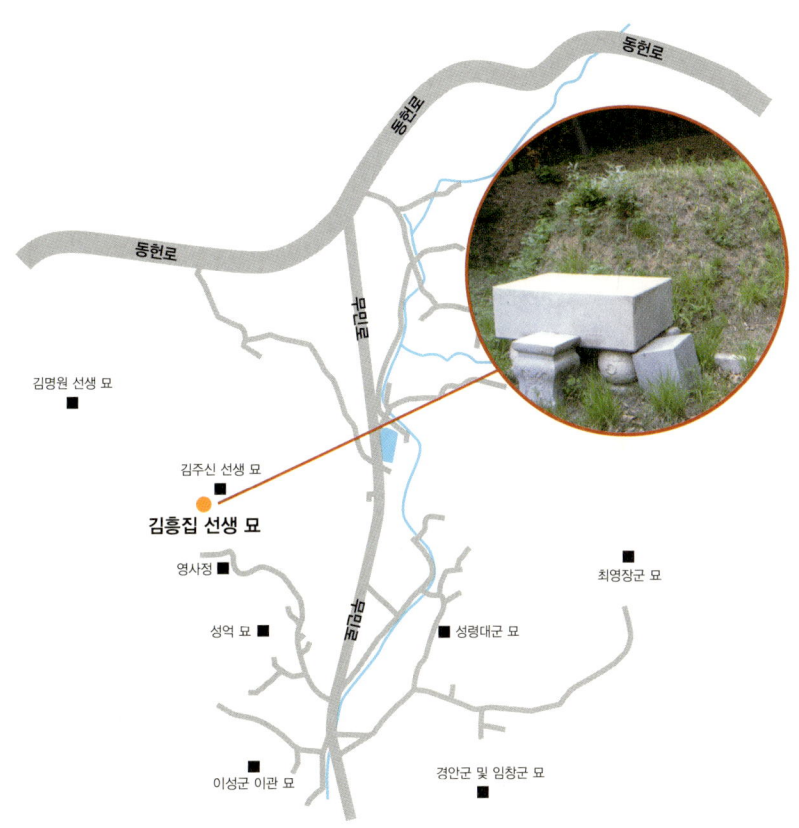

일흔여섯 번째 이야기

갑오경장의 주역, 김홍집 선생 묘(1896)

지정번호 향토문화재 제24호
소 재 지 경기도 고양시 덕양구 대자동 산26-1

동헌로

동헌로

동헌로

무원로

무원로

김명원 선생 묘 ■

김주신 선생 묘 ■

김홍집 선생 묘

영사정 ■

성억 묘 ■

성령대군 묘 ■

최영장군 묘 ■

이성군 이관 묘 ■

경안군 및 임창군 묘 ■

▲ 김홍집 선생 묘

묘는 통일로 필리핀참전비 뒤편인 대자동 대자골에 정경부인 남양 홍씨와 합부되어 있습니다. 봉분의 총 둘레는 15m이고 묘 앞에는 상석, 향로석, 장명등 그리고 좌우에 망주석이 갖추어져 있습니다. 1975년 6월 11일 파주에서 이곳으로 천묘한 것으로 높이 240cm, 폭 95cm, 두께 45cm의 규모의 묘갈이 봉분 우측에 세워져 있습니다. 옥개석이 있는 비의 비문은 후손 김정록이 쓰고 세운 것입니다.

김홍집[헌종 8년(1842)~1896년]은 조선 말기의 관료 · 정치가로서 본관은 경주입니다. 초명은 굉집(宏集), 자는 경능(景能), 호는 도원(道園) · 이정학재(以政學齋)로 경은부원군 김주신(金柱臣)의 5대손입니다. 개성부유수 김영작(金永爵)의 아들이며, 어머니는 창녕 성혼(成渾)의 후손입니다.

그는 다름아닌 1894년 갑오경장을 주도한 근대한국사의 주요인물인데요. 한국역대인물종합정보시스템(http://people.aks.ac.kr/)에는 다음과 같이 설명되어 있습니다.

그는 온건개화파로서 중도개혁노선을 견지했는데, 급진개화파의 갑신정변이 실패로 끝난 직후 조정에서 그 뒷수습을 담당할 적임자로 선택되어 좌의정 겸 외무독판(外務督辦)의 중직을 맡아 1885년초 일본과 한성조약을 체결하였다.

그해 판중추부사라는 한직에 물러나 있다가, 1887년 재차 좌의정으로 임명되었으나 곧 사직하였다. 1889년 수원부유수로 밀려나 그곳에서 일어난 민요(民擾) 때문에 곤경에 처하였다. 1894년 봄 동학농민군의 봉기를 계기로 청 · 일 양국군이 우리나라에 진주하자 총리교섭통상사무(總理交涉通商事務)에 임명되어 고종에게 민심수습과 내정개혁의 필요성을 상주하였다.

그해 7월 일제는 왕궁을 기습, 점령하고 대원군을 앞세워 청나라의 세력을 배경으로 한 민씨척족정권을 타도하고 내정개혁을 하도록 강요하였다. 이어서 군국기무처(軍國機務處)가 신설되자 영의정이었던 그는 군국기무처 총재관에 임명되었다. 그 뒤 12월 군국기무처가 해체될 때까지 그는 제1차 갑오경장을 주도하였는바 과거제 폐지, 새로운 관리임용법의 채용, 은본위(銀本位)신식화폐제도의 채택, 의정부와 궁내부의 관제 시행, 새로운 도량형제도의 채택 등 약 210건의 개혁을 단행하였다.

이어 박영효(朴泳孝)와의 연립내각이 수립되자, 내정개혁의 목표로서 〈홍범 14조〉를 발표하여 제2차갑오경장을 실시하였다. 이때 의정부는 내각으로, 각 아문은 부(部)로 개편되고 7부의 제정, 군제개편 등의 개혁이 있었다. 그러나 재정 궁핍으로 개혁이 중단된 동안 박영효와의 갈등, 수구파와 급진파간의 갈등이 심화되어 총재직을 사임하였고, 1895년 박정양(朴定陽) · 박영효의 연립내각이 수립되었다.

그러나 박영효의 역모사건이 드러나 박영효가 일본으로 망명하자, 재차 입각하여 새로운 내각을 구성하고 제3차갑오경장을 추진하였다. 이 내각은 친미(親美) · 친로파(親露派)와 제휴하였다.

이때 명성황후가 러시아를 끌어들여 일본을 견제함으로써 열세에 몰린 일본은 1895년 을미사변을 일으켰다. 김홍집내각은 이를 수습하는 과정에서 시종 반일 · 반외세의 처지에 있던 대다수 국민의 지지를 상실하였다.

1896년 2월 아관파천으로 김홍집내각이 붕괴, 친로정권이 수립되자 '왜대신(倭大臣)'으로 지목되어 광화문 앞에서 군중들에 의하여 타살되었다.

1910년 충헌(忠獻)이라는 시호가 내려졌고, 대제학에 추증되었다. 묘지는 경기도 파주군 임진면에 있었으나, 6 · 25남침 뒤 경기도 고양군 벽제면 대자리로 이장하였다. 유고집으로 《김총리유고(金總理遺稿)》가 있다.

일흔 일곱 번 째 이야기

고양행주성당(1905)

지정번호 등록문화재 제455호
소 재 지 경기도 고양시 덕양구 행주외동 194

1910년에 지어진 한옥성당입니다. 1928년 현 위치로 이축하면서 상량 목부재를 포함하여 당시 사용하였던 부재를 대부분 재활용하였고, 1949년 증축하면서 기록한 상량 묵서도 남아있어 변천과정 기록유지가 잘 되어 있으며, 건물 뼈대를 구성하는 목조가구의 경우 최초 건립 부분과 증축 부분이 잘 남아 있는 등 역사성을 잘 간직하고 있는 종교건축물입니다.

이축(1931년)과 증축 (1949년)이 있었으나 증축 이후 원형을 그대로 보존하며 이루어진 건축물로써 휘어진 대들보와 서까래를 사용한 것에서 현대적인 미적 감각을 느낄 수 있고 건축물의 구조 또한 특이한 공법을 사용하였습니다. 전국적으로 몇 안남은 전통건축양식의 성당으로써 가치가 높은 건물입니다.

행주성당 약사

1895년 행주에 천주교 교우촌 형성(경향신문 1911년 8월호 참조)

1897년 공소 설립 추진(두세 신부 보고 서한 참조)

1898년 공소 설립 및 신양학교 교사파견(두세 신부 1898년 교세 통계표 중 발췌)

▲ 고양행주성당

▲ 고양행주성당의 내부

1905년 약현 성당으로부터 성당 분리추진

1908년 성당학교를 신양학교(新陽學校)로 공식설립

1909년 초대 김원영(아우구스팅) 신부 부임 및 사제관 건립

1910년 성모승천성당(현 행주성당) 신축 및 축성(성당 [대공 – 융희9년]
　　　　확인)

　1914년 행주성당신부 갓등이(수원 왕림) 성당 겸임

1928년 성당 증수, 신양학교 이전 및 사제관 (침실) 이전 신축

1930년 고태골(은평 신사) 경당 건축

1945년 해방 – 행주성당은 일제말 외국신부 국외추방으로 인한 신부 부
　　　　족으로 공석상태 – 1949년 성당 증축 및 벽제와 일산에 경당 건
　　　　축

1956년 본당을 수색으로 이전(행주는 공소가 됨)

1972년 기와 교체수리

1982년 능곡성당 신축 및 본당설립 (행주는 능곡성당 행주 구역이 됨)

1991년 전 안동교구장 두봉주교 행주성당에서 거주

1993년 건물외벽 교체(적벽돌시공) 및 내부 마루교체

일흔 여덟 번째 이야기

독립운동가 정재용선생의 기상,

북한산 3.1운동 암각문(1919)

지정번호 향토문화재 제32호
소 재 지 경기도 고양시 덕양구 북한동 산1-1

북한산성

북한산
탐방지원센터

북한산
서암사지

북한산
3.1운동 암각문

백운대

북한산 상운사
목조아미타삼존불

북한산성

중흥사지

북한산 태고사
원증국사탑과 탑비

북한산 산영루

봉성암
전성능대사부도

북한산성
행궁지

북한산성

북한산성
금위영이건기비

이 암각문은 북한산의 주봉인 백운봉(白雲峰) 정상의 화강암 바위에 새겨져 있습니다. 기록문은 독립운동가(獨立運動家)인 정재용(鄭在鎔)이 3·1운동(運動)의 역사적 사실을 후세(後世)에 전(傳)하기 위하여 평평한 바위 위에 '경천애인(敬天愛人)'이란 네 글자를 세기고, 그 안에 "독립선언문(獨立宣言文)은 기미년(己未年) 2월 10일 최남선(崔南善)이 작성하였으며 3월 1일 탑동공원(塔洞公園)에서 자신이 독립선언(獨立宣言) 만세를 도창(導唱)했다."는 내용이 정자체로 새겨져 있습니다. 이 글을 새긴 시기 및 그 목적에 관하여는 정확히 알 수 없지만 3·1운동 이후로 추정되며 그 목적은 거족적 독립만세 운동의 역사적 사실을 후세에 영구히 전하기 위한 것으로 보입니다.

글을 새긴 정재용(鄭在鎔)은 1886년 해주(海州)에서 출생(出生)한 독립운동가입니다. 그는 1919년 2월 19일 해주에서 상경(上京)하여 3·1운동 전날 밤 서울역에서 100장의 독립선언서를 원산교회로 송달하고 남은 한 장을 가지고 있다가 탑동공원(탑골공원)에서 이를 낭독하여 3·1운동의 불을 당겼던 장본인입니다. 민족대표33인의 탑골공원진입이 실패하자 학생대표였던 정재용선생이 가지고 있던 독립선언서를 대표로 읽어내려간 것이죠. 그 후 해주(海州)로 귀향하여 독립운동을 하던 중 1920년 1월 20일 일제(日帝)에 의해 검거되어 2년 6개월의 형을 언도받고 평양(平壤) 감옥에서 옥고를 치렀으며 1976년 91세를 일기로 사망하였습니다. 이듬해인 1977년 건국포장과 1990년 건국훈장 애국장을 받으셨다고 하네요.

▲ 3·1운동 암각문

▲ 독립운동가 정재용-왼쪽

일흔아홉 번째 이야기

고양의 잠수교? 강매동 석교(1920)

지정번호 향토문화재 제33호
소 재 지 경기도 고양시 덕양구 강매동 산42-1

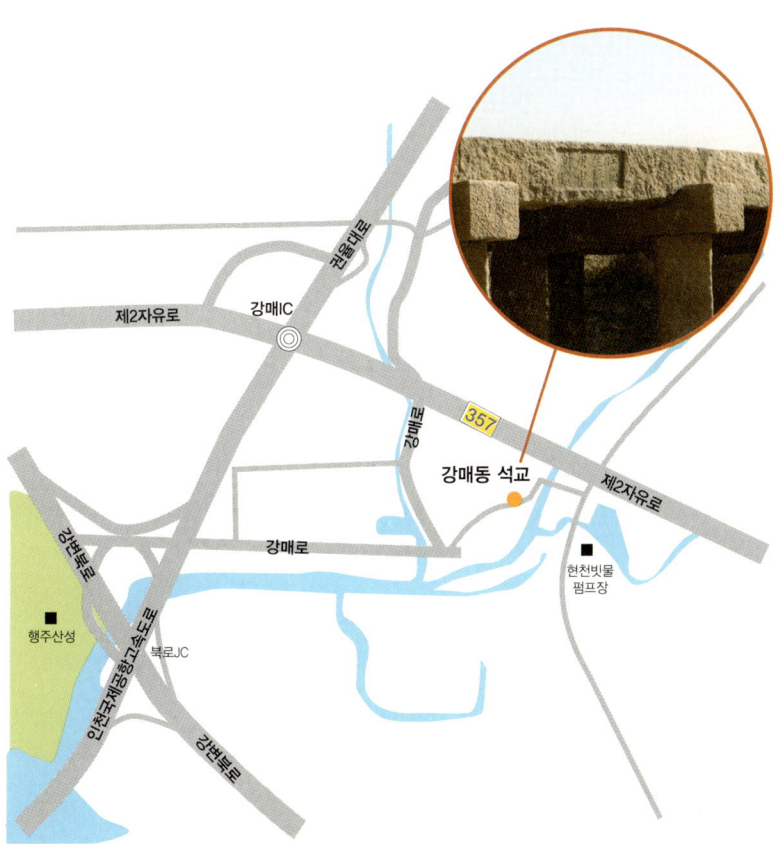

▲ 강매동 석교

　　강매동 석교는 강매동 강고산 마을 창릉천에 있습니다. 본래 이 석교는 고양의 일산, 지도, 송포 지역 등 한강연안의 서부 지역 사람들이 서울을 오가던 교통로로 이용된 곳입니다. 이 다리를 이용해 각종 농산물, 땔감 등을 현천동, 수색, 모래내를 거쳐 서울 염천교에 내다 팔았던 것입니다.

　　현재 다리의 구조는 네모진 돌기둥 18개로 교각을 만들고 그 위에 교판석을 깐 모양입니다. 또 교각과 교각사이에는 6개의 교판석이 2열로 놓여져 있습니다. 다리의 전체적인 모양은 길게 북-남쪽으로 이어져 약간의 곡선을 이루며 매우 견고하고 세밀하게 구축되어 있습니다. 또 각 부재에 사용된 석재는 크고 장대하며 여러 각도를 이용하여 매우 안정된 느낌을 주고 있습니다. 다리의 규모는 총 길이 18m, 넓이 3.6m, 높이 2.7m입니다.

　　이 다리에 관한 기록은 1755년 영조 연간에 발간된「고양군지(高陽郡誌)」에 보이는데 당시에는 해포교(醢浦橋)라 기록하고 있습니다. 그러나 여기에서 보이는 해포교는 오늘날의 석교가 아닌 목교였습니다. 석교 중간부분에는 '강매리교 경신신조(江梅里橋 庚申新造)' 라 음각된 다리 건립 연대 기록이 있는데 이를 통해 볼 때 1920년대 다리를 신축한 것을 알 수 있습니다. 이 다리에 관한 보다 자세한 내용은 다리 옆에 오석으로 만든 비석에 기록하였으나 6ㆍ25 당시 총격으로 일부 훼손된 후 현재는 도로에 묻혀 그 정확한 내용은 알 수 없습니다. 이 강매동 석교는 축조 연대에 있어 과히 오래되지는 않았으나 조선조 전통적인 교량축조 방법의 맥을 잇고 있으며 고양시에 현존하는 가장 오래된 다리라는 의미에서 그 문화재적 가치가 크다고 하겠습니다.

　　이 다리는 강변에 있어서 폭우가 퍼부으면 잠겨버린 답니다.

여든번 째 이야기

을사늑약을 끝까지 반대한 의정부참정대신,

한규설 선생 묘(1930)

지정번호 향토문화재 제25호
소 재 지 경기도 고양시 덕양구 원흥동 산90-1

▲ 한규설 선생 묘

묘는 원흥동 웃말에 위치하여 정경부인 밀양 박씨(密陽朴氏)와 합장되어 있습니다. 묘 앞 우측에는 옥개를 갖춘 높이 190cm, 폭 50cm, 두께 25cm의 오석 묘표와 망주석, 상석, 석양 등이 있습니다. 1934년 10월 아들 양호(亮鎬)가 세운 묘비의 높이는 146cm, 폭 50cm, 두께 20cm의 규모입니다. 한국역대인물종합정보시스템(http://people.aks.ac.kr/index.aks)에는 한규설에 대하여 다음과 같이 기록되어 있네요.

1848년(헌종 14)~1930년. 조선 말기의 무신ㆍ애국지사. 본관은 청주(淸州). 자는 순우(舜佑), 호는 강석(江石). 서울 출신.

부사 승렬(承烈)의 아들이며, 총융사(摠戎使)를 지낸 규직(圭稷)의 동생이다. 일찍이 무과에 급제하여 여러 관직을 거쳐 28세에 진주병사에 발탁되었다.

1883년(고종 20) 전라좌수사가 되고 이듬해 경상우병사, 1885년 금군별장(禁軍別將)을 거쳐 우포도대장(右捕將)에 임명되었는데, 이무렵 갑신정변에 연루되었던 유길준(兪吉濬)을 연금형식으로 보호, 그로 하여금《서유견문 西遊見聞》을 집필, 완성할 수 있게 해 주었다.

그뒤 친군우영사(親軍右營使)ㆍ상리국총판(商理局總辦)ㆍ기기국총판(機器局總辦)을 거쳐 1887년에 형조판서, 이어 한성부판윤에 개임되었고, 그뒤 다시 우포장 · 형조판서 · 한성부판윤 · 친군장위사(親軍壯衛使) · 연무공원관리사무(鍊武公院辦理事務)를 차례로 역임하고, 1894년 총어사(摠禦使), 1896년 법부대신 겸 고등재판소재판장에 임명되어 사법집행의 공정을 기하려고 노력하였다.

독립협회(獨立協會)가 결성되자 그 활동에 호의적 태도를 취하였으며, 1898년에는 독립협회가 주최한 만민공동회(萬民共同會)의 열기가 고조되는 속에 중추원의장(中樞院議長)에 임명되고, 다시 법부대신으로서 고등재판소재판장을 겸임하였다.

그러나 이듬해 정부의 탄압으로 만민공동회의 기세가 꺾이자 독립협회는 해산하게 되었고, 이에 따라 본직에서 해임되었다.

1901년 궁내부특진관(宮內府特進官)에 이어 이듬해 다시 법부대신에 임명되었다가 의정부찬정을 거쳐 1905년 의정부참정대신이 되어 내각을 조각하였다.

이해에 일제가 전권대사 이토(伊藤博文)를 앞세워 을사조약을 체결하려하자 끝까지 앞장서서 이를 반대하였고, 일제의 갖은 협박에도 굽히지 않자결국 대궐 수옥헌(漱玉軒) 골방에 감금당한 채 본관(本官)을 면직당하였다. 을사조약이 강제 체결된 뒤 곧 징계에서 풀려나 중추원고문 · 궁내부특진관을 역임하였고, 일제에 의한 강제 국권피탈 후에는 일본정부로부터 남작(男爵)의 작위가 주어졌으나 받지 않았다. 이후 칩거생활을 하다가 1920년 이상재(李商在) 등과 함께 조선교육회(朝鮮敎育會)를 창립하고 이를 민립대학기성회(民立大學期成會)로 발전시켰다.

일제의 병참기지였던 고양 일산역(1933)

지정번호 등록문화재 제294호
소 재 지 경기도 고양시 일산서구 일산2동 655-35

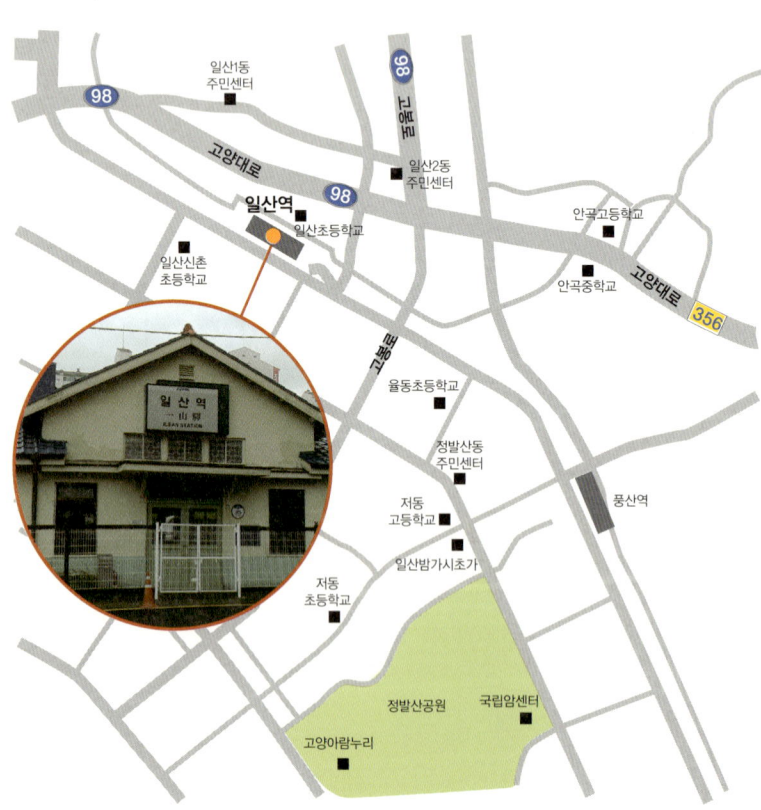

1933년에 지은 경의선 일산역의 역청사입니다. 일제의 대륙침략을 위한 철도인 경의선의 주요병참기지로서 한국의 근대사를 상징하는 문화·역사적 배경을 지닌 건축물이 바로 일산역입니다. 2006년에 등록문화재로 지정되었으며, 경의선 복선전철화에 따른 신일산역 건립으로 인해 2009년 폐역되었습니다.

일산역은 一자형 평면 구조에 '十' 자형 박공지붕으로 되어 있습니다. 1930년대에 건설한 경의선 다른 역들의 전형적인 모습과는 달리 정면의 박공 부위의 폭이 비교적 넓은 반면 높이가 낮은 것이 특징이라고 합니다.

역 구간은 900m이고, 1904년 4월 4일 영업을 개시하였다고 합니다. 경의선 남측(南側) 구간 중 서울 - 서소문 - 아현리 - 신촌 - 가좌 - 수색 - 화전 - 강매 - 행신 - 능곡 - 대곡 - 곡산 - 백마 - 일산 - 탄현 - 운정 - 금릉 - 금촌 - 월롱 - 파주 - 문산 - 운천 - 임진강 - 도라산 (MDZ 이북→평양·신의주 방면) 으로 이어지는 길목의 서울기점 24km 지점에 있는 역으로 현재 일산시장 근처에 자리하고 있습니다.

현재의 일산역은 새로 지어진 일산역 앞에 덩그러니 서있습니다. 아무도 없는 빈 시설로 말이죠. 2011년에 고양시에서 「고양 일산역 활용계획」을 수립해서 소유주인 한국철도공사에 제공하였지만, 아직도 아무 소식이 없습니다.

언젠가는 등록문화재다운 모습으로 일산역이 우리 앞에 서있는 그날을 희망합니다.

일산역과 관련된 옛기사들을 살펴보면 다음과 같습니다.

▲ 고양 일산역

일산역 관련 기사

1908. 7. 22 皇城新聞(황성신문)

雨不通路(우불통로) - 昨日以來降雨(작일이래강우)로 말미암아 金城(금성)의 임시가설한 교량이 유실하여 京義線一山驛(경의선일산역) 서부선로 오륙개소가 파손되야 기차가 불통되었다.

1910. 4. 19 皇城新聞(황성신문)

輸軍列車(수군열차)에 投石(투석) - 5일 오후2시40분발 군수수송열차는 일본보병 제 19연대본부와 제7,8중대를 탑재하고 16일 오전11시에 경의선 일산역 서쪽2리지점을 통과할 사이에 열차에 향하야 투석자-有(유)하야 차창이 파손되었는데 인원에게는 피해가 無(무)하다하며 범인은 目下(목하) 交河分遺所(교하분유소)에서 수색중이라더라.

1935. 7. 28 조선중앙일보

森嚴(삼엄)한 警戒 突破(경계 돌파)코 일산역에서 乘車(승차) - 발각되자 산림속으로 도망, 대담한 탈주의 경로 - 27일 새벽에 경성형무소에서 15년 징역을 밧고 복역중이든 허명호(후략)

1935. 8. 28 每日申報(매일신보)

一山驛市場(일산역시장)에 家畜賣買開始(가축매매개시) - 고양군 중면 일산역시장에는 종래 보통물화와 곡물만 매매되던 바요 지음 富後面(부후면)에서는 지방 찬영회와 협력하야 가축시장을 개시한바 과연 초시부터 성황을 이루어 매시출장이 2,3백두나 되고 매매도 백여두에 달하야 장래 매우 유망하다하며 군농회로서는 비로소 능곡과 일산의 가축시장수입이 시작되야 재원의 有助(유조)함으로 계속하야 더욱 흥왕하도록 선전에 노력하고 잇다.

1939. 5. 25 每日申報(매일신보)

鐵道施設(철도시설) 날로 膨脹(팽창) - 경성-용산, 경성-일산 간 복복선 부설

병참기지 조선의 철로시설은 갈수록 팽창하야저서 기설공사를 끗냄과 동시에 새로 개척할 선로공사에 대한 준비도 착착 진행되고 잇다. 그리하야 땅미테 자원을 들추어냄은 물론이고 종횡으로 신흥만주국과의 연락과 지나대륙과의 연결도 더한층 긴밀하게 되아서 경성역구내의 [홈]도 새로 더 느리게 되며 경성과 용산 경성과 일산역 사이에는 복복선의 선로를 부설하는등 산을 뚤코 물을 건너는 철마의 발굽소리는 반도의 구석구석의 처녀지대를 오라지아니하야 고루 정복하게 되잇다.

1963. 12. 9 경향신문

느림보 通勤列車(통근열차) - 서울汶山間 每日(문산간 매일) 한 시간씩 골탕

날씨가 추워지자 통근열차운행이 순조롭지 못해 경의선(서울-문산)을 타고 서울에 통근,통학하는 열차송객들의 불편이 막심하다. (중략) 최저 27분부터 최고 1시간5분까지 연착하고 있어 통근,통학생들의 불평이 대단하다. 일산역은 시발역인 문산역에서 불과 21.1킬로 밖에 되지 않는 가까운 거리이며 문산-서울간의 전구간도 46킬로 밖에 되지 않는 단거리로 운행시

간은 불과 1시간 22분(통근열차의경우)인데도 이와같은 연착사고가 빈번히 일어나고 있는 것이다. 매일 이 통근열차를 타고 서울에 통근,통학자들의 수는 문산 일산 금촌 운정 능곡등지에서 일반통근자 2백30명 통학생 4백명으로 도합 6백30명이나 된다. 이에 대해 일산역장 송사봉씨는 "기후관계로 기관차의 고장이 흔하며 배선이 여의치 않기때문"이라고 말하고 있다.

1985. 9. 21 경향신문

마지막 京義線 列車(경의선 열차)를 탄 鐵道員 李元鐘(철도원 이원종)씨 "고향땅 長湍驛長(장단역장) 되는게 꿈이었는데" – 이씨가 바로 50년 12월 14일 경의선 열차를 타고 남하한 철도원이다. (중략) "제가 철도원으로 경의선을 마지막 탄 것은 50년 12월 14일이었읍니다만 여객열차가 끊긴 것은 이미 광복직후인 45년 8월 20일이었습니다. 40년이 넘었지요. 그러나 미소(美蘇)공동위원회가 서울과 평양에서 번갈아 열려 그들이 경의선을 이용했고, 우편열차등 화물수송으로 인해 50년까지 철마는 달렸던 것이지요." (중략) 그는 41년동안 차장으로 수많은 시간을 열차도 탔고, 용문역장, 원덕역장, 일산역장등 역장도 지냈다.(후략)

1992. 7. 27 동아일보

열차增便(증편) 건의 – 경기도 고양시는 오는 8월말부터 입주예정인 일산신도시 아파트 입주민들의 교통편의를 위해 일산 백마역등 신도시지역을 통과하는 경의선 열차편선을 현행 6량에서 10량으로 늘리고 배차간격을 출퇴근 시간대에 현행 60분에서 30분으로 단축해줄 것을 27일 철도청에 건의했다.(후략)

※참고문헌

강성문,『임진왜란 초기육전(初期陸戰)과 방어전술(防禦戰術) 연구』, 한국학중앙연
　　　　구원 박사학위논문, 2006

심준용 외(공저),『경기도 역사와 문화 백문백답』, 경기문화재단, 2010

심준용 외(공저),『학예사와 떠나는 경기도답사기』, 푸른역사, 2010

정동일 외(공저),『고양시문화재대관』, 고양문화원, 1994

정동일 외(공저),『고양시금석문대관』, 고양문화원, 1998

정동일 외(공저),『고양시의 역사와 문화유적』, 한국토지공사 토지박물관, 1999

정동일 외(공저),『고양시민속대관』, 고양문화원, 2002

정동일 외(공저),『고양의 문화유산』, 고양시, 2006

한영우,『다시찾는 우리역사』, 경세원, 2009

『고양군지』, 고양군지편찬위원회, 1987

『고양멱절산유적 종합정비기본계획』, 수원대학교박물관, 2010

『고양시문화유적분포지도』, (재)고려문화재연구원, 2006

『고양시사』, 고양시사편찬위원회, 2005

『고양시의 역사와 문화유적』, 한국토지공사 토지박물관, 1999

『북한산성과 호국도량 북한산 중흥사』, 불광연구원, 2012

『북한산성행궁지 종합정비기본계획』, 경기문화재단, 2010 외 보고서 다수.

고양문화원, http://www.goyangcc.or.kr

한국역사정보통합시스템, http://yoksa.aks.ac.kr

심 준 용

대학교에서 역사학을 전공하고 대학원에서 고고학을 전공하였으며, 지금은 문화유산
정책과 고건축을 중심으로 공부하고 있다. 문화유산의 진정성을 유지하면서 효과적으
로 활용하는 방법에 대해 연구하고 있다.

블로그 blog.naver.com/wnsyd
유튜브채널 www.youtube.com/user/simjoonyong
페이스북 페이지 Cultural heritage를 운영하고 있다.

기네스북 북한산에서 세계유산 조선왕릉까지

초판 인쇄 : 2013년 2월 12일
초판 발행 : 2013년 2월 20일

저 자 : 심준용
펴낸이 : 한정희
펴낸곳 : 경인문화사
주 소 : 서울특별시 마포구 마포동 324-3
전 화 : 02-718-4831~2
팩 스 : 02-703-9711
이메일 : kyunginp@chol.com
홈페이지 : http://www.kyunginp.co.kr   http://mkstudy.com

값 26,000원
ISBN 978-89-499-0900-4   03910
ⓒ 2013, Kyung-in Publishing Co, Printed in Korea
* 파본 및 훼손된 책은 교환해 드립니다